"十三五"国家重点图书出版规划
"法治中国论坛"系列图书

法律视野下的
十大社会热点问题
2018—2019

主　编　冀祥德
副主编　陈　效

方志出版社
Publishing House of Local Records

图书在版编目（CIP）数据

法律视野下的十大社会热点问题．2018—2019 / 冀祥德主编．-- 北京：方志出版社，2019.7

ISBN 978-7-5144-3817-8

Ⅰ.①法… Ⅱ.①冀… Ⅲ.①案例—汇编—中国 Ⅳ.① D920.5

中国版本图书馆 CIP 数据核字（2019）第 215584 号

法律视野下的十大社会热点问题 2018—2019

主　　编：冀祥德
责任编辑：梅中英

出 版 者：方志出版社
地址　北京市朝阳区潘家园东里 9 号（国家方志馆 4 层）
邮编　100021
网址　http://www.fzph.org
发　　行：方志出版社图书经销中心
电话　（010）67110500
经　　销：各地新华书店
排　　版：北京纺印图文设计制作有限公司
印　　刷：廊坊市海涛印刷有限公司

开　　本：710 × 1000　　1/16
印　　张：15.25
字　　数：235 千字
版　　次：2019 年 7 月第 1 版　　2019 年 7 月第 1 次印刷

ISBN 978-7-5144-3817-8　　**定价**：69.00 元

序　言

一

在哲学家眼里，世界是多姿多彩、变幻无穷的，变化可以使人摆脱命运。在法律人眼里，丰富多元的社会生活，需要以法律为基础、以道德为底线，人们的全部活动都应在这两条线上运行，不然整个社会秩序就会崩溃。改革开放以来，随着社会经济建设的飞速发展、民主法治的日益完善，人民的法律意识和权利意识得到了极大的提高。我们的社会正处于转型期，社会矛盾凸显，各类事件频繁发生。打开电视或者上网浏览网页，翻阅手边的报纸或杂志，我们每天都会看到、听到或者读到很多社会热点问题的报道，比如物美张文中再审案、鸿毛药酒“跨省追捕”事件、昆山“龙哥被反杀”事件、赵薇夫妇空壳收购上市公司事件、娱乐圈范冰冰阴阳合同事件、湖南十二岁少年杀母案等等。如何去正确看待、合理应对这些热点问题，是当前法学界、法律界急需探索的重大问题。

本书的编写，就是基于这样的初衷：引导读者跟随我们走进这些社会热点事件，解读这些事件发生发展的曲折历程，全方位对这些事件有一个直观而具体的认识把握。我们精心选取了近年来发生的若干颇具代表性的事件，从法律的视角对其展开论述、分析，并提出相应的对策和建议，以期给读者朋友们提供一个认识或者处理这些问题可资借鉴的视角。本书对于社会热点事件的挑选，遵循了四个原则：

一为代表性。本书中所选取的事件，均是近年在社会上广受关注的热点事件。这些事件从不同的侧面，反映了目前社会弊病之所在。这些事件，大多是经济和社会发展进程中难以绕过的问题，其发生既有偶然性又有必然性。我们尽量选取必然性大于偶然性的事件作为本书讨论的素材，以确保所选事件的代表性。我们所选取的这些事件有：张文中再审案、昆山于海明正当防卫案等十余件案件。这些事件基本涵盖了 2018 年、2019 年我国社会主要的热点法律问题。

二为可读性。与专业类的法律书籍相比，本书最大的一个特点就是生动有趣、可读性强。在撰写本书的过程中，我们注意到本书的读者朋友一定会是来自各行各业，可能有相当一部分并非法律专业出身的，如果通篇都是法律专业术语，读者阅读起来将是一件十分为难而痛苦的事。因此，在写作过程中，我们尽量避免采用晦涩难懂的法律专业术语，尽最大可能地通俗易懂、深入浅出，在保障文章质量的前提下提升内容的可读性。

三为可行性。在每篇文章的最后一部分，我们都会基于法律的视角，提出该热点事件的解决对策。这些对策的提出，并非我们随便拍脑袋想出来的结果，而是我们基于对该事件的理性分析与观察之后讨论形成的。对策需要具有可操作性、可行性，不然就形同废纸、没有意义。在提出法律对策的过程中，我们尽量追求从事件发生的现实基础出发，立足于事件发生的客观和主观条件，提出了此类事件的应对之策。

四为时效性。在社会转型时期，各种社会矛盾层出不穷，法律热点问题也是迭新不断。为了保证本书所讨论的法律热点问题具有可读性与实践性，本书本着时效性原则对诸多法律案件或事件进行筛选，所讨论的大部分是 2018 年、2019 年的热点问题，仅有极少数案件在时间上有所延展。

唐朝名相魏征在《谏太宗十思疏》中谏言道："臣闻求木之长者，必固其根本；欲流之远者，必浚其泉源；思国之安者，必积其德义。"在全面推进依法治国的大背景下，"固其根本"就要坚持法治，一准乎法；市场经济归根到底是法治经济，社会的良好形态为法治社会。"浚其泉源"就要坚持遵从法律信仰，"思国之安者"，从法律的角度剖析社会现象尤其是社会热点问题，并以法律人的思维去分析、解决问题，以期促进社会法治进步。本书将会向大家讲述当下社会中的十个热点问题。

二

“在法律规定范围内的个体经济、私营经济等非公有制经济，是社会主义市场经济的重要组成部分。国家保护个体经济、私营经济等非公有制经济的合法的权利和利益。国家鼓励、支持和引导非公有制经济的发展，并对非公有制经济依法实行监督和管理。”我国《宪法》第11条明确规定了非公有制经济在市场经济中的地位，以及国家对非公有制经济发展的鼓励、支持和引导的态度以及职责。改革开放以来，我国民营经济蓬勃发展，截至2017年底，我国民营企业数量超过2700万家，个体工商户超过6500万户，民营经济贡献了50%以上的税收，60%以上的国内生产总值，70%以上的技术创新成果，80%以上的城镇劳动就业，90%以上的企业数量。然而在过去的一段时间内，由于营商环境、司法理念、刑事政策、企业治理等各方面原因，民营经济以及民营企业家在经营上承受较大法律风险，在司法中形成了若干错误的判决。近些年，中央屡次强调要加强对非公有制经济的保护，支持民营企业发展，司法体系也力求落实产权司法保护。张文中案就是其中一个典型。2018年5月31日，最高人民法院对张文中涉嫌诈骗、单位行贿、挪用资金再审案进行宣判，撤销原审判决，改判张文中无罪。张文中再审被平反是一个标杆性事件，它的意义不仅仅体现为对个案的纠正，更展现了新时代我国法治体系对于民营经济及企业家的平等对待、对于人身与财产权利的保护。《从张文中案谈对民营企业及企业家的保护》一文，从张文中案的原审与再审对比着手，在基本事实、证据没有发生重大变化的情况下，原审和再审判决却在结果上发生了重大的反转，在根本上反映的是刑事政策与司法理念的转变，疑罪从无是落实证据裁判的应有之义。除了具体诈骗罪、单位行贿罪、挪用资金罪的犯罪构成的法律分析之外，该文宏观上分析了民营经济在发展中可能面临的法律问题与风险以及司法体系应当如何认识、对待涉产权案件乃至如何纠正过去错误判决的涉产权案件等。

“紧急时无法律”，这一法律格言虽然简短但却内涵深刻，它是指在事态紧急的时刻，可以实施法律在通常情况下所禁止的某种行为，以避免这种紧急事件所带来的危险。正是在这种理论基础上，正当防卫构成一种权利行为，所谓“正不必为不正让步”，“合法不必为不法让步”。在我国的法治实践中，正当防卫的构成问题一直是理论和实践中难题，在诸多案件的结果中体现了这种标准尚未完全确定。前有“于欢案”，后有“昆山刘某被反杀事件”，诸如此类的案件不一而足，在我国立法与司法中确立正当防卫的构成规则成了迫在眉睫的事情。《正当防卫法律适用的理性思考——江苏省昆山市于海明致刘海龙死亡案引发的思考》从 2018 年 8 月发生在江苏昆山的刘海龙持刀砍人被反杀一事件着手，首先分析了在司法实务中对于正当防卫法律适用的误区和偏差；继而分析了这种误区与偏差形成的各方面原因，包括刑事政策上以及法律规则上、司法适用上等；最后再从基础上对正当防卫法律适用的思维方法、条件把握等提出具体的对策与建议，以期激活正当防卫条款，发挥其在鼓励和保障公民与违法犯罪行为作斗争方面的应有作用。

“你的权利止于我的鼻尖”“你可以唱歌，但不能在午夜破坏我的美梦”，西方法谚如是说。意思是指，无论何种权利的行使，其前提是不侵犯他人的合法权利、不侵害公共利益、不违背公序良俗，否则权利将失去保护。在现代社会中，言论自由是一种广受保障的宪法性权利，但言论自由并不等于可以无限制地发表任何言论。一旦超越自由的边界，行为也就不再受到保护。互联网的发展给了公众充分展示自己言论的机会，但互联网也不是法外之地，无论何人都应当在法律规定的范围之内行使自己的表达权与监督权。但这种边界并不是一直都十分明晰，有的时候显得难以琢磨，它需要司法系统在个案中进行辨析。《舆论监督的边界——鸿茅药酒事件评析》一文正是以医生谭秦东批评鸿茅药酒引致跨省追捕一案为切入点，论证了谭秦东对鸿茅药酒的批评究竟是一种对于食药品安全的合法监督还是一种对他人商誉的不法侵犯，反映的正是言论自由的边界性问题。该文还通过数据检索，比较分析了 46 件案由为“损害商业信誉、商品声誉罪”相关案例，重点述论了几个典型案例。在此基础上提出舆论监督与保护商誉、公民名誉的区分的基本裁判规则——虚假新闻报道行为构成损害商业信誉罪要求内容的不真实性、虚伪事实的捏造者与散布者不必为同一主体、侵害的对象不必须具有单一特定性、行业特定性也符合犯罪对象特征，等等。

“占据中心舞台的是现代化的风险和后果，它们表现为对于植物、动物和人类生命的不可抗拒的威胁”，德国社会学家乌里希尔·贝克认为人类社会在不断往工业化、现代化方向发展的同时，自反性社会风险也蕴含其中。尽管对于风险社会是否是一种独立的社会形态以及能否作为刑法的社会基础都存在差异，但是我们可以观察到随着现代化的发展，人和人之间的接触场域发生新的变化，一些新的违法犯罪场景开始出现，这对于整个法律体系都是一种全新的挑战。近年来，共享经济作为一种新型经济形态在我国迅速发展，滴滴公司正是一家发展于共享出行模式下的以“网约车”为主要业务的企业。这种共享出行的经济模式对于提升城市交通效率、降低城市拥堵、通过共享提升资源利用率等具备一定作用。但以网约车为新的犯罪空间的作恶行为也不断发生，考问着这种新的经济形态、监管者的治理水平以及法律体系的风险预防能力。《网约车安全何在？——两起顺风车受害案引发的思考》一文以2018年5月的郑州空姐被滴滴司机杀害案、2018年8月的乐清女孩被滴滴司机杀害案为例，叙述了两起故意杀人案件的发生与侦破过程，以及由此引发的社会争议，分析了这种新经济形态下整个社会不管是政府，还是企业、个人等主体都未有充足的应对这种自反性风险的准备，提出安全是共享出行的核心，完善的法律法规是市场有序发展的重要保障、严厉但有界的监管是保障市场安全有活力的基础、公平有序的竞争是保障行业可持续发展的基础、履行社会责任是提升企业核心竞争力的重要部分、提高科学管理的水平是企业做大做强的基础保障。

“法立，有犯而必施；令出，惟行而不返”，诗人王勃在《上刘右相书》中的这一番话意在说明法律的规范性与权威性，法律既然得到颁布就应当被遵守，违反法律必当受到惩罚。在资本市场，对上司公司的协议收购是我国公司并购中的常态，但由于协议收购的秘密性，其更容易滋生各类证券违法行为，上市公司股东以这种方式实现套现的案例以及利用协议收购进行内幕交易等案例不胜枚举。而其中尤为重要的原因是立法的不完备以及执法的不严格，导致违法犯罪行为与行为应当接受到的惩罚之间难以确定必然关联，违法犯罪成本较低。2018 年 4 月，赵薇夫妇拟以空壳公司超高杠杆收购案最终尘埃落定，证监会对相关责任人予以罚款、5 年证券市场禁入等处罚。而在此后，一大批相关民事诉讼则正在途中。《上市公司协议收购的“红与黑”——从“龙薇传媒空壳收购案”说起》一文正是以此为样本，分析了协议收购方式在我国被广泛适用的具体原因以及其优势，也分析了协议收购所导致的问题，提出对协议收购的法律监管应当以完善信息披露制度为主要措施，并对信息披露违法犯罪与虚假陈述的责任问题进行讨论。

“坚持把药品安全作为关系民生的政治任务来落实，确保广大人民群众用药安全”，这是我国《“十三五”国家药品安全规划》中对药品安全做出的庄严承诺。药品安全关切民生，生产、销售假冒伪劣药品突破道德底线，但近些年的一些失效疫苗及假、毒疫苗事件不断考问着我国药品安全治理体系的社会共治成效。《从“谈疫色变”到理性反思——疫苗案件的前因后果》一文从 2018 年的长生长春和武汉生物制造、销售无效疫苗事件谈起，首先分析了该事件所引发的各方观点与言论，其次对长春长生疫苗事件进行法律分析，最后再对此案件进行了理性反思，提出应当着重关注公民对于药品企业的信任修复以及对重惩罚轻赔偿进行检讨，对疫苗监管进行集中立法是加强规制的一种有效途径。

“在任何这样的社会中，仅仅依凭法律这一社会控制力量显然是不够的。实际上，还存在一些能够指导或引导人们行为的其他工具……这些工具包括权力、行政、道德和习惯”，博登海默的这席话提及了规范的多元性、法律作用的有限性。法治国家的建设、法治社会的形成无疑需要法律充分发挥作用，但也要充分发挥其他调节手段的作用。“阴阳合同”是日常生活中并不少见的一种合同处理方式，然而其背后是法制的缺失以及其他调节手段的缺位。《阴阳合同，该当何罪——从“崔范之争”看阴阳合同的罪与罚》一文以 2018 年的娱乐圈范冰冰所涉及的阴阳合同事件为例，从宏观和微观不同角度分析了阴阳合同在我国广泛存在的原因，并从法律角度对阴阳合同的合同效力进行分析，对明星的避税方式进行分析以及对其行为的后果进行研究，最后提出应当在立法中对于合同无效制度进行完善、在司法中需要透过现象看本质，并且要完善监管体系、加强社会正面引导等具体建议措施。

“法律就像是一块编织物……法官当然不可以改变法律编织物的编织材料，但是他可以，也应当把皱折熨平”。二战以来英国最著名的法官丹宁勋爵的这句话，强调的是法官在个案裁决时不是机械适用法律，而应当发挥主动作用，承担起对维护社会风尚、促进社会发展的责任。良善的判决将使得社会风尚得以维护，但不当的判决将对社会风尚产生不可估量的消极影响。之前发生的某法院对于彭宇案的不当判决导致的社会道德滑坡的影响还未从根本上得到弥补，2018 年 1 月发生于河南省郑州的一起电梯劝烟案更是对法官与司法提出了考验。《司法审判守护社会正能量——“电梯劝烟案”二审改判的公正维度与价值衡平》一文正是从此案说起，首先简要介绍了该案的基本情况以及审理过程；其次概括了此案导致的舆情反应，指出该案的社会效应；最后，对于该案的司法裁决进行了详细分析，探讨了公平责任在我国的适用问题以及二审法院在当事人未上诉情况下直接改判的程序正当性问题。

“法律的力量应当跟随着公民，就像影子跟随着身体一样”，有“近代刑法学之父”之称的意大利法学家贝卡利亚的这句话充分说明法律所应具备的基本作用，它应当能够给予公民维护自身合法权利的力量。近些年，校园性骚扰案件在我国屡见报端，其危害性不可小觑，但法律往往对其难以进行规制。2018 年 6 月，发生在甘肃省庆阳市的李某某跳楼事件掀起了公众对于法律规制校园性骚扰行为的讨论。《性骚扰：校园安全之殇——甘肃跳楼案引发的思考》一文以此案为例，并联系了我国其他几则此类案例，分析了校园性骚扰在我国发生的危害性以及其严重性，并提出司法保护不力无疑是导致校园性骚扰事件频发的重要原因。而之所以司法保护不利，则在于性骚扰在事实的隐蔽性以及在法律上的定性难、举证难、定罪难等。作者最后论述了法律规制校园性骚扰行为的具体方式，并提出具体的立法建议以及其他配套改革措施的建议。

“缔约国应致力于促进规定或建立专门适用于被指称、指控或确认为触犯刑法的儿童的法律、程序、当局和机构，尤应：（a）规定最低年龄，在此年龄以下的儿童应视为无触犯刑法之行为能力；(b) 在适当和必要时，制订不对此类儿童诉诸司法程序的措施，但须充分尊重人权和法律保障。”联合国《儿童权利公约》第 40 条 3 款如是规定。考虑到未成年人的心智与未来发展，在司法中给予未成年人特殊的保护与对待是现代社会的共识。我国刑法也规定不满 14 周岁的未成年人对其任何罪错行为不承担刑事责任。但随着时代的发展，未成年人的身体与心理的发育较以往不断提前，当下低龄未成年人实施违法犯罪行为的现象逐渐增多，在一些案件中未成年人甚至行为非常残忍、态度非常冷漠，而刑法却并不能及时给予回应。要不要降低刑事责任能力问题引发了社会舆论的激烈争议，一种观点要求降低刑事责任年龄以发挥刑法作用，以实现刑法惩罚的目的；另一种观点则从未成年人保护角度出发，认为刑法并不能解决所有社会问题，应当从社会角度对此问题予以回应。《我国低龄未成年人触法行为的法律规制机制研究——基于未达刑事责任年龄未成年人恶性事件频发现象的思考》一文以 2018 年湖南衡南县 13 岁男孩罗某杀害父母双亲、湖南沅江市 12 岁男孩吴某持刀杀母等案件为引，对低龄未成年人触法行为进行界分，对降低刑事责任年龄的观点进行辩证分析，提出并论证了在法律层面解决这一问题的治本之策在于构架“少年司法体系”与“未成年人刑事司法体系”双轨制少年司法运作的法律体系，而在实现这一体系之前，当务之急是对当前未成年人罪错行为的处遇机制加以完善，形成分级干预机制。

三

2018 年是我国改革开放四十周年。自 1978 年十一届三中全会以来，我国社会主义民主法治事业不断发展，社会主义法治国家逐步形成。2018 年 1 月中共十九届二中全会更是指出：“党的十八大以来，以习近平同志为核心的党中央以前所未有的力度推进全面依法治国进程……社会主义法治国家建设取得了历史性成就。”在这一历史征程中，我国法律规范体系、法治实施体系、法治监督体系、法治保障体系和党内法规体系也不断发展，伴随其中的是法治力量正在不断生成与传递。

“法律是故事，是我们昨天的故事；法律是知识，是我们关于今天如何行事的知识；法律是梦想，是我们对明天的梦想。”法律，它的形成凝结着全社会的共识，是全社会共同努力的结果；法律，它是全社会每个成员都应当遵守的行为规范与准则；法律，它的贯彻是我们所期盼的法治国家建成的基础之所在。这就是法治的力量。

哲学家卢梭曾言：“一切法律中最重要的法律，既不是刻在大理石上，也不是刻在铜表上，而是铭刻在公民的内心里。”法治的真谛，归根结底在于全体公民对于法治的信仰和践行，法治的力量首先依赖于这种法治信仰的形成。对于法治的信仰，是建成法治国家的内在动力与精神支撑。当今社会，“奉法者”越来越善于利用法治的力量维护宪法法律权威、维护社会秩序与安全、维护公民合法权利；普通公民也越来越善于运用法治思维和法治手段来解决纠纷，尊法、学法、守法、用法的社会氛围也越来越浓，法治的力量一点一滴渗入到日常生活中。法治作为社会主义核心价值观的重要内容正在不断被践行，社会主义新风尚正在不断形成。

2019年是新中国成立70周年，是“实行依法治国，建设社会主义法治国家”被写进宪法20周年，是全面贯彻依法治国基本方略的新的开端，法治的力量必将进一步勃发与传递。希望本书能够为您传递法律知识的同时，能够为您提供法律人看社会的思维方式，更能带来对法治的坚实信仰！

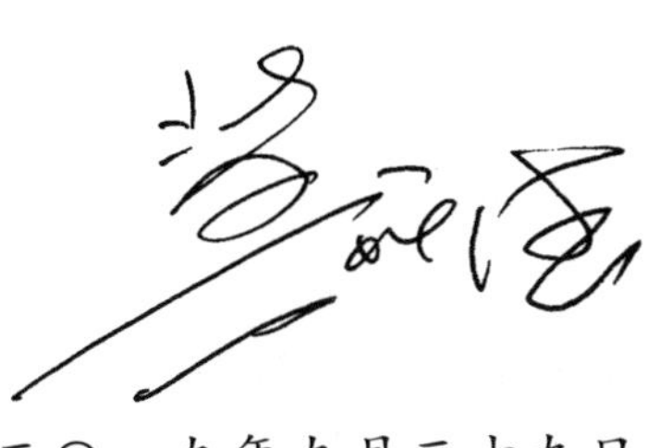

二〇一九年九月二十九日

目　录

从张文中案谈对民营企业及企业家的保护

李　敏*

2019 年 3 月 12 日，最高人民法院、最高人民检察院（以下简称“两高”）向十三届全国人大二次会议第三次全体会议做报告，均将张文中案作为纠正冤错案件、落实产权司法保护的典型案例在报告中专门提了出来。张文中案的纠正不但是司法机关坚决贯彻习近平总书记在民营企业座谈会上重要讲话精神的体现，同时更传递出党中央依法平等保护民营企业产权和企业家人身财产安全的强烈信号。[①]在两会期间，作为首次走上全国两会“部长通道”的“两高”负责人之一，最高人民法院副院长江必新在就司法保障产权和民营企业家权益相关问题回答记者提问时也表示，张文中案是一个标杆性案件，最高人民法院将加大纠正涉民营企业和民营企业家冤错案件力度。

可以说，张文中案改判引起的全方位的反思对于平等保护民营企业产权和企业家人身财产安全的意义是毋庸置疑的，然而我们也要看到，要让这个标杆性案例发挥持久的警示作用，就需要认真仔细地分析这类案件是怎样发生的，为什么会发生，怎么才能避免其再次发生……只有

* 李敏，中国社会科学院研究生院刑事诉讼法学博士研究生。

① 参见《2019 年最高人民法院工作报告》。

这样，民营企业产权以及企业家的人身财产安全的平等保护才不会成为一句空话。

一、案件回放

张文中，1962 年出生，1979 年考上南开大学数学系。1983 年大学毕业后到大庆油田从事企业管理工作。1985 年又返回南开大学，攻读经济学硕士学位。1987 年，因成绩优异，提前一年拿到学位，被分配到国务院发展研究中心，在此期间，获得了中国科学院系统科学研究所的博士学位，后又赴美国斯坦福大学进行系统工程学博士后研究。1993 年回国后创办了一家计算机公司——卡斯特公司。1994 年，创办了北京最早的一家规范的现代超市——物美超市。2001 年，把互联网应用到商品采购、物流配送、存货管理当中，使物美成为北京第一家真正运用互联网技术进行采购和管理的连锁企业。2003 年，因抗击“非典”贡献突出，获得全国商业联合会、北京市颁发的抗击“非典”先进个人荣誉，并带领物美赴香港上市，使物美超市成为内地第一家在香港创业板上市的民营零售企业。2004 年，作为民营企业大型流通企业的代表，被邀请到中南海参加“流通企业改革与发展座谈会”会议。2005 年，在福布斯大陆富豪榜上，张文中以 1.6 亿美元的个人财产名列第 134 位。2006 年 4 月，物美集团旗下香港上市公司——物美商业以 1.76 亿元的价格，从国有股东手中收购了银川新华百货 27.7% 的股权，成为其第一大股东，这一收购被看成物美进军百货业的开始。在商务部公布的 2006 年上半年中国商业零售 30 强中，物美排名第七……一直到 2006 年上半年，张文中的人生及其已取得的成就、获得的声望和财富，用“一帆风顺”“飞黄腾达”等词都不足以形容，然而，这一切都在 2006 年下半年急转直下，走向了另一个极端。

2006 年 11 月 20 日，在香港上市的内地连锁超市物美商业（8277. HK）宣布，该公司董事长兼大股东张文中已经在当月 12 日辞职，并配合内地有关机关进行调查。[①]

2006年12月7日，张文中被刑事拘留，同年12月20日被逮捕。2008年10月9日，河北省衡水市中级人民法院以〔2008〕衡刑初字第22号刑事判决认定物美集团犯单位行贿罪，判处罚金人民币530万元；认定张文中犯诈骗罪，判处有期徒刑15年，并处罚金人民币50万元，犯单位行贿罪，判处有期徒刑3年，犯挪用资金罪，判处有期徒刑1年，决定执行有期徒刑18年，并处罚金人民币59万元；认定张伟春犯诈骗罪，判处有期徒刑5年，并处罚金人民币20万元；张文中、张伟春违法所得予以追缴，上缴国库。

宣判后，物美集团、张文中、张伟春均提出上诉。2009年3月30日，河北省高级人民法院以〔2008〕冀刑二终字第89号刑事判决维持一审判决对物美集团、张伟春定罪量刑部分，对张文中、张伟春违法所得追缴部分以及对张文中单位行贿罪、挪用资金罪定罪量刑和诈骗罪定罪部分；撤销一审判决对张文中诈骗罪量刑以及决定执行刑罚部分；认定张文中犯诈骗罪，判处有期徒刑10年，并处罚金人民币50万元，与其所犯单位行贿罪、挪用资金罪并罚，决定执行有期徒刑12年，并处罚金人民币50万元。

2010年4月19日，张文中被裁定减刑3年；2012年3月19日，张文中被裁定减刑2年10个月；2013年2月6日，张文中被刑满释放。随后，张文中向河北省高级人民法院提出申诉。2015年12月21日，河北省高级人民法院驳回张文中的申诉。2016年10月，张文中向最高人民法院提出申诉。2017年12月27日，最高人民法院经过审查，决定提审张文中案。

2018年5月31日，最高人民法院对原审被告人张文中诈骗、单位行贿、挪用资金再审一案进行公开宣判，撤销原审判决，改判张文中无罪，同时改判原审同案被告人张伟春、原审同案被告单位物

---

① 参见齐彬:《物美商业董事长张文中辞职配合内地机关调查》,载人民网,网址:http://finance.people.com.cn/GB/67723/5066107.html,访问日期:2019年3月19日。

美控股集团有限公司无罪，原判已执行的罚金及追缴的财产，依法予以返还。①

在基本事实、证据没有发生重大变化的情况下，张文中案的原审判决和最高人民法院的再审判决在结果上发生重大反转，对于其中的实体法律问题，原审和再审是如何认定的？其各自的依据是什么？

二、罪与非罪

（一）是否构成诈骗罪

1. 诈骗罪的定义及犯罪构成

诈骗罪是指以非法占有为目的，使用欺骗方法，骗取数额较大的公司财物的行为。具体而言，构成诈骗罪必须满足以下条件：（1）行为人必须实施了欺骗行为；（2）欺骗行为必须使对方（受骗者）产生或者继续维持错误认识，且这种认识错误的内容必须是处分财产的错误认识；（3）对方陷入错误认识之后处分财产，这里的处分财产不限于民法意义上的处分财产（即不限于所有权权能之一的处分），而意味着将被害人的财产转移为行为人或第三人占有，或者说使行为人或第三者取得被害人的财产；（4）行为人或第三者取得财产；（5）被害人遭受财产损失。行为人实施欺骗行为，导致受骗者就所交付财产的用途、财产的接受者存在法益关系的认识错误时，即使受骗者没有期待相当给付，也应认为存在财产损失，行为人的行为构成诈骗罪。②

2. 原审认定张文中构成诈骗罪的事实和根据

张文中案的原一、二审法院认定，张文中、张伟春以非法占有为目的，将物美集团冒充为国有企业的下属企业，通过申报虚假项目，骗取国债技改贴息资金，数额特别巨大，其行为均已构成诈骗罪。其根据是：（1）涉案批次国债技改贴息资金主要用于支持国有企业技术改造项目，

---

① 参见最高人民法院〔2008〕最高法刑再 3 号刑事判决书。

② 参见张明楷：《刑法学》（第五版），法律出版社 2016 年版，第 1000～1006 页。

物美集团作为民营企业不属于国债技改贴息资金支持范围；（2）物美集团冒充国有企业诚通公司下属企业申报国债技改贴息资金；（3）张文中、张伟春等人以虚假资料编制物美集团信息化技改项目《可行性研究报告》，使项目审批获得通过；（4）信息化项目审批通过后，物美集团既未实施项目，也未向银行申请贷款，而是以与其关联公司签订虚假设备采购合同和开具虚假发票为手段获得 1.3 亿元贷款；（5）物美集团获得贷款后并未将其用于审批项目；（6）物美集团获得财政部拨付的国债技改贴息资金 3190 万元后，将其用于偿还国家贷款。

3. 再审认定张文中不构成诈骗罪的事实和根据

在最高人民法院的再审中，原审被告人张文中及其辩护人辩称：（1）物美集团作为民营企业有资格申报 2002 年国债技改贴息项目，以诚通公司下属企业名义申报只是上报项目材料的渠道；（2）张文中未参与编制项目《可行性研究报告》，更没有指使张伟春等人以虚假资料编制《可行性研究报告》；（3）物美集团申报的物流项目和信息化项目是真实的，信息化项目的主要内容已经实施并已达到《可行性研究报告》的主要目标，物流项目虽然遇到国家和北京市通州区物流产业园区用地调整等诸多客观障碍，但也通过异地实施的方式实现了当初申报时设定的目标；（4）张文中没有实施骗取国债技改贴息资金的故意和行为，不构成诈骗罪。

原审判决和张文中及其辩护人在事实认定方面的分歧和争议主要在以下几个方面：（1）物美作为民营企业是否属于国债技改贴息资金支持范围？（2）负责审批的部门是否因为物美所谓冒充国有企业下属企业的欺骗行为对其企业性质产生错误认识？（3）物美是否实施了通过申报虚假项目骗取国债技改贴息资金的行为？（4）物美集团违规使用 3190 万元国债技改贴息资金是否属于诈骗行为？

最高人民法院围绕这些争议问题就张文中等是否构成诈骗罪进行了审理，并最终认定，原审被告人张文中、张伟春及其辩护人所提物美集团作为民营企业有资格申报 2002 年国债技改贴息项目，张文中、张伟春没有实施骗取国债技改贴息资金行为，没有诈骗故意，不构成诈骗罪的辩解和辩护意见成立。

首先，物美作为民营企业是否属于国债技改贴息资金支持范围？最高人民法院经审理认为，原判认定物美集团作为民营企业不属于国债技改贴息资金支持范围，所依据的是原国家经贸委、原国家发展计划委、财政部、中国人民银行于1999年制定的《国家重点技术改造项目管理办法》《国家重点技术改造项目国债专项资金管理办法》等政策性文件，但上述文件均未明确禁止民营企业申报国家重点技改项目以获得国债技改贴息资金支持。2001年12月，我国正式加入了世界贸易组织，由于国有企业三年改革与脱困目标基本实现，国家调整了国债技改项目的投向和重点，在规定的范围、专题内，进一步明确了对各种所有制企业实行同等待遇，同时将物流配送中心建设、连锁企业信息化建设列入了国债贴息项目予以重点支持。原国家经贸委投资与规划司于2002年2月27日下发的《关于组织申报2002年国债技术改造项目的通知》附件《2002年国债技术改造分行业投资重点》，国务院办公厅于2002年9月27日转发的原国务院体改办、原国家经贸委《关于促进连锁经营发展的若干意见》，以及原国家经贸委于2002年10月16日印发执行的《"十五"商品流通行业结构调整规划纲要》等，对此均有明确规定。2002年物美集团申报国债技改项目时，国家对民营企业的政策已发生变化，国债技改贴息政策已有所调整，物美集团所申报的物流项目和信息化项目属于国债技改贴息资金重点支持的项目范围。物美集团作为国内大型流通企业，积极申报以获取国债技改贴息资金对其物流和信息化建设的支持，符合当时国家经济发展形势和产业政策的要求。

其次，负责审批的部门是否因为物美所谓冒充国有企业下属企业的欺骗行为对其企业性质产生错误认识？最高人民法院经审理认为，虽然根据相关文件资料记载物美集团确实不是诚通公司在财政部立户的所属成员单位，但物美集团以诚通公司下属企业名义申报国债技改贴息项目，获得了诚通公司同意，且物美集团在申报材料企业基本情况表中填报的是"北京物美综合超市有限公司"（后经原国家经贸委投资与规划司审批同意，项目承担单位调整为物美集团），其以企业真实名称申报，并未隐瞒。此外，有证人证言及原国内贸易部《关于确定全国第一批连锁经营定点联系企业的函》证实，物美集团是原国内贸易部及原国家经贸委贸易市场局的定点联系企业，在物美集团申报国债技改贴息的过程中，相关工作人员曾听过张文中、张伟春等人的汇报，并考察了物美的超市和物流基地，参与了审批，经审查认为符合国债项目安排原则。可见，作为审批部门的原国家经贸委对物美集团的企业性质是清楚的。张文中、张伟春将物美集团以诚通公司下属企业名义申报国债技改项目，并未使原国家经贸委负责审批工作的相关人员对其企业性质产生错误认识。

再次，物美是否实施了通过申报虚假项目骗取国债技改贴息资金的行为？最高人民法院经审理后认为，物流项目本身并非虚构，原判认定物美集团申报虚假信息化项目，依据不足。2002 年 4 月 18 日，物美集团在申报之后，与北京市通州区政府签署的《合作协议书》证实，物美集团积极参与通州区物流产业园区的建设，通州区政府将提供政策和资源支持，协助物美集团在通州建立大型现代化的物流中心。2002 年 9 月，清华大学环境影响评价室出具的《北京市环保局建设项目环境影响评价报告表》证实，该室受物美集团委托，对其在通州区物流产业园区的物流项目进行了环境评估。可见，物美集团申报的物流项目并非虚构。该物流项目后来之所以未能获得贷款和未按计划实施有其客观原因，有证人证言证实，原因之一是受“非典”影响，还有一个原因则是在土地出让方式方面物美集团和通州物流产业园区没有达成一致。但是，后来物美集团在北京市百子湾等地建了物流中心，对物流项目进行了异地落实。物美集团报送的物流项目《可行性研究报告》虽有不实之处，但不足以否定该项目的可行性和真实性。因为申报的物流项目没能按计划在原址实施，物美集团未能申请到该项目的贷款，后来物美集团采用签订虚假合同等手段申请信息化项目贷款，但并不能据此认定信息化项目是虚假的。物美集团申报的信息化项目主要内容包括：通过改造各业态店铺和总部计算机硬件以及对其软件系统升级改造，建立快速适应市场变化的经营组织及管理模式和运作方式，实施和完善网络支撑系统、现代物流系统、供需链管理系统、电子商务应用系统及经营决策支持系统等。国家发放国债技改贴息的目的在于支持企业的技术改造项目，而物美集团申报的项目经相关部门审核属于政策支持范围。根据申报流程，物美集团申请银行贷款时，其国债技改贴息项目的申报已经获得审批通过。物美集团虽然采用了签订虚假合同等手段申请信息化项目贷款，但经过查证，其在日常经营中已经在其申报的信息化建设方面有大量的资金投入。物美集团申请信息化项目贷款的行为虽然违规，但并非是为骗取贴息资金而实施的诈骗行为，也不能据此得出信息化项目是虚构的结论。

最后，物美集团违规使用 3190 万元国债技改贴息资金是否属于诈骗行为？最高人民法院认为，物美集团在获得 3190 万元国债技改贴息资金后，将该款用于偿还公司其他贷款，但在财务账目上一直将其列为“应付人民政府款项”，并未采用欺骗手段予以隐瞒、侵吞，且物美集团具有随时归还该笔资金的能力。因此，物美集团的行为虽然违反了《国家重点技术改造项目国债专项资金管理办法》中关于国债专项资金应专款专用的规定，属于违规行为，但不应认定为非法占有贴息资金的诈骗行为。

（二）是否构成单位行贿罪

1. 单位行贿罪的定义及犯罪构成

单位行贿罪，是指单位为谋取不正当利益而给予国家工作人员以财物，或者违反国家规定，给予国家工作人员以回扣、手续费，情节严重的行为。[①] 根据该定义，构成单位行贿罪分两种情况，一种是单位为谋取不正当利益给予国家工作人员以财物，一种是违反国家规定给国家工作人员以回扣、手续费，但都要达到情节严重才构成犯罪。

2. 原审法院认定张文中构成单位行贿罪的事实和根据

张文中案一、二审法院认定，物美集团在收购泰康公司股权过程中，违反国家规定，给予国家工作人员好处费，其行为已构成单位行贿罪；张文中作为物美集团直接负责的主管人员，应当承担相应的刑事责任。其认定的事实和根据是：

（1）2002 年，在被告单位物美集团收购中国国际旅行社总社（以下

---

① 参见张明楷：《刑法学》（第五版），法律出版社 2016 年版，第 1234～1235 页。

简称国旅总社）持有的泰康人寿保险股份有限公司（以下简称泰康公司）5000 万股股份过程中，被告人张文中向国旅总社总经理办公室主任赵某提出让其提供帮助，并承诺给其一笔好处费。在赵某的积极协调、帮助下，2002 年底，物美集团以其关联公司和康友联公司的名义顺利收购了国旅总社持有的5000 万股泰康公司股份。张文中遂指派张某 1 给付赵某30 万元。2003 年 1 月至 2004 年 2 月间，张某 1 通过物美集团的关联公司卡斯特经济评价中心以报销费用的方式向赵某支付了 30 万元。

（2）2002 年，在被告单位物美集团收购广东粤财信托投资公司（以下简称粤财公司）持有的泰康公司 5000 万股股份过程中，被告人张文中向粤财公司总经理梁某承诺事成之后给予梁某个人 500 万元好处费。2003 年底，物美集团以其关联公司华美现代流通发展有限公司（以下简称华美公司）的名义收购了粤财公司持有的 5000 万股泰康公司股份，张文中遂指使张某 1 通过北京敬业和康投资咨询中心（以下简称敬业和康中心）向梁某支付 500 万元。

3. 最高人民法院认为张文中不构成单位行贿罪的事实及根据

在最高人民法院再审中，被告人张文中及其辩护律师辩称，涉案的30 万元是给赵某的劳务报酬，500 万元是给中间人李某的中介费，且不是物美集团支付；收购国旅总社股权的是和康友联公司，收购粤财公司股权的是华美公司，物美集团在本案中不具备单位行贿罪的主体要件，不构成单位行贿罪，故张文中作为物美集团直接负责的主管人员，其行为亦不构成单位行贿罪。

原审判决和被告人及其辩护人在事实认定方面的分歧和争议主要集中在以下几方面：（1）物美集团是否是收购国旅以及粤财公司所持泰康公司股份的主体？（2）涉案的给予赵某的 30 万是劳务费还是好处费？该给付款项的行为是否构成单位行贿罪？（3）涉案 500 万元是支付给了梁某还是李某？该给付款项的行为是否构成单位受贿罪？

最高人民法院围绕上述争议进行了审理，并最终认定，物美集团是收购泰康公司股份主体，涉案的 30 万元系物美集团给予赵某的好处费，但物美集团、张文中的行为不构成单位行贿罪，涉案的 500 万元系物美集团支付，但因未为单位谋取不正当利益，物美集团、张文中的行为也不构成单位行贿罪。

首先，物美集团是否是收购国旅以及粤财公司所持泰康公司股份的主体？涉案 30 万元和 500 万元是否系物美集团支付？最高人民法院经审理认为，原审被告人及其辩护人、原审被告单位诉讼代表人提出的给予赵某 30 万元和李某公司 500 万元并非物美集团支付与事实不符。根据司法会计鉴定意见、物美集团关联公司关系图表、物美集团出具的情况说明以及相关证人证言证实，和康友联公司、华美公司、卡斯特经济评价中心、敬业和康中心等均为物美集团的关联公司，由物美集团直接控制，这些关联公司的财务、记账工作均由物美集团财务人员负责兼职管理，并受物美集团主管财务的副总裁张某 1 直接领导。根据物美集团出具的情况说明、泰康公司章程、转账支票、记账凭证等书证以及相关证人证言和原审被告人张文中的供述等证据证实：国旅总社、粤财公司转让所持泰康公司股权时，是物美集团与国旅总社、粤财公司进行谈判并达成收购意向，也是由物美集团董事会决定以其关联公司和康友联公司、华美公司的名义分别与国旅总社、粤财公司签订股权转让协议，收购款由物美集团内部调度给和康友联公司、华美公司支付。涉案的 30 万元和 500 万元，分别由物美集团关联公司卡斯特经济评价中心、敬业和康中心支付，其中的 500 万元系物美集团转至敬业和康中心，该两项涉案款项应该认定为由物美集团支付。

其次，涉案的给予赵某的 30 万是劳务费还是好处费？该给付款项的行为是否构成单位行贿罪？张文中的辩护人再审期间向法庭提交新证据，用以证明赵某自 2003 年 4 月至 2008 年作为泰康公司监事、董事为物美集团的关联公司和康友联公司、华美公司提供了劳务。最高人民法院经过审查认为，物美集团给付赵某 30 万元的时间与赵某担任泰康公司监事、董事提供劳务的时间并不相符，二者之间缺乏关联性。根据在案的转账支票、赵某报销会议费及装修材料费的发票等书证以及相关证人证言和原审被告人张文中的供述等证据，最高人民法院认定物美集团支付给赵某的 30 万元系好处费而非劳务报酬。那么，物美集团支付给赵某 30 万元的行为是否构成单位行贿罪？根据《刑法》第393条规定，单位为谋取不正当利益而行贿，或者违反国家规定，给予国家工作人员以回扣、手续费，情节严重的，构成单位行贿罪。最高人民法院再审时查明，物美集团给予赵某30万元好处费，属于违反国家规定，在经济活动中账外给予国家工作人员手续费的情形。但根据国旅总社转让所持泰康公司股权情况、会议纪要、股权转让分析报告、股权转让协议等书证以及相关证人证言和原审被告人张文中的供述等证据证实，物美集团给付赵某30万元的事实具有以下情节：物美集团收购国旅总社所持泰康公司股权，其间没有第三方参与股权收购，不存在排斥其他买家、取得竞争优势的情形，双方的交易没有违背公平原则。国旅总社将其所持泰康公司股份转让给物美集团以及具体的转让价格等，均系国旅总社党政领导班子联席会议多次讨论研究决定，双方最终成交价格也在国旅总社预先确定的价格范围内，物美集团没有获得不正当利益，国旅总社的利益亦未受到损害，赵某作为国旅总社总经理办公室主任，其在股权交易过程中仅起到沟通联络作用，物美集团承诺给予赵某好处费并非为谋取不正当利益。据此，最高人民法院认定物美集团的行为尚不属于情节严重，依法不构成单位行贿罪。

最后，涉案500万元是支付给了梁某还是李某？该给付款项的行为是否构成单位受贿罪？最高人民法院经过审理查明，在粤财公司意欲转让股份的情况下，陈某1向梁某提出由物美集团收购，并让张文中给梁某500万元好处费，后又向张文中提出该要求，张文中只是被动接受了陈某1的要求。在案证据证实，梁某并没有同意物美集团提出的受让价格，且提议按高于该价格挂牌转让，而物美集团与粤财公司最终的股权交易价格，是在粤财公司挂牌转让未果的情况下，经多次谈判而确定的，且高于物美集团提出的受让价格。梁某在股权转让过程中没有为物美集团提供帮助，物美集团也没有因此获取任何不正当利益。签订股权转让协议后，物美集团并没有向梁某支付500万元好处费，梁某也未提及此事。直至数月后，在梁某并不知情的情况下，李某通过陈某1向张文中索要该500万元，张文中才安排张某1将款汇至李某公司的账户。梁某事后得知，明确表示与其无关，并拒绝接受该笔款项。该款一直被李某的公司占有。因此，股权转让后，物美集团支付 500 万元系被李某索要，并没有为谋取不正当利益而行贿的主观故意。据此，最高人民法院认定物美集团向李某支付 500 万元的行为不构成单位行贿罪。

（三）是否构成挪用资金罪

1. 挪用资金罪的定义及犯罪构成

挪用资金罪，是指公司、企业或者其他单位的工作人员，利用职务上的便利，挪用本单位资金归个人使用或者借贷给他人使用，数额较大、超过三个月未还的，或者虽未超过三个月，但数额较大、进行营利活动的，或者进行非法活动的行为。① 其中“归个人使用”包括以下三种情况：（1）将本单位资金供本人、亲友或者其他自然人使用的；（2）以个人名义将本单位资金供其他单位使用的；（3）个人决定以单位名义将本单位资金供其他单位使用，谋取个人利益的。利用职务上的便利，是指利用自己主管、管理、经手单位资金的便利条件。挪用，是指不经合法批准，擅自动用所主管、管理、经手的单位资金。挪用包括挪用单位资金归个人使用与借贷给他人两种情况，其中的“他人”包括自然人与法人等单位。公司、企业或者其他单位的非国家工作人员，利用职务上的便利，挪用本单位资金归个人或者其他自然人使用，或者挪用人以个人名义将所挪用的资金借给其他自然人和单位，构成犯罪的，应当以挪用资金罪处罚。②

2. 原审法院认定张文中构成挪用资金罪的事实及根据

张文中案的一、二审判决认定，张文中伙同他人并利用他人职务上的便利挪用泰康公司资金，归个人使用进行营利活动，数额较大，构成挪用资金罪的共犯，其在追诉期限内又犯新罪，应追究刑事责任。其认定的事实和根据是：泰康公司支票请领单、委托投资国债协议、转账支票、进账单、资金往来发票等书证以及相关证人证言和被告人张文中的供述等证据证实，1997 年 3 月，被告人张文中与泰康公司董事长陈某 1

---

① 参见张明楷：《刑法学》（第五版），法律出版社 2016 年版，第 1023 ~ 1025 页。

② 参见 2000 年 7 月 20 日《最高人民检察院关于如何理解刑法第二百七十二条规定的“挪用本单位资金归个人使用或者借贷给他人”问题的批复》。

商定挪用泰康公司的4000万元资金申购新股谋利。后张文中指使张某1从泰康公司转出4000万元，具体负责申购新股。张文中、陈某1又与中国国际期货有限公司（以下简称中期公司）董事长田某1商定，通过中期公司所兼管的河南省国际信托投资公司（以下简称河南国投公司）的途径转款，以掩盖挪用情节，炒股所得盈利由张、田、陈三人按3∶3∶4比例分配。其间，因中国人民银行检查，三人遂于1997年7月通过河南国投公司，又从泰康公司转出5000万元用于归还前次挪用款项。1997年8月19日，张某1归还泰康公司4000万元，同年9月3日和9日又分两次归还了5000万元。其间，炒股共盈利1000余万元。

3. 最高人民法院再审认定张文中不构成挪用资金罪的事实和根据

在最高人民法院再审中，原审被告人张文中及其辩护人提出，4000万元资金系卡斯特投资咨询中心从泰康公司借出，属于单位之间的资金拆借行为，不属于挪用资金归个人使用，张文中的行为不构成挪用资金罪。在这一过程中，检察机关也提出检察意见认为，张文中与陈某1、田某1共谋从泰康公司挪用4000万元炒股谋利，并非单位行为，张文中的行为构成挪用资金罪，但已超过追诉期限。

原审判决、原审被告人张文中及其辩护人以及检察机关在事实和法律适用认定方面的分歧和争议主要在于：张文中等人从泰康公司转出的4000万元到底是否属于挪用资金归个人使用、为个人谋利。

最高人民法院围绕该争议进行了审理并认为，原判认定张文中伙同他人共谋挪用泰康公司4000万元资金申购新股谋利，后又用5000万元过账还款予以掩盖的事实清楚，证据确凿，但认定张文中伙同陈某1、田某1挪用泰康公司资金归个人使用、为个人谋利的事实不清、证据不足。据此，最高人民法院认定，原审被告人张文中及其辩护人所提张文中的行为不构成挪用资金罪，最高人民检察院所提张文中从泰康公司挪用4000万元炒股为个人谋利构成挪用资金罪，但已过追诉期限的意见不能成立。

（1）无充分证据证实张文中等人挪用单位资金归个人使用。构成挪用资金罪的一个重要条件是挪用单位资金“归个人使用或借贷给他人使用”，但现有在案证据无法确实充分地证实张文中等人挪用泰康公司4000

万元资金归个人使用。最高人民法院经审理查明，1997 年 3 月，原审被告人张文中与泰康公司董事长陈某 1、中期公司董事长田某 1 商定，用泰康公司的 4000 万元资金申购新股谋利。同年 3 月 27 日，泰康公司的 4000 万元资金转至物美集团关联公司卡斯特投资咨询中心在国泰证券公司北京方庄营业部开设的股票账户，张某 1 根据张文中的安排具体负责申购新股。为规避风险，泰康公司计财部与卡斯特投资咨询中心签订了委托投资国债协议及抵押合同。后来，中国人民银行对泰康公司进行检查，发现该笔 4000 万元资金违规后，要求泰康公司尽快终止合同。泰康公司经总裁室研究决定，向卡斯特投资咨询中心出具了《关于终止委托国债投资协议致卡斯特投资咨询中心的函》。在此基础上，张文中、陈某 1 与田某 1 商定，再从泰康公司转出 5000 万元至中期公司所兼管的河南国投公司，由河南国投公司将其中的 4000 万元转至卡斯特投资咨询中心账户，用于向泰康公司归还前次 4000 万元款项。同年 8 月 19 日，涉案 4000 万元资金又由国泰证券公司北京方庄营业部卡斯特投资咨询中心股票交易账户，通过北京证券登记有限公司、卡斯特投资咨询中心转回泰康公司。同年 9 月 3 日、9 日，卡斯特投资咨询中心和河南国投公司又分两次共归还泰康公司 5000 万元。相关转账支票、进账单、存取款凭单、记账凭证、资金往来发票等书证证实，涉案 4000 万元资金于 1997 年 3 月 27 日由泰康公司划转至卡斯特投资咨询中心在北京证券交易中心开设的账户，后转至国泰证券公司北京方庄营业部卡斯特投资咨询中心股票交易账户。在案的委托投资国债协议、抵押合同，也系泰康公司与卡斯特投资咨询中心两个单位之间签订，客观上成为泰康公司将 4000 万元借给卡斯特投资咨询中心的凭据。在这整个过程中，泰康公司虽然实施了违规挪用 4000 万资金的行为，也实施了掩盖之前违规挪用 4000 万资金的行为，即通过转出 5000 万元资金经河南国投公司过账，但涉案所有资金始终在单位之间的账上流转，而且泰康公司和卡斯特投资咨询公司签订委托投资国债协议也是两个单位之间的行为，因此，并无充分证据证实挪用资金归个人使用。

（2）无充分证据证实张文中等人挪用资金为个人谋利。最高人民法院经再审认为，原判认定张文中等人挪用泰康公司的4000万元资金申购新股共盈利1000余万元与在案书证不符。国泰证券公司北京方庄营业部客户存取款凭单显示，卡斯特投资咨询中心于1997年8月19日支取第一笔4000万元时，余额为9335元，同年9月3日支取第二笔4000万元时，余额为423万余元。由于缺乏卡斯特投资咨询中心股票账户交易记录等证据，上述余额是否为申购新股所得盈利不清，且即便是盈利，也与原判认定的盈利数额存在较大出入。

三、案件何以发生

两会期间，江必新在接受记者采访时特别指出，最高人民法院将紧盯三类案件，其中第一类是涉及合同诈骗罪、挪用侵占资金罪以及与民营企业家相关的其他罪名的案件。[①] 反观张文中案，张文中在原审中正是被以犯诈骗罪、单位行贿罪、挪用资金罪定罪判刑，而在最高人民法院的再审中被改判无罪的。

从案件的审理情况看，张文中等人在物美集团的经营和管理中确实存在违规甚至违法的行为，如在申请国债技改贴息资金的过程中存在签订虚假购物合同申请贷款的行为，在收购国旅以及粤财公司所持泰康公司股份的过程中分别给予赵某、李某30万元和500万元的好处费和回扣，张文中等人也确实存在伙同他人共谋挪用泰康公司4000万元资金申购新股谋利，后又用5000万元过账还款予以掩盖的行为，但这些行为是否达到了犯罪的标准、构成犯罪，司法机关在处理的时候则须非常慎重，必须坚守刑法的谦抑性原则，坚持罪刑法定、疑罪从无等基本的刑事诉讼原则，否则不但会对获罪的民营企业及民营企业家造成财产和人身上的伤害，而且会影响到整个民营经济的发展乃至中国特色的社会主义市场经济的有序、健康发展。

---

① 参见钟煜豪:《部长通道|江必新:决不能因一些小瑕疵而致民营企业家于死地》,载搜狐网,网址:http://m.sohu.com/a/300667484_260616,访问日期:2019年3月18日。

原审判决和再审判决的差异也正是在这些地方：有签订虚假合同等欺骗行为是否就一定构成诈骗罪？给予相关人员好处费或回扣是否就一定构成单位行贿罪？有挪用资金谋利的行为是否就一定构成挪用资金罪？最高人民法院再审时，全面综合了解了相关政策和规定，坚持罪刑法定和疑罪从无原则，并在此基础上认定：物美集团具有申请国债技改贴息资金的资格（原审基于不全面的政策和规定认定物美不具有该资格），其挂靠国企的行为并未给审批人员造成错误认识（原审认定物美的行为给审批人员造成错误认识），其申请贷款的项目虽因非自身原因未在原地实施，但确实已在异地实施，并因此未被批下贷款（原审对此甚少考察），其后来虽实施了签订虚假合同以申请贷款的行为，但其在日常经营中确实已经投入大量资金实施其所申请的信息化建设的项目（原审几乎没有考察该情况）。物美集团及张文中等虽然给予赵某、李某好处费和回扣，但未谋取不正当利益（原审对此甚少考察）。物美集团及张文中等虽然确实挪用了泰康公司 4000 万元资金，也确实通过 5000 万元过账的形式掩盖了挪用资金的事实，但这些资金及盈利确实也只在单位账户之间流转，并未进入个人账户（原审对此未作考察）。正因这些审理中的差异，造成原审和再审大相径庭的判决结果，并导致张文中案的发生，使得张文中等人遭受牢狱之灾。

司法对于民营企业和民营企业家保护的作用是毋庸置疑的，因为司法是守护社会公平正义的最后一道防线。然而，若要真正有效地保护民营企业及企业家，我们还需要回到源头去探究此类案件发生的原因，只有这样才能有效防范此类冤错案件的发生，甚至有效防范民营企业及企业家犯罪。

实际上，正如张文中案件中所展示的，民营企业日常经营、管理中存在违规违法行为正是很多民营企业及民营企业家获罪的重要原因。不可否认，这其中有些违规违法行为确实是构成犯罪的，而有些违规违法行为则是行走在犯罪的边缘，还有些违规违法行为则处于法律的空白地带。细究这些违规违法行为，我们也可以发现，其中有些是由民营企业的特殊生存困境如不公平的市场竞争环境所决定，有些则是民营企业内部管理混乱、管理人员缺乏法治意识等原因造成的，等等。具体而言：

1. 不公平的市场竞争环境

我国现行的经济制度设计中，带有较浓厚的计划经济时代传承下来的“重公轻私”特征，最直观的表现即是在企业制度设计和资源配置上，因企业所有制性质的不同而予以差别对待。这种状况虽然随着市场经济的发展在不断得到改善，但是民营企业无论从资源占有、资格获取、经营范围、利益分配等方面，还是从制度保障、政策优惠等方面都受到较大的限制。尤其是近年来，随着经济下行，原材料成本、劳动力成本、资金成本的上升和税费负担的加重，民营企业的利润进一步被挤占，民营企业的生存压力进一步加大。重压之下，民营企业家较容易陷入求生困境，容易诱发一些民营企业家通过违法犯罪手段来获取资源和竞争机会。北京师范大学中国企业家犯罪预防研究中心课题组多年来调研的结果显示，国有企业企业家的高频罪名为受贿、贪污和挪用公款，而民营企业家的高发罪名则为融资类犯罪、非法经营罪和行贿罪等。可见，国企企业家犯罪集中在职务犯罪领域，属于“权力型”犯罪，而民营企业家的犯罪多属于为了降低经营成本、获取经营资金以缓解经营困难的“压力型”犯罪。这种罪名结构特征差异的背后，反映了制度设计层面给予民营企业的不公平待遇。而这种不公平待遇，正是刺激和诱发民营企业家犯罪趋于多发、频发的重要现实因素。①

在张文中案中，物美集团作为民营企业实际上具备申请国债技改贴息资金的资格和条件，但其仍然通过挂靠国企并进而通过签订虚假合同来申请，其背后的重要原因也是和民企相比，国企不但具有公认的独特优势，而且从实践层面国企也确实容易获得相关的资格、政策、资源分配的倾斜。至于单位行贿罪的问题，也在很大程度上反映了民营企业在经营方面一些特殊的风险和困境，尤其是当这些经营活动和国家工作人员的贪污受贿的

① 参见北京师范大学中国企业家犯罪预防研究中心课题组、张远煌：《民营企业家刑事风险分析与对策建议报告》，《河南警察学院学报》2015 年第 4 期。

行为有联系的时候。从该案的审理情况看，物美集团无论是在收购国旅所持泰康公司股权的过程中给予赵某 30 万元，还是在收购粤财公司所持泰康公司股权的过程中给予李某 500 万元，都有不得已的因素存在——赵某或李某等相关人员起码是起到了牵线搭桥等作用，若给予或承诺给予他们好处费或回扣，相应的收购行为或许能够以更优惠的方式完成，或者最起码也能促成收购行为较为顺利地完成；若不给与或者不承诺给予他们好处费或回扣，收购活动就未必那么顺利了，即便是正常收购。事实也证明，物美集团确实是以正常价格收购这两个公司所持泰康公司股权的。在这个过程中，他们虽然给予赵某 30 万元，给予李某 500 万元，但并没有谋求不正当利益。该行为虽然违规违法，但是情节显著轻微，而且这里也有社会的因素在，而这些社会因素恰恰在一定程度上反映了民营企业及企业家生存的市场环境之恶劣——有时候，民营企业哪怕是为了获取正当利益，也要向相关人员行贿。

2. 民营企业内部原因

（1）民营企业的现代企业制度有待形成。我国民营企业的组织形式主要是有限责任公司，部分企业是股份公司。尽管有的已成为上市公司，但与现代公司制度的要求差别依旧显著。现代公司制度存在的基石——所有者与经营者制衡的机制在不少民营企业的法人治理结构中形同虚设。① 2003 年物美超市即成为内地第一家在香港创业板上市的民营零售企业，然而，从该案审理的情况看，权力制衡机制的缺失在物美集团也是非常严重的，其中最为明显的是私有大股东张文中集所有者和经营者于一身，无论是申请国债技改贴息资金还是收购泰康公司股权，或是从泰康公司挪用 4000 万元用于申购新股谋利，张文中都是这些决定的决策者，在这个过程中，我们几乎看不到物美集团作为一个上市公司，其董事会、股东会、监事会在决策过程中应起到的监督作用。

（2）刑事法律风险意识缺乏。改革开放 30 多年来，民营企业运营的

① 参见北京师范大学中国企业家犯罪预防研究中心课题组、张远煌：《民营企业家刑事风险分析与对策建议报告》，《河南警察学院学报》2015 年第 4 期。

法治化已有显著提升，聘请法律顾问、设立专门的企业法务部门，已成为企业规范化运作的基本特征之一。但目前，企业内部的法务人员或聘请的律师，更多只是专注于企业经营中的民商事法律问题，对企业尤其是企业家所面临的刑事法律风险，往往疏于应有的认识和有针对性的防范。许多民营企业家只是在东窗事发后，才想到请知名专家或擅长刑事诉讼的律师帮助维护自己的权利，但此时已为时过晚。[①]

对于民营企业而言，生存和发展往往被民营企业家放在首要位置，也是从这个角度出发，他们更重视商业风险，而轻视刑事法律风险，有时候甚至为了谋取利益不惜铤而走险。在张文中案中，这方面也有表现，如给了赵某和李某好处费和回扣，虽有不得已之处，但不能否认该行为仍然是一种违规和违法行为；再如挪用泰康公司 4000 万元用于申购新股谋利，后用 5000 万元过账以掩盖挪用行为，这都说明张文中等知道这是一种违规甚至违法行为，但他们仍旧实施了该行为，也在很大程度上说明他们法治意识的缺乏，尤其是刑事法律风险意识的缺乏。市场经济归根到底是一种法治经济，无论是民营企业还是国有企业，都要依法经营，无论是经营策略还是经营手段，都必须遵守法律规定，也只有依法经营，企业才能经营得稳健、长久。

四、依法平等保护

张文中案件的改判，充分彰显了司法保护产权的示范效应，不仅仅洗刷了张文中个人及物美集团长期背负在身上的罪名，也必将进一步增强企业家群体的人身和财产财富安全感，使广大企业家能够安心经营、放心投资、专心创业。一言以蔽之，让人民群众在每一个司法案件中感受到公平正义，让人民群众在每一个产权案件中感受到财产财富安全

① 参见北京师范大学中国企业家犯罪预防研究中心课题组、张远煌：《民营企业家刑事风险分析与对策建议报告》，《河南警察学院学报》2015 年第 4 期。

感。① 张文中案虽然已经尘埃落定，但对民营企业及企业家的保护才刚刚开始，今后还有一段很长的路要走，而将来的路要怎么走，这还是一个非常值得研究和期待的问题，其不但包括对过去错误判决的涉产权案件的纠正，也包括未来对待涉产权案件应当以怎样的态度和方式去对待。

1. 以发展眼光看待民营企业历史上有过的不规范行为

应当看到，我国民营企业是在相对特殊的环境中发展起来的，其中政策、资格、资源分配等的不平衡造成民营企业先天存在不足，也正因为此，对改革开放以来一些民营企业历史上曾经有过的一些不规范行为，要以发展的眼光看问题，严格遵循罪刑法定、疑罪从无的原则处理，让企业家卸下思想包袱，轻装前进。按照罪刑法定原则的要求，对企业家在生产、经营、融资活动中的创新创业行为，只要不违反刑事法律的规定，不得以犯罪论处。要防止有些人抓住民营企业和企业家一些经营行为上的瑕疵或者轻微的违法行为，置民营企业和企业家于死地；还要警惕一些人利用一些鸡毛蒜皮、细枝末节方面的理由，对民营企业和企业家进行敲诈勒索；更要警惕一些人通过恶意诉讼甚至虚假诉讼，坑害民营企业和企业家的行为。②

2. 依法保护民营企业及企业家

市场经济究其本质是法治经济，无论是法律还是司法机关，保护的都是依法行使自主经营权的企业和企业家，其中既包括民营企业及企业家，也包括国有企业及企业家，其目的是营造良好的法治环境和营商环境。保护民营企业及企业家是在法律的框架内依法保护，而不是无原则的保护，人民法院对民营企业的司法保护也是如此，“凡属于民营企业和企业家依法经营行为，人民法院应坚决依法予以保护。凡属于法律不禁止的行为，当事人之间合同有约定的或者不违反合同约定的，应当认可其法律效力。凡属于违法侵害民营企业和企业家合法权益的行为，人民

① 参见刘武俊:《发挥张文中案改判的司法保护产权示范效应》,《人民法院报》2018 年 6 月 6 日第 2 版。

② 参见江必新:《为民营企业健康发展 提供优质高效司法服务和保障》,《人民司法》2019 年第 4 期。

法院应当坚决依法予以制裁”。[①]

3. 平等保护民营企业及企业家

从张文中案及其他民营企业及企业家犯罪的案件看，这些案件之所以发生，其中一个很重要的因素是很多的政策和制度在制定时对国有企业有所侧重和倾斜，民营企业在资源获取等方面处于劣势地位，这在一定程度上迫使他们为了自身的生存和发展，或者直接铤而走险违反相关法律法规甚至是刑事法律，或者打法律的擦边球。依法平等保护各类企业合法权益，才能为民营企业发展营造良好法治环境。要坚持各类市场主体诉讼地位平等、法律适用平等、法律责任平等的原则，依法保护民营企业诚实守信，平等使用各种生产要素，平等参与市场竞争。[②]

4. 加强法治宣传和教育

从张文中案中以及其他的民营企业案件中可以发现，民营企业对于商业风险的防范甚于对刑事法律危险的防范，在一定程度上反映了我国法律服务组织和教育机构在认识上的误区和能力上的不足。从帮助企业维权角度看，积极推动企业形成内部的刑事风险防控机制，避免企业和企业家遭遇刑事风险，本身就是对企业和企业家最根本利益的维护。但从包括律师事务所在内的各类法律服务机构和相关维权组织看，目前所能从事的主要是事后救济式的服务；从各类企业管理人员的培训与教育机构看，其课程设置和培训内容只是局限于商业风险防范和商业技能的训练与提高，而对法律风险，尤其是刑事风险的防控，于培训者而言也是毫无认识。原本是前瞻性的教育培训活动，却与“市场经济是法治经济”的基本命题相去甚远。[③] 在这方面，全国工商联等机构和组织应担起，组织专门的法律专业人员对企业的管理人员进行相应的培训，以增强他们对刑事法律风险的防范意识，防患于未然，从而从源头上保护民营企业及其企业家。

---

① 参见江必新:《为民营企业健康发展 提供优质高效司法服务和保障》,《人民司法》2019 年第 4 期。

② 参见江必新:《为民营企业健康发展 提供优质高效司法服务和保障》,《人民司法》2019 年第 4 期。

③ 参见北京师范大学中国企业家犯罪预防研究中心课题组、张远煌:《民营企业家刑事风险分析与对策建议报告》,《河南警察学院学报》2015 年第 4 期。

正当防卫法律适用的理性思考

——江苏省昆山市于海明致刘海龙死亡案引发的思考

王立伟*

正当防卫制度作为我国刑法体系中非常重要的组成部分，它的发展变化反映了公民个体与国家整体的关系、立法与司法之间的关系。正当防卫本来是社会大众所熟知的公民的一项法定权利，然而正当防卫法律适用明显不足、现状不容乐观的问题却在司法实务中不断呈现。与实施正当防卫有关的案件不断地进入人们的视野，有的案件因为判决结果严重地超出人们的心理预期，甚至超出了社会大众的道德情感容纳度，进而激起了强烈的社会舆论，诉讼争议不断。因此，正当防卫法律适用问题也就成为刑事司法领域的一个重要热点、难点。我们应当深刻反思当前我国正当防卫法律适用严重不足的问题，为有效解决司法实务中正当防卫法律适用的窘境问题，在理论和实务上更加深入地研究和探讨正当防卫法律适用的思维方法和路径仍然十分紧迫和必要。只要将目光从情感和理论中转向实际，以科学理性的思维去分析，以睿智的目光去审视，就会逐步厘清正当防卫法律适用的正确思路和方法。

* 王立伟，中国社会科学院研究生院法律硕士，山东省费县纪委监委，四级主任科员。

一、于海明致刘海龙死亡案

（一）案情介绍

2018 年 8 月 27 日 21 时 30 分许，江苏省昆山市震川路发生一起宝马轿车驾驶员持刀砍人反被杀案。公安机关接警后及时赶赴现场调查处理，并于当日立案侦查。检察机关对此案高度重视，昆山市检察院第一时间派员依法提前介入侦查活动。

公安机关查明，案发当晚刘海龙醉酒驾驶皖 AP9G57 宝马轿车（经检测，血液酒精含量为 87 毫克/100 毫升），载刘某某（男）、刘某（女）、唐某某（女）行至昆山市震川路，向右强行闯入非机动车道，与正常骑自行车的于海明险些碰擦，双方遂发生争执。经双方同行人员劝解，交通争执基本平息，但刘海龙突然下车，上前推搡、踢打于海明。虽经劝架，刘海龙仍持续追打，后返回宝马轿车拿出一把砍刀（经鉴定，该刀为尖角双面开刃，全长 59 厘米，其中刀身长 43 厘米、宽 5 厘米，系管制刀具），连续用刀击打于海明颈部、腰部、腿部。击打中砍刀甩脱，于海明抢到砍刀，并在争夺中捅刺、砍击刘海龙 5 刀，刺砍过程持续 7 秒。

刘海龙受伤后跑向宝马轿车，于海明继续追砍 2 刀均未砍中。刘海龙跑向宝马轿车东北侧，于海明追赶数米被同行人员拉阻，后返回宝马轿车，将车内刘海龙的手机取出放入自己口袋。民警到达现场后，于海明将手机和砍刀主动交给处警民警（于海明称拿走刘海龙手机是为了防止对方打电话召集人员报复）。

刘海龙后经送医抢救无效于当日死亡。经法医鉴定并结合视频监控认定，刘海龙连续被刺砍 5 刀，其中，第 1 刀为左腹部刺戳伤，致腹部大静脉、肠管、肠系膜破裂；其余 4 刀依次造成左臂部、右胸部并右上臂、左肩部、左肘部共 5 处开放性创口及 3 处骨折，死因为失血性休克。

于海明经人身检查，见左颈部条形挫伤 1 处，左胸季肋部条形挫伤 1 处。①

（二）于海明案评析

1. 刘海龙滋生事端、存在明显过错

从起因看，刘海龙酒驾、违规变道，下车后上前滋事，挑起事端；从案件发展过程看，刘海龙先推搡于海明，然后对其拳打脚踢，最后发展到持刀击打，不法侵害程度迅猛升级。

2. 不法侵害客观存在

于海明面临着严重危及其人身安全的现实危险。本案系“正在进行的行凶”，刘海龙手持的双刃尖角刀属于管制刀具，是刑法规定中的“凶器”；手持凶器击打于海明颈部等要害部位，严重危及着于海明的人身安全；砍刀甩落在地后，刘海龙立即上前争夺，毫无放弃继续实施侵害的迹象。刘海龙受伤起身后，立即跑向原放置砍刀的汽车。此时，于海明无法排除刘海龙从车内取出其他“凶器”的可能性。砍刀虽然易手，现实危险并未完全消除，于海明的人身安全始终面临着紧迫而现实的危险。总之，刘海龙实施的一系列侵害行为的不法性显而易见，不法侵害持续存在，严重侵害了于海明的人身安全，因此于海明对刘海龙的反击行为具备了防卫前提。

3. 于海明的反击行为符合特殊防卫要求

首先，于海明抢刀后，连续捅刺、砍击刘海龙 5 刀，所有动作均在 7 秒内完成，属于情急下的正常本能反应。面对不法侵害不断升级的紧迫危险，常人很难冷静地衡量和判断自己可能受到多大程度的伤害，然后精准地换算出等值的防卫强度，进而予以恰如其分地还击。正因为此刑法也规定，面对行凶等严重暴力犯罪进行防卫时，赋予防卫人以无限防卫权，亦即无防卫限度的限制。最终检察机关也认为，于海明面对挥舞的长刀，所做出的抢刀反击行为，属于情急下的正常反应，不能苛求他

① 参见《为什么认定于海明的行为属正当防卫——关于“昆山砍人案”的分析意见》，载正义网，http://news.jcrb.com/jxsw/201809/t20180901_1902797.html，访问日期：2018 年 9 月 1 日。

精准控制捅刺的力量和部位。虽然造成不法侵害人死亡，但符合特殊防卫要求，依法不需要承担刑事责任。

其次，依照现行刑法之规定，“明显超过必要限度”与否，应当基于制止不法侵害和法益保护的实际需要为标准进行考察和判断。理论界存在着“基本适应说”和“客观需要说”，前者主张防卫要与不法侵害基本相适应，亦即“对等武装论”，该观点容易导致“唯结果论”；后者主张应该根据案情实际，以制止不法侵害实际需要为标准。笔者更赞成“客观必需说”的观点，它使主客观相统一得到了贯彻。判断防卫过当与否，应该重点考察案发当时的客观环境及防卫人的主观心理状态。结合于海明案案情去分析，法律是不能强人所难的，应当允许于海明有机会弥补自身劣势，改变被动局面。在刘海龙上前推搡、踢打、持续追打于海明，连续用刀击打于海明颈部、腰部、腿部，击打中砍刀甩脱时，面对力量悬殊的客观环境和步步紧逼的不法侵害，处于高度紧张、恐慌、激愤甚至绝望的于海明不可能会预料到后续时间里会发生什么样的严重后果。于海明就不得不随手使用从地上抢到的砍刀来制止被继续侵害。“防卫人由于惊恐、惶惑、恐惧、激愤而导致防卫过当的，减轻处罚或者不处罚。”① 极端被动的危急情形下，人的头脑往往一片空白，根本来不及理性、准确地判断情势，于海明本能地从地上抢刀进行“绝地反击”就更符合情理了。此时因缺乏期待可能性，其主观罪过也应予以排除。

4. 在正当防卫价值判断上，应当优先保护防卫者

正义与合法不能向邪恶与不法做出屈服和让步。正当防卫的实质在于“以正对不正”，是正义对邪恶的反击，因此在司法实务操作中，理应把防卫者的优先保护地位加以明确。加之，实践中面对突然发生的不法侵害，在紧张、恐惧和仓促的情况下，防卫者往往难以准确地判断出侵害行为的性质和强度，难以精准慎重地选择相应的防卫手段，因此司法机关应充分考虑防卫者面临的紧急情况，依法准确、果断地适用正当防卫法律规定，维护防卫者的合法权益，这样做将更加有利于引导和树立

① 刘仁文:《“于海明故意伤害案”的学理评析》,《中国审判》2017 年第 19 期。

良好的社会价值导向。本案中刘海龙酒驾且有交通违章、寻衅滋事、持刀攻击等不法行为。于海明面对这样突如其来的不法侵害，根据刑法规定当然有立即实施正当防卫的权利；同时，对于案件中的暴力程度、力量对比以及于海明案发当时的心理状态等主客观因素都是必须予以重点考虑的，要进行综合评判。实务中，司法者往往存在“只要死伤结果发生就是防卫过当”的思维定式。这与日本刑法理论中的“结果相当性”很相似。在我国刑法学界，也有人倾向于《刑法》第 20 条第 2 款规定的“防卫后果”将重伤和死亡排除在外。在司法实务和刑法理论中，这种思维定式严重地阻碍着准确恰当地适用正当防卫。是否适用正当防卫应当在明确行为防卫性质的前提下，再结合行为强度和损害结果进行判断。能够采取强度较弱的反击措施而没有控制反击强度明显超过了必要限度，才能认定为防卫过当；采取强度大的反击才能摆脱侵害的情况下，损害结果难以避免，即便有伤亡，也不能认定为防卫过当。对正当防卫的判断，不能过分地苛求于海明，应当换位思考，不能强人所难，更何况我国刑法也没有规定“迫不得已”为前提条件。“为了使审判公正合理，我们应当尽量设身处地，尽管这样做可能有些困难。”①

综上，于海明之防卫行为当属于正当防卫，不应负刑事责任。案发时，于海明有防卫认识，侵害于海明的不法行为持续进行；于海明防卫目的明确，刘海龙步步紧逼，毫无放弃继续侵害之迹象，亟须予以反击以制止现实的非法侵害；防卫时间上，于海明针对正在进行的不法侵害予以反击，具备了防卫的时间条件；防卫对象上，针对不法侵害实施者，于海明持刀捅砍的对象为刘海龙，防卫对象条件符合。因此，应当依照我国刑法关于正当防卫的规定和法理，遵循主客观相统一原则进行评判。人身安全是公民最基本的权利，当公民面对不法行为的严重紧迫危害，法律应当鼓励公民敢于实施自我救济，勇敢地同不法侵害行为做斗争。司法者也理应担负起切实维护公民合法权益、引领社会风尚、弘扬社会正气之责，果敢地将依法保障和维护公民的正当防卫权利落实到具体个

① ［法］勒内·弗洛里奥:《错案》,赵淑美、张洪竹译,法律出版社 1984 年版,第 47 页。

案的正确处理中去。诚然，社会各界也对该案给予了很大关注，积极理性地表达观点，提出了合理化的意见建议，也促进了案件的依法处理。最终，江苏省昆山市公安局也澄清了于海明行为的防卫性质，依据我国《刑法》第20条第3款规定予以撤案处理。

二、回溯吴金艳案

无独有偶，我们可以回溯到“吴金艳案”，该案也是有关正当防卫法律适用的典型案例。

> 2003年9月10日凌晨3时许，孙某、李某、张某三人到吴金艳所在酒店的女服务员宿舍外，要求宿舍内的尹某出屋，被拒绝后三人强行破门而入。孙某欲强行将尹某带走，遭拒绝后，殴打尹某并撕扯其睡衣。吴金艳下床阻拦，也遭孙某殴打和撕扯，吴金艳随手拿起水果刀将孙某划伤。李某则拿起一把铁挂锁欲砸吴金艳，吴金艳持刀刺向李某致其失血性休克死亡。

海淀区人民检察院指控吴金艳涉嫌故意伤害罪，向海淀区人民法院提起公诉，被害人家属一并提起附带民事诉讼。后经法庭审理，认为李某的暴力行为达到严重危及吴金艳人身安全的程度，吴金艳对暴力行为具有无限防卫权，其防卫行为虽造成李某死亡，但未超必要限度，属于正当防卫，被判无罪。

此案虽有死亡后果发生，控辩双方对构成犯罪与否争议也较大，但法院并未在利益衡量上进行纠缠，而是基于防卫必要性的考虑，综合全案证据和庭审情况，最终认定吴金艳系正当防卫，不负刑事责任。近些年来，日本法院也在由原来的根据利益衡量原则转向防卫必要性优先对案件进行判断。吴金艳案是首例被北京市海淀区人民法院认定为正当防卫而被判无罪的案件，成为正当防卫认定的典型案例。在当时也引起社会大众的广泛关注和热烈讨论。《中华人民共和国最高人民法院公报》《人民法院案例选》也予以刊登。至今，该案的裁判思路和方法，无论对理论界还是司法实务界都具有重要的学习和借鉴意义。

三、正当防卫法律适用的误区和偏差

司法实务中，对案件进行分析和判断，既要考虑反击与侵害是否相当，也要考虑防卫人的紧张、恐慌和愤怒等主观心态导致认知和控制能力的下降，很难科学理性地做出准确判断。对防卫限度的准确把握，对防卫存在与否的考虑应当具有优先性，防卫过当与否才是第二步需要考虑的。错误的思维定式对准确地适用正当防卫造成了严重的困难和阻碍，以致应当适用而未适用正当防卫处理的案件很多，正当防卫法律规定成为摆设，几近僵尸。太过严格地限制正当防卫法律适用，普通公众在遇到不法侵害时，就很难有底气地、理直气壮地依法保护自己，多数人会选择隐忍，不敢与违法犯罪做斗争，这将纵容犯罪频发。1997 年《刑法》增补了无过当防卫条款，这就意味着从立法层面上放宽了正当防卫的法律适用，对于刑法的发展进步意义重大，也可以说具有里程碑意义。然而，司法实务界的惯性思维还没有彻底改变，正当防卫法律适用的认识偏差问题依然存在，具体到实际案件中，公民的防卫权依然受到难以言说的压抑。

（一）正当防卫适用范围错误：只适用于暴力侵害，甚或仅仅适用于严重的暴力

笔者认为，对正当防卫的适用范围应该作广义的理解和解释，对非暴力侵害、一般的暴力侵害，也应当适用。尽管《刑法》第 20 条第 3 款针对严重的暴力侵害，明确了公民可以实施特殊防卫的排他性规定，但法条对一般防卫并没有明确限定于暴力侵害范围之内，不能根据该条款得出似是而非的错误理解，否则就曲解了刑法规定正当防卫的目的和初衷。发生于 2017 年的于欢案，就明显存在着持续性的非法侵害，而对于持续性的非法侵害也是可以进行正当防卫的。在持续侵害中，“不法行为的成立和既遂往往都相对较早，但犯罪行为在较长时期内并未结束，在犯罪人彻底放弃犯罪行为之前，违法状态也一直持续，犯罪并未终了，

在此过程中，防卫人理应都可以防卫”。[1] 司法者必须高度重视持续侵害行为的特殊性，尽量避免不当地、甚至错误地限定正当防卫的适用范围。持续侵害是指侵害人在较长时间内实施侵害行为而未结束的状态。这应作广义上的理解，包括持续的攻击、绑架、非法等形态。不法侵害持续发生的情况下，尽管有死伤结果发生，也应当肯定反击行为的防卫性质，更要考虑侵害层进升高的特殊影响，不能轻率地认为反击行为明显超过必要限度，更要考虑到防卫人的忧虑。不能先入为主地，甚或草率地认定为普通故意犯罪或防卫过当；应当将部分持续侵害情形作为严重的暴力行为，肯定和认可反击人的特殊防卫权。当然，将持续侵害作为严重的暴力犯罪进行处置和应对，增大反击力度，进行“绝地反击”，应该厘清案件的发展脉络，客观地分析危险是否已经到了必须进行特殊防卫的程度，尽量避免太过主观地否定行为的合法性、正当性。对持续侵害的反击行为造成死伤后果的处理，在司法判断逻辑上应当优先考虑能否适用《刑法》第 20 条第 3 款之规定。只有在其无法适用时，再根据《刑法》第 20 条第 2 款，考察是否“明显超过必要限度造成重大损害”。关于持续侵害情形下的防卫相当性判断，不论侵害在外观上平和与否，即便反击行为导致对方死伤的，都应肯定防卫性质；反击人即便使用类似“挥刀乱捅”更强暴力的反击方式，正当防卫也有成立的可能性；即便反击人为喝止侵害，在展示防卫工具（比如刀叉、棍棒等）时，对侵害人主动迎上前的，也应认定其主动升高不法侵害的危险程度，反击人后续所造成的后果也理应归属于侵害方；如果处于“危险累升”的紧急状态，即便反击人突然使用高强度的反击手段造成不法侵害人死伤的，也不能一概排除正当防卫成立的可能性。“凡是进入刑事领域评价范围的案件都是后果达到相当程度的。司法人员往往先入为主地从反击结果思考问题，不恰当地、甚至错误地限定正当防卫的适用范围。因此，深入研究正当防卫法律适用的司法判断逻辑，使司法人员能够准确地适用法律规定对

---

① 参见周光权:《论持续侵害与正当防卫的关系》,《法学》2017 年第 4 期,第 3 页。

案件进行裁决，促进司法公正，意义深远。”①

（二）时间条件的认识错误：防卫时间是暴力侵害发生的一瞬间

防卫权理应在不法侵害产生后果之前，而不能等造成伤害后果以后才行使。例如：甲持刀杀乙，不能将防卫时间理解为甲捅乙的那一瞬间，除非乙是“武林高手”，否则乙根本就没有防卫时间。

（三）互殴认定面过宽：打架就是互殴，防卫权受到严重限缩

由于侵害与反击的外观都是以互相打斗而呈现于人的，这就更容易导致司法者在司法实务中，把正当防卫与互殴相混淆。实践中，往往存在着这种情况：先动手打人的不法侵害人往往法律意识淡薄，而被动反击者往往法律意识比较强，基于对法律的敬畏，在被动反击的过程中会有很多的顾虑，多数的反击行为往往也是本能的反应。正当防卫与互殴的根本区别就在于有没有斗殴合意的达成。陈兴良老师也提出了非常关键的两点意见作以区分：基于斗殴意图的反击行为，不能认定为防卫。对不法侵害即时进行的反击行为，不能认定为互殴。②

（四）死伤结果的发生等同于防卫过当

对是否明显超过必要限度问题，司法者比较保守的目光还是聚焦在伤亡后果上，错误地认定为防卫过当的案件比比皆是，死伤后果严重似乎是防卫过当乃至普通故意犯罪的“代名词”。

总之，司法实务界需要切实解决思想认识上存在的误区和偏差，统一思想、提高认识，把正当防卫法律适用条款激活，真正回归到国家立法意图上来，让正当防卫制度在司法实务中发挥它应有的作用。

---

① 周光权：《论持续侵害与正当防卫的关系》，《法学》2017 年第 4 期，第 3 页。

② 参见陈兴良：《防卫与互殴的界限》，《法学》2015 年第 6 期，第 137 页。

四、正当防卫法律适用现状的原因分析

《刑法》第20条第1款规定了正当防卫，第2款规定了防卫过当，第3款规定了无过当防卫（特别防卫）。我们从法条规定上就可以非常清晰明了地看出正当防卫、防卫过当和无过当防卫的定义。我国的正当防卫法律适用状况在司法实务中不容乐观，正当防卫法律适用空间经常被限制和压缩，法律适用率很低。据统计，适用比率不到千分之三。司法实践中，很多持续侵害案件不能适用正当防卫来处理，按照类型学方法分析，对持续侵害也是可以行使防卫权的；认定互殴的范围太宽，公民的防卫权得不到保障和认可，正当防卫制度被束之高阁，法律适用便无从谈起。若发生死伤后果，适用正当防卫处理案件就更加渺茫。正当防卫的法律适用之所以如此艰难，笔者认为存在以下几个方面的原因：

（一）社会组织的作用明显弱化

着眼于社会学角度分析，多年前案件发生后，各种社会组织会帮助协调解决。相当长一段时期以来，各种社会组织不愿意再出面帮助于海明协调做受害人家属的工作使其放弃诉讼请求，即便有的单位（尤以校园暴力为甚）迫于各种压力出面协调解决，往往也是各打五十大板，有“和稀泥”之嫌。多数案件的压力和风险最终转移到了司法机关身上。尽管我国现行《刑法》对正当防卫法律适用的限定比较宽松，正当防卫的法律适用本应比以前更为普遍，然而事与愿违的是适用正当防卫的比例还大不如以前。这就更需要引入控辩双方的协商机制来发挥作用。

（二）刑法上的原因

制度设计上，条款不清晰，解释空间狭小。司法实务中，很可能对法条作出限缩解释。人身安全之外自由法益的保护得不到重视，对“不法侵害”的理解局限于对人身安全造成的威胁和危险；对限制人身自由的行为，认定“不法侵害”的少之又少。“所谓侵害，就是对他人的权利

造成实害或者危险，不问是故意行为还是过失行为，是基于作为还是不作为。而且，也并不要求是相对于犯罪的行为。”① 法条复杂，司法简单；法条简单，司法复杂。法律规定太过简单就会给理论上的探讨和司法实务留下过大的空间，法外因素就易影响、干预案件审理甚至会左右判决。

（三）刑事诉讼法上的原因

将被害人列为当事人在多数国家和我国以前的刑事诉讼法里都没有规定。与正当防卫有关的案件大多有死伤后果，被害人作为当事人参加诉讼，问题就变得更加复杂了。司法实践一再证明，处于优势地位的控诉方与被害人参与诉讼会导致更加严重地“控辩失衡”。加之，“目前我国的法律援助存在援助范围覆盖不全，辩护率低；律师辩护积极性不高，辩护效果差强人意等短板。”② 被告人的处境变得更加被动，应当“通过制度的构建来推动诉讼理念的转变，缓和控辩双方激烈对抗的抗辩式司法理念，将本来存在于社会、经济范畴的契约价值进一步移植到刑事司法的过程中。”③

（四）司法机关自身的原因

司法实务中，司法机关不敢担当也是导致很多案件不能正确适用正当防卫法律规定的重要原因。从性质上看，很多案件明明可以适用正当防卫来进行判决，但判决书中却只字不提。即便防卫过当也可能被否认，案件说理也不充分、东拉西扯，结论认定多于事实分析，更缺乏深入细致的司法判断逻辑分析。

《刑法》第 20 条第 2 款并非是存在伤亡后果必须适用的法条，除此之外，还有行使正当防卫权利的可能和余地。笔者认为《刑法》第 20 条第 2 款只有“正当防卫明显超过必要限度造成重大损害”之规定的两个条件都具备，始得认定防卫过当。这样来理解和把握，正当防卫法律适

---

① ［日］大塚仁：《刑法概说（总论）》（第 3 版），冯军译，中国人民大学出版社 2003 年版，第 375 页。

② 冀祥德：《控辩平等论》，法律出版社 2008 年版，第 216 ~ 217 页。

③ 汪建成：《辩诉交易的理论基础》，《政法论坛》2002 年第 20 卷第 6 期。

用面就广。

（五）社会综合治理方面的原因

公权力治理能力强，警察处置高效，公民社会发展水平高，正当防卫的适用空间就小；反之，正当防卫的适用就应该有较大的空间。较长时期以来，司法人员普遍认为适用正当防卫只能依据第20条第1款，若有死伤结果发生且不能与第20条第3款特殊防卫权规定情形吻合，就不能适用正当防卫来处理案件。这就是当前普遍存在的“唯结果论”思想。比如，有些案件即便公安或司法人员也认为是正当防卫，但受害人一施加压力，基于维稳因素和报复性犯罪再次发生的顾虑，也缺乏相应的刚性法条、理论对抗，往往会直接以防卫过当“案结事了”。

（六）刑事政策方面的原因

私力救济受到压抑和限缩，范围狭小。公权力所及范围也有“盲区”和“死角”，在公力救济和私力救济之间进行科学合理的平衡和取舍，适当放大私力救济范围非常必要。另外，社会价值目标的协调也非常重要。“于海明案”发生后，之所以引起强烈的社会舆论关注，与刘海龙实施的冲击社会价值目标的极端行为密切相关。国家在制定和实施刑事政策时，也应当考虑维护我国社会奉行的价值理念。这种情形下，如果把于海明的行为评价为犯罪，社会价值目标就无法实现。于海明本人在当时的情景下也是“为了防卫别无他法”。[①] 刑事政策目标、社会价值目标二者之间出现了矛盾和冲突，需要及时予以修正，刑事政策的调控和干预能够在正当防卫的法律适用上更多地体现公权力立场。公权力与私权利之间存在着此消彼长的紧张关系，应根据社会实际进行适当地平衡和取舍。公权力救济及时、充分，可以限缩公民防卫权；公权力救济不及时、不充分，就要给公民行使防卫权以更多的便利，以避免公民因限于防卫权

---

① 参见［日］西田典之：《日本刑法总论》，刘明祥、王昭武译，中国人民大学出版社2007年版，第129页。

的行使而放任危害后果发生。

（七）相关法律概念界限模糊

正当防卫作为公民的一项法律权利，其认定较为复杂，对其概念的准确把握、辨析、适用也存在诸多的问题。比如，正当防卫与互殴、防卫过当、故意伤害的区别，等等。

1. 正当防卫与互殴

互殴是指斗殴参与者具有侵害对方的故意，实施侵害对方身体权益的违法行为。实践中，可分为违反治安管理处罚法和违反刑法的两种性质不同的互殴。“行为人基于斗殴故意实施挑衅行为激化矛盾，对事件升级负有责任。即使被害人先行攻击的情况下，双方发生斗殴造成被害人损害的也不能认定行为人成立正当防卫。”① 正当防卫是一种排除犯罪事由，互殴与正当防卫形式上具有相似性。“二者的不同之处在于前者主观上是伤害故意，是斗殴行为；后者主观上具备防卫意图，是一种防卫行为。”② 随着理论研究的不断深入，也传来了淡化防卫意图的声音，有学者提出了“防卫意思不要说”。司法实务中，防卫动机对正当防卫成立的影响以及区分互殴与正当防卫的判断标准等问题，亟待我们进一步地探讨。例如：甲乙争吵，乙猛击甲面部一拳，甲鼻流血不止，甲被动还击一拳将乙打成轻伤。实务中，司法机关大都认定为甲乙互殴。然而，在轻微性互殴过程中，一方的攻击突然急剧加强时，另一方也可进行正当防卫。③ 在笔者看来，甲的行为并非互殴，而是正当防卫。

（1）可以对违反《治安管理处罚法》的行为进行正当防卫

不管甲乙双方基于什么纠纷，乙先动手打人都是违法的；既然乙对甲实施攻击，就应当允许甲对乙的不法侵害进行还击。此时，如果否认甲的正当防卫权存在，甲只能充当“窝囊废”，在逃避或者忍受乙的殴打

---

① 周光权：《论持续侵害与正当防卫的关系》，《法学》2017 年第 4 期，第 3 页。

② 蔡林、成志晙：《基于斗殴故意实施的反击行为不能认定为正当防卫》，《人民法院报》2011 年 11 月 29 日第 6 版。

③ 参见谢雄伟：《斗殴中是否存在正当防卫》，《检察日报》2004 年 5 月 27 日第 2 版。

之间进行两难选择。古往今来，哪有正义向邪恶屈服的道理？有学者认为，一边说行为人可以正当防卫，另一边却又说行为人必须先回避，很明显的是一个矛盾。[①] 因此甲反击乙，天经地义。

（2）防卫行为与伤亡后果有着天然的联系

行使防卫权就极大可能产生伤亡后果，正是基于伤亡后果的原因，正当防卫成为违法性阻却事由才有意义，更何况防卫行为与杀伤行为有着同样的外观。

（3）应当遵循从客观到主观，从违法到责任去认定犯罪

当正当防卫的条件成立时，有无互殴意思和防卫意思并不影响正当防卫的成立。从保护法益的角度去考量，笔者更倾向于“结果无价值论”。此时不需要去追究甲主观想法正当与否，对危害性认识以客观上的危害足以判定。即便是对于意外事件的临机处置，也是可以实施正当防卫的。“防卫意识必要说”中的防卫意识，只要有防卫认识就可以认定有防卫意图。“这利于将行为人在复杂的心理状态下实施的防卫行为认定为正当防卫。德国和日本的行为无价值论就是这种观点。”[②] 防卫意识与攻击意识是可以并存的，不能以攻击意识否认防卫意图，因此即使甲具有攻击乙的意识，也不能否定其防卫意图。

（4）防卫意识要求与否，都不能认定为互殴

不能将防卫行为与斗殴行为、防卫意识与斗殴意识混为一谈。乙先动手打甲，甲基于乙的不法侵害而反击乙，甲明显具有防卫意识，为保护自身法益，即便其行为造成结果也为必需，否则就无法制止乙的侵害。

（5）应当遵循“存疑利于被告人”原则

即便认为成立正当防卫需要防卫意识，但在具体的实务操作中，当斗殴意识、防卫意识二者分不清楚或者难以判断时，司法人员应果断地贯彻这一原则。实践中，司法人员往往存在以下错误认识：

其一，行为人面临不法侵害时，不能自行处置，应当及时报警；即

---

① 参见黄荣坚：《基础刑法学》（上），中国人民大学出版社 2009 年版，第 152 页。

② 张明楷：《故意伤害罪司法现状的刑法学分析》，《清华法学》2013 年第 1 期，第 16 页。

便面临紧迫危险，也只能报警而不能直接反击。

其二，行为人只能“单纯制止”不法侵害，超出这一范围，则为互殴，犯罪成立。

其三，双方发生矛盾，相互攻击对方的就是互殴；互殴违法，造成伤亡后果则构成犯罪。不去区分相互斗殴的情形，不去考虑双方的主观意图，也不去考虑谁先动手，甚至将逼急了的“即时反击”也视为互殴，判决书也只以“相互斗殴”一笔带过。应当遵循“先动手实施殴打等暴力行为达到一定程度，被侵害人实施反击且不明显超过必要限度，被侵害人成立正当防卫，而不应认定双方为互殴；先动手且造成轻伤害以上后果的，应认定先动手者构成故意伤害”。①

其四，把被害人的行为过错视为对被告人从轻处罚的量刑情节，而不去考虑是违法性阻却事由。

2. 正当防卫与防卫过当

司法人员往往对二者界限区分不明，司法实务中极易将正当防卫与防卫过当相混淆，主要有以下几种情形：

（1）着眼于“武器对等”，认定防卫过当

有伤亡后果才需要排除违法性，这也是正当防卫存在的意义。一般情况下，要制止不法侵害，正当防卫过程中，防卫人使用“武器”造成损害就在所难免。结合于海明案当时的情况，如果于海明不使用刘海龙掉在地上的刀反击，是不可能制止不法侵害的。如此一来，正义一方（弱者）只能无限度地向邪恶一方（强者）忍让、屈服，这也会让社会大众在心理上难以接受。

（2）着眼于侵害结果与损害后果对比，认定防卫过当

侵害人可能造成的侵害结果，也就是在当时情况下潜在的、极易发生的危险，必须予以考虑。即便是从法益衡量上来说，只要损害后果没有明显超过可能造成的侵害结果，就不能认定为防卫过当。然而，事与愿违，在司法实务中，仅将防卫及其损害后果同不法侵害进行对比的情

---

① 参见张明楷:《刑法学》,法律出版社 2007 年版,第 180 页。

况时有发生。例如：乙打甲致甲轻伤，甲还击致乙重伤。类似于这样的案件，司法人员往往只是认定甲的行为构成故意伤害罪，而将乙当作普通的被害人。这样就出现了不正常的“逻辑”：“我打你，你不反击，我不负刑事责任，你忍气吞声；我打你，你反击致我轻伤，属于互殴，你承担刑事责任与民事责任，我也会占便宜；我致你轻伤，你反击致我重伤，你承担刑事责任与民事责任，我还能得到民事赔偿。”① 先动手者便宜赚尽，这种不公平的社会现象亟待改变。

（3）法律规定太笼统，司法人员随意性较大，认定防卫过当

认为《刑法》第20条第2款与第3款之间“非此即彼”，只要不属于《刑法》第20条第3款之情形，造成了伤亡后果就是防卫过当，这很难让人接受和信服。正当防卫所造成的损害，可以大于不法侵害所造成的损害。同时，不法侵害者处于被防卫的地位，其自身利益应当予以缩小评价。

3. 正当防卫与故意犯罪

防卫是人和动物的本能，正当防卫肇始于原始社会的同态复仇。古代刑法也允许和认可私人之间的复仇，进而“私刑”逐渐成为国家行使刑罚权的有益补充。正当防卫是法律赋予、鼓励、认可的一项公民权利。“正当防卫是与违法犯罪行为作斗争的积极手段，是为了维护社会主义社会关系所采取的反击行为，因而，客观上不具有社会危害性。”② 我国现行刑法也明确规定了正当防卫的相关条款，由于存在着这种法律规定的“防卫权”，一定程度上限制甚至减损国家刑罚权的行使，使正当防卫成为一种排除犯罪的事由。

尽管在形式和外观上正当防卫与违法或犯罪行为相类似，但其目的正当、外观暴力也为达到正当目的所必须，因此目的正当性决定了手段的正当性。正当防卫和故意犯罪的界限，从犯罪构成三阶层理论角度分析，也完全可以分得清楚。二者在构成要件符合性（该当性）上具有相

① 张明楷：《刑法学》，法律出版社2007年版，第180页。

② 高铭暄主编：《刑法专论》，高等教育出版社2006年版，第414~415页。

同的外观，但在违法性和应受刑法惩罚性（有责性）上截然不同了。故意犯罪既是相当严重程度的违法，也应当受到刑法上的谴责与追究。而正当防卫是我国现行刑法规定的一种违法性阻却事由，显然也不具备主观上的过错（有责性）。“被攻击者必须以抵制前者对法的侵害的意志进行反击行为。他是否同时还追求其他的目的并不重要。”①

司法实务中，有的司法人员连正当防卫与故意犯罪的界限和区分都是含糊其词、模棱两可的，以至于正当防卫制度形同虚设，也说明我国的正当防卫法律适用状况的确堪忧。这一点，司法实务界必须予以纠正和高度重视。

五、正当防卫法律适用的思维方法、条件把握及对策建议

通过对“于海明案”“吴金艳案”的分析和研究，我们对正当防卫法律适用中存在的问题进行了较为完整的论述。但不同的案件情况可能纷繁复杂，笔者希冀我国法学界和法律界要在不断总结我国法律实践经验和教训的基础上，大胆地借鉴其他国家和地区的立法、司法经验，进一步完善我国正当防卫法律适用的分析方法和判断标准，以适应未来日益繁重的司法实务运作。

（一）正当防卫法律适用的思维方法

1. 正确运用类型学思考

正当防卫的认定，理应有正确的方法论为指引。笔者提倡运用类型学思考的方法理性地看待正当防卫。持续侵害的情形下，正当防卫是可以存在的；在目前无罪率很低的情况下法官做无罪判决也有压力，这就需要司法机关正确运用类型学思考的方法搜集、整理出大量的有关正当防卫的指导性案例对司法实务操作进行指引和规范，从而更好地指导各

---

① ［德］克劳斯·罗克辛：《德国刑法学总论》（第1卷），王世洲译，法律出版社2005年版，第416页。

级法院裁判。

2. 正确运用客观性思考

司法实务中，不能简单地、机械地只注重死伤后果，也需要正确运用客观性思考对案件进行综合判断，形成正确的价值评价。当然，运用客观性思考的方法也要防止从主观出发认定犯罪，否则被告人就根本没有机会辩解。一方面，正义不能向邪恶屈服，面对不法侵害，我们不能一味地忍让和退缩，应当进行适度反击。正如霍姆斯大法官所说，“在面对举刀的场合中不能要求行为人作出分寸恰当的反应”。[①] 此时，应对被害人的人身权进行缩小评价，只保护正义的一方。

3. 存在论和规范论思维方法的选择

防卫过当到底构成什么罪与存在论和规范论思维方法的选择密切相关。司法实务中认定责任形态基本上贯彻了存在论思维，规范论思维被淡化，亟须结合规范论和存在论思维方法去思考正当防卫问题。一些情有可原的防卫过当责任问题可以在追究责任阶段予以解决。按照规范论思维，基于防卫人不存在故意罪责，防卫过当充其量构成过失犯罪。实务中容易把构成要件行为的着手与不法侵害正在发生的时间点混淆。由于防卫人一般从自然状态下去理解事件的过程，因此认定正当防卫中的不法侵害，应尽量将思维和目光聚焦到自然状态下，以自然主义的视角审视防卫人所处的境地，认为有正在发生的侵害就足够了。防卫人面对的不是一个简单的构成要件行为，而是一个现实的侵害事件，不能动辄把不法侵害和可能的伤害混为一谈。

（二）正确理解正当防卫适用条件

正确理解正当防卫适用条件与案件事实认定、刑法理论和刑事政策的运用，公权力与私权利、法秩序与法自由的价值选择密切相关。注重公权力与法秩序，私力救济就会受到压抑和限缩；注重私权利与法自由，私力救济就会得以释放和扩张。德国对正当防卫适用条件的态度更多地

---

① 参见储槐植:《美国刑法》,北京大学出版社 1996 年版,第 120 页。

倾向于释放和扩张。另外，国家的传统文化、特定时期的治乱等因素都会影响司法人员对正当防卫适用条件在具体操作层面上的理解。对此，笔者浅析如下：

1. 不能偏离目的

防卫目的是为了制止侵害、保护国家、公共利益和其他合法权益。因此，考察正当防卫必要限度，要以准确把握制止侵害、保护权益为必要。判断防卫的时间点和侵害的性质、强度，不能局限于反击瞬间的事实状态。

2. 主客观相统一

防卫意图决定着实施防卫的强度，因此应该结合案发时空条件下的客观需要，认真地分析防卫人的主观意图。总之，考察正当防卫必要限度，我们应该努力做到主客观相结合。

3. 要设身处地，防止“唯结果论”和“对等武装论”

对正当防卫必要限度的考察，应该实事求是地结合案件实际情况，设身处地地进行换位思考，认真细致地做好调查研究工作。被攻击人不能一味地选择躲避，更何况无法躲避的情况也是经常发生的。“法律不允许将其逼到这样一种毫无出路的境地，他要么不防卫任由侵害人侵害他的身体和生命，要么接受刑罚处罚。”① 如若这样，法律难免有强人所难之嫌。判断防卫过当与否，必须慎之又慎，必须认真分析案件当时境况下的具体情形。司法实务中，如果只强调“对等武装论”——不法侵害人未持有工具，被告人反击时持有工具就超出了必要限度；或者奉行“唯结果论”——反击行为致人伤亡就构成犯罪，那么，很多案件就会脱离正当防卫的轨迹，正当防卫制度也就没有存在的意义了。“唯结果论”和“对等武装论”是导致我国正当防卫法律适用困难的症结所在，必须改变观念，予以纠正。总之，我们必须实事求是地把实施防卫和侵害行为的双方放在特定的环境中，客观全面地分析案发当时的时空条件、双方的力量对比和不

① ［德］汉斯·海因里希·耶赛克、托马斯·魏根特：《德国刑法教科书》，徐久生译，中国法制出版社 2001 年版，第 417 页。

法侵害的方式、手段、强度、后果等因素，正确地分析防卫必要限度。

（三）改进犯罪构成理论，完善和充实法律规定的对策建议

1. 刑法上区分不法与责任

不法与责任的区分可谓是犯罪理论的重大进步，行为不法并不一定构成犯罪，要认定行为构成犯罪，还要考察该行为是在行为人的主观罪过支配下实施的。即便被告人的反击行为构成防卫过当，客观上构成不法，但要认定该反击行为构成犯罪，还要看其主观上具有罪责。笔者认为，防卫过当并不必然构成犯罪。实务中是可以运用这一理论对防卫过当案件进行出罪处理的。事实上不法侵害突然来临时，许多防卫人都是在手足无措的情形下被动反击，很难对防卫行为的必要限度做出精准地判断和把握，更不可能预料到对方将对他造成何种程度的伤害以及采取何种方式进行对等的反击。运用缺乏“期待可能性”理论可以恰当地解决防卫过当的责任问题，对防卫过当予以出罪处理。犯罪构成理论的科学建构，尤其是不法与责任的区分，可以使正当防卫案件判决更加公正，对司法实践而言更具指导意义。

2. 完善刑法的相关规定

司法机关在对有关正当防卫的案件做出裁判时，如果仅以刑法规定的现有法条去应对，的确也不能很好地处理包罗万象的复杂案件情况，尤其是在当前刑法规定还比较原则和粗疏的情况下，更应当进一步完善和充实有关正当防卫制度的刑法规定。

（1）规定正当防卫的类型化处理形态

比如，甲乙发生争执，乙先动手打甲（乙不法侵害），甲后动手还击导致乙轻伤害（甲正当防卫）；乙先动手导致甲轻伤害（乙故意伤害罪）。这样做既可以体现“正义不得向邪恶屈服”的法治精神，也可以有效地保护公民的权益，更可以有效地预防故意伤害犯罪发生。

（2）规定防卫过当的类型化处理形态

比如，规定防卫过当致人死亡（伤害）罪等具体罪名，使刑罚相对轻缓，即便防卫过当也不纳入普通故意犯罪评价，即使不得不罚，也要

明确刑法的行为导向，表明国家鼓励公民正当防卫的立法态度，彰显事出有因，以便平衡防卫人的心态，符合社会大众情感。《俄罗斯联邦刑法典》规定，在必要防卫过限的情况下，实施故意重度伤害他人身体健康的，应当判处为期两年以下限制自由刑或为期一年以下剥夺自由刑。我们也完全可以借鉴和效仿国外的立法经验，在刑法中增加类似的规定，从而侧重考察防卫人主观方面的因素，避免唯结果论。

3. 完善刑事诉讼法的相关规定

取消将被害人列为当事人之规定，改变和减缓被告人的处境太过被动的局面，尽量达到“控辩平衡”。正如冀详德教授所言，“辩诉交易在某种意义上就是利益的交换和博弈的过程，为了保证该过程真正反映各方的真实意愿，最为关键的就是交易双方具有均衡的交涉能力，而其中的前提是双方要拥有对等的信息量”[①]，从而才有可能逐步进行控辩合作。

六、结语

“于海明案”和“吴金艳案”带给我们的启发和深思值得回味和研讨。一直以来，正当防卫法律适用都是一个颇具争议的话题，至今这个争论还在继续，理论界和实务界对正当防卫法律适用的研究还有很长的路要走。要准确地认定正当防卫，就一定要结合全案进行综合分析判断，特别是对防卫过当与否的判断更是对司法能力的考验，但是无论如何，只要我们厘清思路，转变观念，就一定能回归到正确的轨道上来。

“8 · 27”于海明致刘海龙死亡案，江苏省昆山市公安局最终以正当防卫撤案处理。2004 年的吴金艳案，北京市海淀区人民法院也以相关正当防卫法律规定进行了判决，这让社会大众听到了肯定的声音。撤案决定及判决的理论分析和事实认定，都为社会大众接受和信服，既充分保障了当事人的实体权利，又坚持了程序上的正义，取得了良好的社会效果和法律效果。良好的司法理应是对立法的承诺、兑现和落实，笔者相

① 冀祥德:《论辩诉交易制度的生命基础》,《河北法学》2009 年第 11 期。

信，随着正当防卫制度越来越多地被司法机关运用于司法裁判，其鼓励和保障公民同违法犯罪做斗争的功能和作用就会被彻底激活，最终它将实至名归。

舆论监督的边界
——鸿茅药酒事件评析

李 斌*

一、鸿茅药酒事件

（一）鸿茅药酒对发帖医生报案，刑事追诉最终以被害人撤诉告终

2017 年年底鸿茅药酒事件以谭秦东医生在“美篇”上发布的一篇名为《中国神酒鸿毛① 药酒，来自天堂的毒药》帖子拉开序幕。该文指出，人在步入老年后，心肌、心脏传导系统、心瓣膜、血管等发生变化，而有高血压、糖尿病的老年人尤其注意不能饮酒。“鸿茅药酒”的消费者基本是老年人，该酒的宣传具有夸大疗效的作用。

因为该文对鸿茅药酒的疗效以及相关广告宣传进行了负面评价，帖子发出短短三天，内蒙古鸿茅国药有限公司一员工受公司委托报案。该员工称：近期多家公众号对“鸿茅药酒”恶意抹黑，甚至宣称鸿茅药酒是“毒药”，大肆散播不实言论，传播虚假信息，误导广大读者和患者，致多家经销商退货退款，总金额达 827712 元，造成公司销量急剧下滑，市场经济损失难以估量，严重损害公司商业信

* 李斌，中国政法大学法学博士，中国社会科学院法学博士后，平安智慧城智慧法律产品中心负责人。

① 作者注：原标题“毛”字应为“茅”。

誉。受这篇帖子影响，在深圳、杭州、长春三地，共两家医药公司、7名市民要求退货。这两家公司为吉林省海山医药有限公司、杭州萧山保康医药有限公司，两公司分别退货14000瓶、43200瓶，涉及货款827000元、2983392元；7名市民分别要求退货1瓶到12瓶不等。

内蒙古丰镇兴丰会计师事务所作《会计鉴定书》称，若两家医药公司履行合同，鸿茅药酒方能赢得净利润1425375.04元。

2018年1月5日，凉城警方从“美篇”所隶属的南京蓝鲸人网络科技有限公司，调取了谭秦东的注册ID号、手机号。该公司负责网上信息发布的副总经理称，谭秦东的网帖“没有明显违法犯罪的内容，可能有一些侵权诽谤情节，但这不属于公司的审核范畴”。

2018年1月10日，谭秦东被鸿茅药酒企业所在地警方——内蒙古凉城警方跨省抓捕。

截至2018年1月16日，谭秦东的妻子刘璇屏蔽该账号，帖子阅读量为2241。谭秦东的账号只有5个粉丝。

2018年1月25日，经凉城县人民检察院批准，谭秦东被执行逮捕。谭秦东涉嫌的罪名为损害商品声誉罪。支持这项罪名的主要理由是，鸿茅药酒公司报警称，谭秦东发布该帖后，有2家公司、7名个人退货，给鸿茅药酒公司造成损失共计140余万元，严重损害鸿茅药酒的商品声誉。

2018年3月13日，凉城县公安局作出《起诉意见书》称，依法侦查查明：谭庆东在微信群连续转发“毒药”一文约10次，网站点击量2075次，美篇App有3次访问，微信好友有250次访问、微信群有849次访问、朋友圈有720次访问、其他访问253次、被分享120次。

该案经媒体曝光后，引发各界关注。2018年4月13日，“红星新闻”微信公众号看法《广州医生发帖称“鸿毛药酒是毒药”，涉损害商誉被跨省抓捕》，将此事件有选择性的公之于众，澎湃新闻、《新京报》等媒体迅速跟进报道，舆情火热，质疑声更燃烧至中药和中成药领域。

2018年4月16日，中国医师协会法律事务部发布关于鸿茅药酒事件的声明，称中国医师协会认真阅读谭秦东发布的《中国神酒鸿毛药酒，来自天堂的毒药》以及凉城县公安局 2018 年 4 月 15 日的官方微博后认为，刑法的适用应当秉持谦抑性原则，愿意为谭秦东提供法律援助。

中国医师协会法律事务部在声明中呼吁：各医药企业应严格遵守《医疗广告管理办法》，依法依规发布广告；对于涉及药品的不同观点，应慎重对待，以示对生命负责；公权力机关应慎重对待不同学术观点和言论，防止将民事纠纷刑事化。

舆论中最大声量以 2018 年 4 月 17 日新华社发表的调查文章《穿越大半个中国来抓你？三问鸿茅药酒事件》为著，对鸿茅药酒事件进行深度拷问：

一是，凉城县警方有权穿越大半个中国，去广东抓捕医生吗？

二是，十年来违法广告为何屡禁不止？鸿茅药酒，到底是酒还是药？

三是，医生吐槽鸿茅药酒值得动用警方吗？

法学界对此事件普遍观点——谭秦东医生发帖系公民正常行使监督权的行为，不构成刑事犯罪：

华南理工大学法学院教授徐松林认为，损害商业信誉、商品声誉罪的构成要件，应为捏造事实，诋毁别人的商品信誉。谭秦东身为医师，提出患有高血压、糖尿病的中老年人对药酒应当有所禁忌的观点，并没有捏造事实。另外，损害商业信誉、商品声誉罪，针对的不是一般的批评者，而是企业的竞争对手。

清华大学法学院教授张建伟认为，专业人员乃至社会公众指出某一产品具有内在缺陷，关系到人民群众的生命健康，通过意见表达，是在行使监督权。以“损害商业信誉、商品声誉罪”来打压医生，会压缩社会监督的空间，损害公众知情权。

中国人民大学刑事法律科学研究中心执行主任刘明祥认为，谭秦东的言论即便有不对的地方，也至多是构成民事纠纷。当地警方不应干预民事纠纷，不应成为地方保护主义的工具，要避免“民事纠纷刑事化”。警察是代表国家在执法，行使警权必须慎之又慎。

医学界也发表声明，要求警方依法履职、刑法的适用应当秉持谦抑性原则。

3. 因医生道歉本案最终撤诉处理

因上述舆论的持续发酵，案件发生4个月之后，2018年4月17日，内蒙古自治区人民检察院通报“谭秦东损害鸿茅药酒商品声誉案”：案件事实不清、证据不足，自治区人民检察院指令凉城县人民检察院将该案退回公安机关补充侦查并变更强制措施。

谭医生被取保候审后并未一切恢复正常，其出现创伤后焦虑、恐慌等，被诊断为“创伤后应激障碍”。

距离谭医生发帖过去149天之后，2018年5月17日，谭医生通过其妻子刘璇的微博公开道歉，承认在标题中使用“毒药”一次，旨在“抓眼球”，希望鸿茅公司给予谅解，同时，对于给消费者造成误解表示歉意。鸿茅药酒接受道歉，并向凉城县公安局撤回报案并凉城县人民法院撤回侵权诉讼。

（二）案中案：律师对此案公开发表意见，被鸿茅药酒方以诽谤为由提起民事诉讼

> 2018年3月5日，炜衡律师事务所上海分所程远律师在自己的微信公号“法律101”发表文章《广告史劣迹斑斑的鸿茅药酒获“CCTV国家品牌计划”，打了谁的脸?》。文章选取了一则经过食品药品监督部门审批的鸿茅药酒广告，以此为例进行分析，并提出3个问题：该广告是否倡导合理用药、是否做功效性保证和是否含有获奖等综合性评价内容。
>
> 文章发表后，内蒙古鸿茅国药股份有限公司认为该文章侵犯了其名誉权，向上海市闵行区人民法院提起诉讼，要求作者删帖、赔礼道歉、赔偿损失1元。

上海市闵行区人民法院就该案作出一审判决。判决认为，程远律师的文章系探讨相关部门在广告管理方面存在的问题，系加强食品药品广告审查监督的意见和建议，是对食品药品安全之公共利益的关注，应属受保护的言论自由的范畴，驳回原告的诉讼请求。

二、因言获罪的罪与非罪

（一）立法背景

商业信誉是商品生产者和经营者从事商业活动中的信用程度和名誉，商品声誉是商品在质量等方面的可信赖程度和经过长期良好经营所形成的产品知名度。商业信誉和商品声誉都是一种无形资产，是社会大众对商品生产经营者在信守合约或履行合同中的信誉度及其生产经营的特定商品的综合信誉评价。对商业信誉和商品声誉的破坏，直接影响到企业的经济利益，轻则降低企业及其产品的市场竞争力，重则可能导致企业的破产、倒闭。对商业信誉、商品声誉依法予以保护，是社会主义市场经济的必然要求。为了保护商品生产者、经营者的商业信誉和商品声誉，以维护公正的市场交易秩序，1997 年《刑法》新设置了损害商业信誉、商品声誉罪，以与《反不正当竞争法》第 14 条“经营者不得捏造、散布虚伪事实，损害竞争对手的商业信誉、商品声誉”的规定相衔接，从而对商品生产者、经营者的商业信誉和商品声誉做了从民事责任、行政责任到刑事责任的充分保护。

《刑法》第 221 条损害商业信誉、商品声誉罪，也规定“捏造并散布虚伪事实，损害他人的商业信誉、商品声誉，给他人造成重大损失或者有其他严重情节的，处二年以下有期徒刑或者拘役，并处或者单处罚金”。

最高人民检察院、公安部关于印发《最高人民检察院、公安部关于公安机关管辖的刑事案件立案追诉标准的规定（二）》的通知中对该罪的入罪标准进行了明确，第 74 条规定：“捏造并散布虚伪事实，损害他人的商业信誉、商品声誉，涉嫌下列情形之一的，应予立案追诉：（一）给他人造成直接经济损失数额在五十万元以上的；（二）虽未达到上述数额标准，但具有下列情形之一的：1. 利用互联网或者其他媒体公开损害他人商业信誉、商品声誉的；2. 造成公司、企业等单位停业、停产六个月以上，或者破产的。（三）其他给他人造成重大损失或者有其他严重情节的情形。”

企业商誉应被保护，但也要考虑社会监督、舆论监督的空间。从最高司法者的角度看来，应当对合法行为与损害商业信誉、商品声誉行为的界限进行明确，对于实践中经常发生一些消费者通过正常渠道反映生产、经营者的商品有假冒伪劣的情况，或者新闻媒体对一些商业信誉、商品声誉差的生产、经营者予以公开披露、曝光的，对于这类正当批评，即使揭露的事实中有部分出入，但是，由于其基本事实的属实，上述公开披露、曝光的行为应当属于合法行为，应予以支持和保护，不能认定为损害商业信誉、商品声誉的行为。

（二）数据分析

对裁判文书网、人民检察院公开信息网检索显示，案由为“损害商业信誉、商品声誉罪”的裁判文书共计54篇，涉及案例46件。

1. 案件总体情况

全国其他省市也有相关案件发生，其中以浙江、河南、上海、山东、甘肃等地案件较多，但各地总体案件情况较为均衡。需要注意的是，直辖市中只有上海以4件案件位居前列，北京、天津、重庆等地均未有类似案件公开，经济较为发达的省份中江苏、广东的类似案件比例也相对较低。

2. 量刑分布概况

46个案例中，集中量刑区间（众数区间）为9个月，平均量刑为9.5个月。其中，8.33%的案件被判处缓刑。平均罚金11555.56元。

刑期分布规律：40%判处9个月，20%判处1年，10%判处6个月。

（三）相关典型案例

1. 纸馅包子案

2007年6月，被告人訾北佳在担任北京电视台生活节目中心《透明度》栏目临时工作人员期间，通过查访，在未发现有人制作、出售肉馅内掺纸的包子的情况下，为显示工作业绩，化名“胡月”，纠集无业人员张沄江（另行处理），冒充工地负责人，多次到北京市朝阳区太阳宫乡十字口村13号院内，对制作早餐的陕西省来京人员卫全峰等四人谎称需订购大量包子，要求卫全峰等人为其加工制作。后訾北佳伙同张沄江携带密拍设备、纸箱及购买的面粉、肉馅等再次来到13号院，訾北佳以喂狗为由，要求卫全峰等人将浸泡后的纸箱板剁碎掺入肉馅，制作了20余个“纸馅包子”。与此同时，訾北佳密拍了卫全峰等人制作“纸馅包子”的过程。在节目后期制作中，訾北佳采用剪辑画面、虚假配音等方法，编辑制作了虚假电视专题片《纸做的包子》播出带，并隐瞒事实真相，使该虚假电视节目于同年7月8日在北京电视台生活频道《透明度》栏目播出，造成恶劣的社会影响。

被告人訾北佳辩称其制作节目的初衷是为了打击无证、照食品加工商贩，其对节目播出造成的危害后果始料未及。其辩护人的辩护意见是，訾北佳对损害他人商品声誉不具有直接故意，对其行为宜以民事赔偿或行政处罚的方式处理，而不宜上升到刑事责任的层次；訾北佳真诚悔罪，有良好的认罪态度，希望法庭予以考虑。

法院审理认为：被告人訾北佳作为电视台的临时工作人员，故意捏造事实，编制《纸做的包子》的虚假电视节目，并隐瞒事实真相，使虚假节目得以播出，造成恶劣影响。其捏造并散布虚伪事实的行为，损害了相关行业商品的声誉，情节严重，已构成损害商品声誉罪。法院认为訾北佳具有多年从事新闻工作的经历，在明知没有制作、出售纸馅包子的情况下，故意捏造并散布虚假新闻，显见，对其行为及会造成损害相关行业商品声誉的后果具有故意心理，且情节严重，其行为符合我国《刑法》第221条规定的损害商品声誉罪的构成要件，应依法惩处，故对訾北佳的辩解及其辩护人的辩护意见，不予采纳。最终判处被告人訾北佳犯损害商品声誉罪，判处有期徒刑一年，并处罚金人民币1000元。

2. 中联重科案

2012年9月至2013年5月，被告人陈永洲在其供职的广东新快报社发行的《新快报》上署名发表了《中联重科大施财技半年利润“虚增”逾7亿》《子公司成立未满月即遭“打折”甩卖中联重科被指利益输送》

《一年花掉5.13亿元广告费中联重科畸形营销高烧不退》《中联重科再遭举报财务造假记者暗访证实华中大区涉嫌虚假销售》等多篇针对中联重科的不实报道，其中，《中联重科再遭举报财务造假记者暗访证实华中大区涉嫌虚假销售》由被告人陈永洲、卓志强共同撰写初稿，捏造中联重科“大施财技、虚增利润”“打折甩卖中联环卫、搞利益输送”“畸形营销”“华中区存在虚假销售、财务造假”等虚伪事实。上述不实报道经《新快报》发表后，被多家网站转载，其中，《中联重科再遭举报财务造假记者暗访证实华中大区涉嫌虚假销售》一文于2013年5月27日发表后，中联重科被迫于当日、次日对A股及债券、H股申请停牌并发布公告澄清，至同年5月29日方复牌，严重损害了中联重科的商业信誉。

湖南省长沙市岳麓区人民法院于2014年10月17日作出〔2014〕岳刑初字第255号刑事判决：一、被告人陈永洲犯损害商业信誉罪，判处有期徒刑一年四个月，并处罚金人民币2万元；犯非国家工作人员受贿罪，判处有期徒刑八个月，决定执行有期徒刑一年十个月，并处罚金人民币2万元。二、被告人卓志强犯损害商业信誉罪，判处有期徒刑十个月，并处罚金人民币1万元。三、追缴被告人陈永洲犯罪所得人民币3万元，上缴国库。

3. 疫情传播案

1999年6月底至7月初，浙江仙都啤酒发展公司部分行政管理人员出现腹泻、腹痛等症状，县、地区卫生防疫部门对该疫情及时进行了调查，并于7月30日作出了《缙云县仙都啤酒厂感染性腹泻疫情处理和流行病学调查报告》（以下简称《调查报告》）。该报告对疫情的范围、程度、防治效果、发生原因等做了客观的记载和分析，认为基本可排除细菌感染之致病原因，病人感染途径有关致病因子经呼吸道或日常生活接触传播，疫情与一线生产工人及产品质量无关。

1999年7月中旬，时任浙江碧湖啤酒发展有限公司副总经理的被告人王宗达闻知有关卫生防疫部门对浙江仙都啤酒发展公司进行流行病学调查的情况后，认为这是在啤酒销售市场打败仙都啤酒、提高本单位经济效益及本人在公司地位的好机会，遂向丽水地区防疫站干部杜某了解情况，并从杜某处得到一份《调查报告》，然后根据需要对报告内容进行修改、增减，编造一份题为《缙云县仙都啤酒发展公司发生群体感染性腹泻疫情》的传单。宣称仙都啤酒发展公司职工不断出现疫情，病例发展既快又猛，引起恐慌；并谎称江苏某地发生类似疫情，10 万余人身受感染，传单还提醒仙都啤酒消费者千万小心，以防受感染。尔后，王宗达经周密策划，将从电话簿上抄录下来的有关单位地址及编写的传单进行打印，又将地区防疫站往年所发文件上的公章剪贴、套印到《调查报告》的复印件上，以江西省南昌市经济信息中心的名义，于 8 月初在叶如锦的帮助下从武汉、杭州等地将600 余份传单单独或附上《调查报告》邮寄给丽水、金华地区有关仙都啤酒消费者。同时，王宗达还打电话给金华啤酒厂领导应某，提出在啤酒市场联手打败仙都啤酒，从而导致金华、永康等市场上有大量由王宗达编写的传单被散发，该传单在丽水市场上则被广为张贴和投递。王宗达的行为给浙江仙都啤酒发展公司的企业形象和商品声誉造成严重损害，导致该公司的产品销售量急剧下降，遭受经济损失共计人民币 290 万元。

法院认为被告人王宗达为在商品市场上打败竞争对手，故意编造对竞争对手不利的事实，恶意歪曲竞争对手的商业和商品形象，并将由其编造、歪曲的事实在社会上进行散布，严重损害竞争对手的商业信誉和商品声誉，给受害企业造成重大损失，其行为符合损害商业信誉、商品声誉罪的主客观特征，已构成损害商业信誉、商品声誉罪。王宗达犯罪后能主动投案并在归案后陆续交代主要犯罪事实，具有自首情节。最终认定被告人王宗达犯损害商业信誉、商品声誉罪，判处有期徒刑六个月，缓刑一年，并处罚金人民币 5 万元。

三、裁判规则：舆论监督与保护商誉、公民名誉的区分

（一）虚假新闻报道行为构成损害商业信誉罪要求内容的不真实性

虚假新闻系指内容失实的新闻报道。结合损害商业信誉罪的特征及其构成要件分析，只有故意进行基本内容失实的虚假新闻报道的行为才有可能构成该罪。在认定虚假新闻报道行为构成损害商业信誉罪时必须把握以下几项核心内容：

1. 虚假新闻事实必须是捏造的

“捏造”即“无中生有、凭空编造”之意。“虚伪事实”即不存在的事实、假事实，虚假新闻报道是否构成损害商业信誉犯罪，首先要认定的，就是该报道的事实为凭空编造的不存在的事实，即虚伪事实。而且就本罪而言，由于行为人捏造并散布的虚伪事实是“损害他人的商业信誉”的，故这里的“虚伪事实”只能指有损于商家的虚假事实，对于为商家打广告，故意夸大宣传的虚假新闻报道，则不构成本罪。如纸馅包子案中，被告人采取了捏造的方式编造新闻素材，中联重科案中，陈永洲并未进行客观调查，仅凭个人揣测，先后捏造了中联重科“大施财技、虚增利润”“打折甩卖中联环卫、搞利益输送”“畸形营销”“华中区存在虚假销售、财务造假”等并不存在的虚假新闻事实，降低社会公众对该企业的诚信评价，干扰了该公司股票的正常交易。对此捏造行为有被告人陈永洲的供述和相关证据予以证实，足以认定。

2. 虚假新闻事实必须对外散布

所谓散布，是指行为人将其所捏造的虚伪事实加以传播，使一定范围内的社会公众知悉的行为。散布行为是构成本罪的一个关键因素，如果没有散布行为，即使捏造的事实再具有诋毁性，也不可能对他人造成多大的损害。本案中，被告人陈永洲将其捏造的虚假事实写成新闻通讯在《新快报》上发表（据广东省新闻出版广电局新闻报刊处出具的材料证明：《新快报》在 2012 年的平均期发行量即达 17 万份），同时其文章还被网易财经、凤凰网财经、新浪财经、腾讯财经、证券时报网等多家

网站转载，在社会上被广泛传播，其行为完全符合“散布”的特征。

（二）虚伪事实的捏造者与散布者不必为同一主体

从《刑法》规定看，损害商业信誉、商品声誉的行为人在客观方面是“捏造并散布虚伪事实”的。所谓“捏造并散布虚伪事实”，是指虚构不符合真相或者并不存在的事实，并进行传播，从而损害他人商业信誉、商品声誉。这里的“虚构事实”既包括全部虚构事实，也包括部分歪曲事实。“散布虚伪事实”既可以是口头的，也可以是书面的；既可以是公开的，也可以是通过小道消息秘密地散布；既可以是利用大字报、小字报，以及出版物、广播电台、电视台等传统媒介，也可以是利用互联网等新型媒介散布；既可以向不特定的对象散布，也可以向特定的多数人散布等。总之，是“使不特定人或者多数人知悉或可能知悉行为人所捏造的虚伪事实”的行为。[①] 但是，是否能够理解为虚伪事实的捏造者与散布者必须为同一主体才构成该罪呢？

不应当简单机械地理解该法律条文的规定。一般地说，虚伪事实的捏造者实施捏造行为的同时往往伴随着散布行为，但散布者不一定都是捏造者。不论行为人实施的是捏造行为，还是散布行为，都会对他人商誉造成损害，其行为的社会危害性是一致的。所以，捏造并散布虚伪事实，以及意图损害他人商誉，捏造虚伪事实后由他人散布或者明知是他人捏造的虚伪事实而散布，致使他人商誉受损，并造成重大损失或者有其他严重情节的，均可构成本罪。司法实践中，不能孤立地认定捏造者或者散布者的行为，进而简单地以捏造而未散布或者散布而非捏造为由，宣告行为人无罪；特别是在利用报纸、广播电台、电视台、互联网等媒介散布虚伪事实损害他人商誉的情况下，不能因为媒体把关不严散布了捏造的虚伪事实，就据此减轻或者免除虚伪事实捏造者的刑事责任（当然，媒体因把关不严或未尽到审查义务，可能需要承担相应的民事及行政责任；如果媒体明知是虚伪事实而散布，还可能需要承担单位犯罪的

---

① 参见张明楷：《刑法学》（第五版），法律出版社 2016 年版，第 624 页。

刑事责任)，否则，就不能充分地保护商誉主体的合法利益，也不利于有效惩处商业诽谤行为人。本案即属于此种情况。

当然，由于刑法不承认过失损害他人商业信誉、商品声誉可构成本罪，故捏造虚伪事实后原本未打算散布，但由于意外情况而被他人散布开来，不能认定为本罪。此外，对于没有商业诽谤的故意，只是道听途说，以讹传讹，不负责任地讲一些有损他人商业信誉、商品声誉的话，甚至向有关部门、新闻单位反映内容失实的情况等，也不能认定为本罪。所以，判断行为人主观上有无损害他人商誉的故意，十分重要。

（三）侵害的对象不必须具有单一特定性，行业特定性也符合犯罪对象特征

损害商业信誉、商品声誉罪侵害的对象是否应具备特定性，即应否指明某企业、某商品？刑法理论通说认为，构成本罪的对象是他人的商业信誉、商品声誉，具有特定性，所以，一般应指明某企业、某商品。有刑法教科书明确指出："'他人'，必须是特定的人或者单位。"[①] 我们认为，本罪侵害的对象的确具有特定性，即生产经营者的商业信誉、商品声誉，如果行为人没有针对生产者或经营者的商业信誉、商品声誉或者说社会公众无法确定行为人所指向的具体对象，则不能构成本罪。但是，侵害对象的特定性并不要求行为人必须指出所侵害的生产者或经营者的具体名称，即不应限于某一个或几个特定的经营个人或单位。

相较于反不正当竞争法，刑法中的损害商誉行为的范围已经扩大，不仅体现在前述的行为主体不受限制，也表现在侵害对象上已不再局限于经营者的"竞争对手"，而用"他人"予以替代。所谓他人，既可以指某一个或几个特定的经营个人或单位，也可以指特定范围内某一类经营者。例如，某市一家生产家用热水器的企业在散发的传单中宣称该厂生产的热水器是全市唯一的合格产品，实际上是诋毁本市其他热水器产品均为不合格产品，借此打击竞争对手。再如，某省洗涤剂厂在所生产

① 何秉松主编:《刑法教科书》(下卷),中国法制出版社2000年版,第841页。

和出售的洗衣粉商品包装说明上标示“市场上出售的普通洗衣粉、肥皂均含铝、磷，会诱发老年痴呆症、组织学骨软化、非缺血性贫血，助长肺病的发展”，并告诫人们以后不要再去买其他洗衣粉。显然，上述企业的行为均构成“损害他人的商品声誉”。不仅如此，如果行为人在捏造并散布虚伪事实的时候，尽管没有明确指出所意图损害的对象，没有提及某个（类）生产者、经营者的名称或其产品的名称，但是消费者、社会大众或其他人员完全能够推测出其是指向某一个或几个特定的生产者、经营者，或者某类行业、产品的，也应认定损害了他人的商誉。所以，本案被告人虽不是针对某一个或几个特定经营个人或单位，而是针对相关的一类行业、产品而行为，举轻以明重，并不妨碍其损害商品声誉罪成立。

（四）“重大损失”与“其他严重情节”的认定

构成损害商业信誉、商品声誉罪在客观上除了要具备捏造并散布虚伪事实的行为之外，刑法还要求该损害行为必须是给他人造成重大损失或者行为人具有其他严重情节。这是损害商业信誉、商品声誉罪的“量”的规定性，属于该罪犯罪构成客观方面要件的组成部分。换言之，行为人损害他人商誉的行为是否造成了商誉主体的重大损失或者是否具备其他严重情节是认定该罪的关键之一。“造成重大损失”和“有其他严重情节”是选择性要件，只要具备其一，则构成犯罪。

“造成重大损失”首先意味着造成轻微损失不应追究行为人的刑事责任；其次，“重大损失”是对行为的危害结果的评定，所谓危害结果，是指犯罪行为对犯罪客体所造成的实际的损害。所以，重大损失一般是指实际遭受的物质性损失即直接经济损失，它客观存在且能够估量和测量，实践中一般涉及以下几方面：（1）因损害行为造成客商退货的损失；（2）因损害行为造成商品滞销压库的损失；（3）为正名在新闻媒体进行反损害行为宣传所耗去的费用；（4）因诉讼行为产生的费用，等等。按照 2001 年 4 月 18 日最高人民检察院、公安部《关于经济犯罪案件追诉标准的规定》（以下简称《规定》），捏造并散布虚伪事实，损害他人的商业信誉、商品声誉，给他人造成的直接经济损失数额在50万元以上的，应当立案。

这里需要特别指出的是，虽然刑法理论及司法解释将“重大损失”限定为直接经济损失，但由于商誉的无形性，它一旦受损，影响很大，而且其损害后果在短时期内往往难以弥补，所以，在认定该犯罪行为社会危害性大小时，除了关注直接的、有形的损失外，也不应忽视商誉主体因犯罪行为所可能遭受的间接、无形损失，即商誉本身受到的侵害以及竞争优势的减少或丧失等。当然，对此需要通过科学的评估方法加以确定。我们认为，以下因素值得关注：（1）商誉权人的市场占有份额的大小，包括已经占领的市场份额的大小和将来潜在的市场份额的大小。（2）权利人的商业形象及产品（服务）在社会和消费者中的美誉度和知名度。权利人在消费群体中的美誉度和知名度越高，其受到的损害往往也就越大。（3）确因损害行为造成客商中止履行合同而减少的可得利益（预期利益）。（4）因损害行为造成滞销停产期间的设备闲置折旧费和贷款利息。（5）权利人挽回影响恢复商誉所需要的其他投入，等等。一般而言，直接经济损失应据实计算，而间接经济损失比照计算即可。

关于“有其他严重情节”，最高人民检察院、公安部的《规定》明示了两种情况：（1）严重妨害他人正常生产经营活动或者导致停产、破产的；（2）造成恶劣社会影响的。我们认为，所谓“其他严重情节”，实际上是指除上述给被害人造成“重大损失”以外的各种综合性评判指标，一般应包括行为人主观恶性的深浅、行为次数的多少、行为方式恶劣与否、社会影响及危害的大小等。在实践中主要包括以下几方面：（1）致使他人生产经营活动严重受阻或无法开展，如商品严重积压、滞销，客户纷纷退货或拒收货物、拒付货款；（2）导致他人濒临破产或被责令停业整顿；（3）多次实施损害他人商誉行为；（4）损害多人商业信誉、商品声誉；（5）损害他人商誉的手段特别恶劣，社会影响极坏。关于社会影响的评定，要充分考虑行为人散布虚伪事实波及范围的大小及持续时间的长短，行为人所采用的犯罪手段、方式及其引发的社会公众的反响程度等。如行为人利用电视、互联网等媒介传播快、受众范围广的特点大肆损毁他人商誉，或者捏造并散布广大消费者经常食用的食品含有毒有害物质等虚伪事实从而造成恶劣社会影响的，均应属“情节严重”。

如纸馅包子案中，被告人炮制的“纸馅包子”虚假新闻在电视台播出后，被境内外上百家网站、报刊等新闻媒体转载、转播，立即引起媒体和网民的广泛关注，纷纷表示对我国食品安全的担忧，要求政府加大处罚力度。[①] 这种负面的社会影响在北京奥运会召开在即、国际社会高度关注中国食品安全的时代大背景下，尤为凸显。所以，尽管一时难以确定被告人的行为所造成直接经济损失的具体数额，但仅就此“恶劣社会影响”，当认定被告人实施的损害他人商誉行为具有“其他严重情节”，依法构成犯罪，而不属于《刑法》第 13 条规定的“情节显著轻微危害不大的，不认为是犯罪”的情形。

（五）造成重大间接损失的，也可以计入损失数额

根据《刑法》第 221 条的规定，损害商业信誉、商品声誉必须“给他人造成重大损失或者有其他严重情节”才构成犯罪。由于此种犯罪行为主要存在于商业活动、竞争之中，其损失的认定比较复杂，有的可以直接计算，有的则只能通过评估的方法加以估算，有的属于直接经济损失，有的属于间接经济损失，应结合具体案件事实来认定。我们认为，这里的“重大损失”，一般应是因商业信誉、商品声誉受损而产生的直接经济损失，如商品严重滞销、产品被大量退回、合同被停止履行、企业商誉显著降低、驰名产品声誉受到严重侵损，销售额和利润严重减少、应得收入大量减少、上市公司股票价格大幅度下跌、商誉以及其他无形资产的价值显著降低，等等。应当注意的是，直接经济损失应当既包括有形的、可直接计算的财产损失，如因产品被退回所造成的收入减少，也包括无形的、需加以评估的财产损失，如企业商誉价值的降低，不能将直接经济损失只理解为可以直接计算的损失，而忽略了需通过评估加以测算的损失。而对于被害人为了恢复受到损害的商业信誉和商品声誉

---

① 参见北京市第二中级人民法院〔2007〕二中刑初字第 1763 号刑事判决书。

所投入的资金（如广告费用）或者为制止不法侵害事件而扩大的开支（如诉讼费用）等间接经济损失，不应认定为损害商业信誉、商品声誉所造成的损失，一般只在量刑或者附带民事诉讼赔偿时酌情加以考虑。还应强调的是，在具体认定损害行为所造成的经济损失时，应特别注意损害行为与经济损失之间的因果关系，即不能将与捏造并散布虚伪事实的行为无因果关系和不是行为必然造成的损失计算在内。

如上述疫情传播案中，缙云县人民法院认定被告人王宗达的行为给他人造成的重大损失时，采信了浙江省无形资产评估事务所出具的《浙江仙都啤酒发展公司商业信誉受侵害资产损失评估报告书》。该报告书认为，王宗达捏造并散布虚伪事实的行为，给浙江仙都啤酒发展公司的企业形象和商品声誉造成了严重损害，导致该公司的产品销售量急剧下降，遭受经济损失共计人民币 290 万元，其中，因产品销售量下降所造成的损失为 121.4 万元，为制止不法侵害事件而扩大的开支为 13.6 万元，为重树企业和产品形象而追加的宣传费用为 155 万元。需要指出的是，该报告书中有关为制止不法侵害事件而扩大的开支 13.6 万元和为重树企业和产品形象而追加的宣传费用的 155 万元，应属于因被告人所实施的犯罪行为所造成的间接经济损失，而只有因产品销售量下降所造成的损失 121.4 万元，才属于被告人实施的犯罪行为所造成的直接经济损失。同时，法院判决时有必要对该报告书未予评估计算的被告人实施的犯罪行为给被害人的商誉以及其他无形资产所造成的损失予以充分的考虑。

至于“其他严重情节”，一般是指行为人在捏造并散布虚假事实、损害他人的商业信誉和商品声誉的过程中的除“重大损失”以外的严重情节，例如，多次损害他人商业信誉和商品声誉；因损害他人商业信誉和商品声誉被有关主管部门处罚后又损害他人商业信誉和商品声誉；虚构并散布的虚伪事实传播面较广、在消费者中产生严重的不良影响；使用恶劣的手段、捏造恶毒事实，等等。

（六）注意区分合法的舆论监督行为与损害商誉行为

从目前的司法实践看，对某一行为是属于正常的披露、反映，还是属于不正当竞争中的诋毁商誉的违法行为，抑或是犯罪，不易掌握。

对于新闻机构经过正常采访，公开披露、曝光、批评一些商誉不好的经营者和一些消费者通过正常渠道（包括在报纸、互联网等媒体上刊登文章等）反映经营者产品有掺假低劣现象的做法，均属正当的舆论监督行为，不仅不能以违法犯罪论处，还应予法律保护和支持。其法律依据是《产品质量法》《消费者权益保护法》《反不正当竞争法》乃至《宪法》中的公民基本权利条款等。

最高人民法院《关于审理名誉权案件若干问题的解释》对此更是明确规定："消费者对生产者、经营者、销售者的产品质量或者服务质量进行批评、评论，不应当认定为侵害他人名誉权……新闻单位对生产者、经营者、销售者的产品质量或者服务质量进行批评、评论，内容基本属实，没有侮辱内容的，不应当认定为侵害其名誉权。"例如，国家有关部门每年组织对食品、化妆品、家用电器等进行质量抽查，并将质量不符合标准的产品及生产企业予以曝光。这些行为从表面上看有损于企业的商誉，但真实的披露有利于公众对企业及其产品的正确评价，有利于维护消费者合法权益，不仅不是损害他人商誉的违法行为，相反是对社会有益的行为。

但是，合法、正当的舆论监督行为有一个法律底线，即不得故意虚构、歪曲事实，诽谤、诋毁、损害他人商誉。根据最高人民法院《关于审理名誉权案件若干问题的解释》，在对经营者、销售者的产品质量或者服务质量进行批评、评论时，消费者借机诽谤、诋毁、损害其名誉的，应当认定为侵害名誉权；新闻单位的报道主要内容失实，损害其名誉的，应当认定为侵害名誉权。如果是故意捏造并散布虚伪事实，损害他人的商业信誉、商品声誉，给他人造成重大损失或者有其他严重情节的，则要承担刑事责任。

现在随着信息传媒技术的发展与普及，电视、互联网等已经成为人们获取各种信息的重要媒介。这些现代传媒手段所具有的成本低、传播速度快、受众范围广等特点，使得新闻舆论监督逐渐成为社会监督的重心。所以，当前大众传媒在进行新闻舆论监督时，更要恪守真实性、客观性、中立性和公正性原则，尤其不得虚构、歪曲事实，进行虚假新闻报道，否则社会危害大而深远。[①]

总之，损害他人商誉的犯罪表现形式和社会危害是多种多样的，也是不可预测的，更多的问题有待于我们在今后的实践中去不断发现和总结。本案的裁判表明，损害他人商誉的行为绝非仅仅由生产者、经营者实施，刑法创设损害商业信誉、商品声誉罪，也绝非单纯地针对市场经济领域中的生产者、经营者，任何个人或单位，只要其行为符合损害商业信誉、商品声誉罪的构成要件，即可依法成立本罪，不管其行为出于何种动机、目的，也不管行为人实际采取了何种捏造及散布虚伪事实的方式、途径。

① 参见于同志:《损害商品声誉罪的司法认定》,《法学杂志》2007 年第 6 期。

网约车安全何在？
——两起顺风车受害案引发的思考

黄海悠*

2018年5月和8月，两起年轻女孩乘坐滴滴顺风车遇害案件被广泛关注，两起案件很快告破，但是公众对于乘坐网约车是否安全的焦虑、恐惧并没有随之消除。平台无限期下架顺风车业务，政府开展网约车大检查，如何进行管理监督与开展业务正在考验管理者和经营者的智慧。

一、案件回顾

（一）郑州空姐李某乘坐顺风车遇害案

1. 郑州空姐深夜乘坐顺风车失踪

2018年5月5日晚上23时多，空姐李某执行完航班任务飞回郑州，从公司驻勤酒店乘坐一辆滴滴顺风车赴火车站，准备乘坐5月6日1时37分的火车返回济南老家参加亲戚婚礼。6日上午，其家人发现她没回来，电话可以接通，但一直没人接。7日上午，其家人打电话给航空公司，公司回复说5日夜里从驻勤酒店走了，家人赶紧开车从济南到郑州，于7日下午16时左右到航空港，去航

---

* 黄海悠，中国社会科学院研究生院法律硕士，北京市大兴区人民检察院知识产权案件检察部，检察官助理。

空港公安分局报案。

2. 专案组全力侦破案件

因案情重大，郑州警方立即调集刑侦、技侦、网安等多警种多部门警力成立“5·7命案”专案组，全力开展侦破。2018年5月8日7时许，警方发现一具女尸，确定死者系李某。经调查，李某于5月5日23时53分许，在沃金大酒店门口乘坐刘振华的滴滴网约车。后该车行驶了15公里，于6日0时25分许开到某荒地中（尸体现场）。其间，刘振华于6日0时2分许退出滴滴出行App，并注销该软件。0时51分许，该车离开并行驶约10公里至一大桥后不再移动。1时6分许刘振华在停车处跳入河中。5月12日凌晨4时30分许，警方在郑州市西三环附近一河渠内打捞出一具尸体。经查验及DNA样本鉴定，确认该尸体系犯罪嫌疑人刘振华，案件告破。

（二）乐清女孩赵某乘坐顺风车遇害案

1. 乐清女孩乘坐顺风车求救后失联

2018年8月24日13时，浙江省乐清市一名20岁姑娘赵某乘坐滴滴顺风车从乐清飞虹南路上车，去永嘉上塘给同学过生日，但随后失联。据遇害者朋友称，13时30分，赵某在微信群中发信息称已坐上顺风车。14时10分左右发微信称“司机开的山路没有一辆车，有点怕”，14时15分左右，有朋友收到其内容为“救命”“抢救”的微信，随后该女子手机处于关机状态。

2. 亲友与滴滴客服沟通未果后报警

赵某的朋友多次联系赵某不成，于当日下午15时42分至16时42分七次联系滴滴一线客服，客服回复“将有相关安全专家介入处理此事，会在1小时内回复”，表示“一线客服没有权限”“在这里请您耐心等待，您的反馈我们会为您加急标红”。

16时22分，被害人的永嘉朋友到永嘉县上塘派出所报案。16时41分许，该所民警与滴滴客服沟通，滴滴客服回复称安全专家会介入，要求等待。约半小时后，客服向民警反馈称赵某在13时许预约顺风车后又于14时10分许将订单取消，并未上车。民警提出上车后还可以在中途取消订单的质疑，再次要求客服提供司机联系方式或车牌号码，未果。17时32分，民警与赵某家人取得联系，得知其家属已在乐清当地派出所报案。

当日15时左右，赵某的母亲多次拨打女儿电话，均无法接通后将情况告知赵某的父亲。赵父与女儿同学联系后，于17时30分许向乐清虹桥派出所报警，民警于17时36分用接警电话与滴滴平台进行联系，平台客服称需3~4小时提供查询结果，民警表示情况紧急后，滴滴公司同意加急处理。17时49分，滴滴公司回电称需要介绍信及警官证等手续，民警于18时04分通过邮件发送至滴滴公司。18时13分，乐清警方收到滴滴公司发来的车牌及驾驶员信息。

3. 全警种作战迅速抓获犯罪嫌疑人

2018年8月24日18时13分，乐清市公安局立即启动重大案事件处置机制，抽调刑侦、刑事技术、相关派出所等警力成立专案组，全警种作战，开展全方位寻找调查工作。

鉴于滴滴司机钟某有重大作案嫌疑，市县两级公安机关立即对犯罪嫌疑人开展布控，合成作战。8月25日凌晨4时许，乐清警方在柳市镇抓获犯罪嫌疑人钟某。25日7时许，警方带着嫌疑人到淡溪一处山上指认现场，嫌疑人经过多次寻找才找到抛尸地点。最终在淡溪山区一处落差为七八米的悬崖下发现被害人的遗体。9时许，查获作案车辆。

8月26日上午9点，警方做了一个案情说明会。警方介绍，事发时，嫌疑人从石角龙村附近上山，然后开到淡溪镇江岙村附近时，停车将赵某的手脚捆绑起来，用胶布将其嘴封住，然后开始问她要钱。因其身边没有多少现金，嫌疑人提出用微信转账给他，结果江岙村这边信号不好，嫌疑人又将车开回至石角龙村，然后赵某通过微信转账给他9000多元。之后嫌疑人再一次将车开至江岙村附近，对受害人实施强奸，并用匕首刺其颈部，致大量出血。最后，嫌疑人在将车开回石角龙村的路上，将赵某抛至悬崖下，驾车逃离现场。

（三）两起案件掀起舆情风暴

1.“滴滴出行”成为舆情风暴的中心

2018年5月，郑州空姐在乘坐滴滴顺风车时遇害。在滴滴宣布整改3个月后，温州乐清女孩乘坐滴滴顺风车时再次遇害。惨案一再发生，公众对网约车的质疑和焦虑渐渐累积发酵，掀起一场舆情风暴，而滴滴出行理所当然地处于风暴中心，公众对滴滴的整改提出质疑，对公司的管理表达了强烈的不满和担忧。

从5月9日20时至5月14日12时，全网有关“空姐滴滴打车遇害案”的舆情总量共920283条。[①] 主流媒体报道评论，自媒体信息猛增，网民争相讨论。一开始的焦点在网约车安全和郑州地方治安问题，慢慢地转向滴滴责任以及其回应行为，之后聚焦到悬赏行为合法性的讨论，反思平台所应承担的责任和管理上的漏洞。从8月25日至8月27日，全网有关“乐清女子滴滴打车遇害”的舆情总量共3620810条。主流媒体纷纷发声，8月25日晚间，央视深夜发布《三问滴滴，以生命的名义!》一文，质问滴滴管理、责任、监管哪里去了。8月26日—27日，“中国之声”多次发声，发布《屡犯不改！细数滴滴“七宗罪”，何时能整改?》《滴滴顺风车业务只是暂停“性感”和安全只能二选一》等文章，并在其官微多次发表评论微博。8月27日，《羊城晚报》发表《5问滴滴：说好的整改呢?》等。从情感分布来看，社会情绪以负面为主，占67.8%，除了谴责犯罪嫌疑人外，其余负面情绪主要来自对滴滴出行的客服低效率和推诿责任行为的不满，还有对滴滴顺风车司机群内不当言论的批判。[②]另外，来自不同领域的“微博大V”、知名微信公众号等网络意见领袖纷纷发表观点，提出评论。普通网民也纷纷围观、点赞、评论、转发等。

---

① 参见《“空姐滴滴打车遇害案”回顾分析》，载识微，https://www.civiw.com/report/20180518161421，访问日期:2018年5月18日。

② 参见《“乐清女子滴滴打车遇害”舆情热点分析》，载识微，https://www.civiw.com/report/20180829144846，访问日期:2018年8月29日。

从以上数据可以看出，乐清案的舆情总量足足是郑州案的 4 倍，两起案件关注度已经不是一个量级，后者关注面已然大幅上升。实际上，过去 4 年里，媒体报道及有关部门处理过的滴滴司机性侵、性骚扰事件，至少达 50 起之多，[①] 直到 2018 年 5 月郑州顺风车杀人案曝光，女性乘车安全才引发全社会的广泛关注。就在网约车领域，同一类型的事件不断发生，负面热点和负面情绪不断累积，强化了对广大网民的动员效应，风暴加剧。

2. 舆论焦点从公司管理上升为公共政策

在网络化的背景下，随着云计算和大数据科学的发展，反映社会问题的涉及范围及其严重程度往往能够通过大数据的形式来进行呈现。网约车舆情事件的大数据反映网约车乘客安全问题的严重性。借助网约车各项舆情数据的绝对数值，公共决策部门更为直观、迅速地感知相关问题的涉及范围和关注程度。更因为自媒体平台的普及和滴滴出行软件的广泛使用，公众注意力迅速聚焦，对出行安全问题注意力快速提升。

网约车安全问题在新媒体等网络传播渠道的推动下，电台、电视台、纸媒也全面加入报道讨论，随着讨论的深入，公众舆论的焦点从司机从业资格把关、滴滴公司的管理、网约车平台的法律责任上升到了与之相关的政府规制力度、政府的网约车管理政策，使得网约车犯罪悲剧上升为带有公共性质和行业性质的政策问题，政府有关部门高度关注。而人大代表、政协委员、专家学者等人员积极抓住政策之窗开启的契机，通过提案、研究报告、媒体传播等多种途径推动网约车规制问题进入政策议程，推动网约车规制政策的变迁。

（四）各方主体的应对和处理

两起案件发生后，警方都高度重视，第一时间成立专案组，郑州空姐案，从 5 月 7 日接到报警到 5 月 12 日警方打捞出犯罪嫌疑人尸体，不

① 参见罗欢欢、黄丹玮、席莉莉、杨迪雅：《50 个性侵犯样本与“滴滴整改”》，《南方周末》2018 年 5 月 24 日。

到一周，案件告破。乐清案 8 月 24 日案发次日就将犯罪嫌疑人抓获。8 月 26 日，警方还召开了案情说明会。乐清市人民检察院也在第一时间介入该案，于 8 月 27 日以涉嫌抢劫罪、强奸罪、故意杀人罪批准逮捕犯罪嫌疑人。政法机关及时准确办理案件，其他相关主体也做出自己的应对。

1. 滴滴公司自查整改

（1）空姐遇害案后

空乘搭顺风车遇害的悲剧发生后，2018 年 5 月 10 日，滴滴公司先是发布了一则“悬赏令”，100 万元寻找顺风车司机刘振华。郑州警方宣布案件告破后，滴滴开启了阶段性业务调整。5 月 12 日起，滴滴顺风车业务在全国范围内下线，停业自查整改一周，对全部司机全面审查，清理人车不符情况，运营及客服体系全面整改。5 月 16 日，滴滴公司公布了其阶段整改措施。顺风车暂停接受 22 点至次日早 6 点期间出发的订单，同时建议用户开启订单全程录音功能。下线顺风车用户标签和车主评价功能，外部头像显示为系统默认的虚拟头像，车主每次接单前需进行人脸识别，最大限度杜绝私自更换账号问题的发生。5 月 19 日，滴滴顺风车恢复业务，但司机和乘客必须完成包括上传身份证、人脸识别等 6 项措施后才可使用顺风车业务。5 月 31 日，顺风车业务恢复仅与出行相关的标签评价；紧急求助按钮提升至显著位置，并添加 110、120、122 及滴滴 24 小时安全客服等快捷方式，用户可自主一键拨打。6 月 13 日，宣布局部恢复部分夜间时段的订单，但只允许车主与乘客为同一性别方可合乘出行。

（2）乐清女孩遇害案后

8 月 26 日，滴滴就乐清顺风车乘客遇害一事发表声明，并向公众公布以下内部自查进展。公司经讨论做出如下决定：自 8 月 27 日零时起，在全国范围内下线顺风车业务，内部重新评估业务模式及产品逻辑；客服体系继续整改升级，加大客服团队的人力和资源投入，加速梳理优化投诉分级、工单流转等机制；免去黄洁莉顺风车事业部总经理职务，免去黄金红客服副总裁职务。

乐清滴滴事件发生 4 天后，滴滴出行创始人兼 CEO 程维和滴滴出行总裁柳青，才联名发出一封致歉信，宣布滴滴顺风车将无限期下线，表示将不再以规模作为发展的衡量尺度，而是以安全作为核心的考核指标，组织和资源全力向安全和客服体系倾斜。也会进行安全产品整体功能升级，优化紧急求助、行程分享、三方连线拨打 110 等一系列安全保障举措，并与公安部门深入共建用户安全保护机制。

从两次案件的处理来看，滴滴平台每次都是事后才进行自查补救。公告中再次提及运营及客服体系全面整改。与 2016 年发生深州女教师遇害案件后如出一辙。但是能否将整改措施落到实处，整改之后如何去检验它的效果呢？这些都是滴滴平台所面临的严峻考验。

2. 其他网约车公司纷纷下线顺风车业务

在乐清事件发生后，除了滴滴，市场上的其他出行平台也纷纷下线了顺风车业务。2018 年 8 月高德地图下线了顺风车服务。嘀嗒出行也于当月悄悄关闭了顺风车夜间订单，并将此前具有社交功能的“结伴频道”下线。

3. 政府主管部门多措并举

（1）约谈

2018 年 8 月 25 日下午，浙江省道路运输管理局紧急约谈滴滴平台浙江区负责人，鉴于滴滴平台顺风车业务存在重大安全隐患，浙江省道路运输管理局要求滴滴平台立即整改，整改期间暂停其在浙江区域的顺风车业务。

江苏省南京市政府率市交通运输、公安、物价、工商等职能部门对滴滴、美团两家网约车平台公司进行了约谈，要求两家平台公司要按照国家 7 部委联合发布的《网络预约出租汽车经营服务管理暂行办法》《关于加强网络预约出租汽车行业事中事后联合监管有关工作的通知》以及南京市《网络预约出租汽车管理暂行办法》等文件规定，合法合规开展网约车经营活动。

2018 年 8 月 26 日下午，交通运输部联合公安部以及北京市、天津市交通运输、公安部门，对滴滴公司开展联合约谈，责令其立即对顺风车业务进行全面整改，加快推进合规化进程，严守安全底线，切实落实承运人安全稳定管理主体责任，保障乘客出行安全和合法权益，及时向社会公布有关整改情况。

（2）专项整治

2018年8月31日，交通运输新业态协同监管部际联席会议决定自9月5日起，在全国范围内对所有网约车顺风车平台公司开展进驻式全面检查。9月10日，交通运输部、公安部宣布自即日起至12月31日，在全国范围组织开展打击非法从事出租汽车经营的专项整治行动。9月11日，交通运输部等多部门组成的网约车、顺风车安全专项工作检查组陆续进驻首汽约车、神州专车等网约车和顺风车平台公司，展开安全专项检查。

在全国开展网约车专项整治行动的背景下，广州市交通委员会于2018年8月29日在关于网约车市场整治情况的通报中表示，在市交委调查取证过程中，滴滴公司曾多次以需要向总部申请为由拒绝、拖延提供车辆、订单等数据信息；在签收执法文书时也多次以“没有时间”或者“不知道”等理由搪塞并拒绝签收；对于已经生效的处罚决定，滴滴公司也不按期缴纳罚款。通报显示，截至目前，滴滴平台已有29宗违章案件将到强制执行期。如果滴滴平台仍拒不执行处罚决定，待法定期限届满后，广州市交通部门将依法申请法院强制执行。当地交通部门重申，互联网不是法外之地，共享经济也不是违规经营的灰色地带，对于网约车市场存在的违规行为，将继续保持高压整治态势。

二、网约车的发展历程及政策、法规制定

（一）网约车的发展历程

随着移动互联网不断发展，2012年3月摇摇招车上线，这是国内第一款打车软件。2014年8月滴滴出行成立，市场上还有百米、嘟嘟、打车小秘、大黄蜂等30多款打车软件。不久，网约车市场上滴滴、快的、优步中国三家公司形成了“三国鼎立”之势，2015年2月14日，快的打车与滴滴打车发布联合声明，宣布两家实现战略合并。2016年8月，滴滴和优步中国合并。自此，滴滴成为网约车行业的“霸主”，市场占有率

一度超九成。网约车市场走向固化。

2018 年上半年，网约车市场曾短暂出现过一段“活力期”。3 月 21 日，美团的打车业务开始登陆上海。美团打车声称其在上海的日订单量已突破 30 万单，截至 3 月 27 日 24 时，美团打车在上海累计服务乘客超 220 万人次。上线 7 天，出租车成单量累计涨幅达 146%。高德地图于 3 月 27 日宣布推出顺风车业务，在成都和武汉先行上线，同时开启北京、上海、广州、深圳、杭州等城市的车主招募，之后逐步扩展到全国更多城市。4 月 3 日，拥有出行、旅游、酒店业务的携程也正式进军网约车行业。京东集团的下属公司江苏京东信息技术有限公司，也在 2018 年 8 月 29 日更新了经营范围，工商信息中新增了“网络预约出租车经营”以及“销售汽车及零配件”“公共汽车客运服务”等业务，有媒体将其解读为京东进军网约车的一个标志。

随着时间推进，刚到下半年，新入驻网约车市场的这些企业就纷纷放缓甚至暂停了原有推进计划，直至 2018 年 12 月，美团仅在南京、上海开通网约车服务。高德下线顺风车业务，叫车服务根据不同种类链接的是嘀嗒出租车、滴滴快车、首汽约车、神州专车等。网约车市场在竞争层面又归为平静。可以说，两起恶性案件影响的不仅仅是滴滴出行，更是让整个网约车市场遭遇寒冬，网约车市场何时出现好的变化，我们拭目以待。

（二）政策法规相继出台

2016 年 7 月，国务院办公厅《关于深化改革推进出租汽车行业健康发展的指导意见》出台，推进出租汽车改革工作、规范网络预约出租汽车的发展。构建包括巡游出租汽车、预约出租汽车新老业态共存的多样化服务体系，在政策推动下，2016 年下半年网络预约出租车用户规模增长了 41.7%。[①]

---

① 参见软咖科技:《2018 年中国网约车行业市场前景研究报告》,载搜狐网,http://www.sohu.com/a/249741188572127,访问日期:2019 年 1 月 23 日。2018 年 8 月 24 日。

2016 年 11 月 1 日起，《网络预约出租汽车经营服务管理暂行办法》开始施行，从国家法规层面上明确了网约车的合法地位，将网约车纳入出租车体系，规定了从事网络预约出租汽车的经营者、经营车辆和驾驶员必须具备的各项基本条件，以及出租汽车行政主管部门、通信主管部门、公安机关、网信部门、出租汽车行业协会组织等的监督检查职责，还明确了违反该规定的网约车平台公司和驾驶员的法律责任。此外，在规范网约车经营行为的同时，还鼓励并规范了私人小客车的合乘行为（也称为拼车、顺风车）。

随后，各地政府也相继出台了规范和监管网约车的地方性规定，以提升行业经营管理和服务水平，促进行业健康稳定可持续发展。2016 年 10 月 8 日，北京市交通委员会会同相关部门，制定了《北京市关于深化改革推进出租汽车行业健康发展的实施意见（征求意见稿)》、《北京市网络预约出租汽车经营服务管理实施细则（ 征求意见稿）》以及《北京市私人小客车合乘出行指导意见（ 征求意见稿）》3 个政策文件。上海市交通委员会为规范网络预约出租汽车的经营服务行为，也于 2016 年 10 月 8 日发布了《上海市网络预约出租汽车经营服务管理若干规定（草案)》。2016 年 10 月 9 日，天津市交通运输委员会紧接着出台了《天津市网络预约出租汽车经营服务管理暂行办法（ 征求意见稿）》。2018 年 5 月 31 日，北京市人大常委会通过《北京市查处非法客运若干规定》，将严格执行“京户、京牌、许可证”制度。实际上，这项制度 2016 年就已经通过。此次规定提出，非法营运将处 3 万元以上罚款，被抓到两次，暂扣驾驶证三个月，被抓三次则扣半年驾驶证。

（三）顺风车的政策考量

国务院办公厅《关于深化改革推进出租汽车行业健康发展的指导意见》明确规定，顺风车是由合乘服务提供者事先发布出行信息，出行线路相同的人选择乘坐合乘服务提供者的小客车、分摊部分出行成本或免费互助的共享出行方式。顺风车服务与网约车经营性客运服务有很大区别，应当符合以下要求：一是应以车主自身出行需求为前提、事先发布出行信息；二是由出行线路相同的人选择合乘车辆；三是不以营利为目的，分摊部分出行成本或免费互助；四是每车每日合乘次数应有一定限制。

《网络预约出租汽车经营服务管理暂行办法》并未将顺风车纳入网约车范畴，而是将顺风车、拼车方式认定为“私人小客车合乘”。对于顺风车业务管控并不适用于网约车的管理办法。办法规定，网约车为运营车辆，顺风车为非运营车辆，顺风车的接单每天有接单次数限制，而网约车则定义为与出租车相似，都为“社会巡游运营车辆”。因而相对于对网约车业务的审核管理，顺风车的审核准入明显没有网约车的严格。

从责任形式来说，快车和专车的模式要求平台承担的是承运人责任。出租车司机与平台都是劳务关系，司机行为属于职务行为，出租车公司承担的是承运人责任。但是顺风车就没有类似的规定，顺风车模式下，平台仅具有社会责任和道德责任。

滴滴平台虽然从单笔顺风车订单中抽成较低，但平台上每天会有大量的订单生成，平台不用去对司机进行专业服务培训，不用给顺风车办理必备的运营资质，成本相对较低，总体获利金额非常巨大。一方面，顺风车的平台是一个网络服务提供者。顺风车是一种民事上的好意分享行为，基于社会责任和道德责任，平台承担的应该是补偿，而不是赔偿责任。平台提供有关补偿后，最终可以向司机进行追偿。另一方面，因为平台是网约信息的提供者，也有管理的能力和责任，要承担包括信息审核、资质审核，出现问题先予赔付等安全保障义务责任。

三、网约车案件频发的原因分析

（一）政府监管力度跟不上企业创新的步伐

1. 网约车监管政府角色缺位，缺失的监管让市场发展混乱

这些年，互联网向关乎日常生活的产业行业渗透，带来新的企业形态，给我们的生活带来了很大便利。网约车出现之初，被官方定性为

“黑车”。由于网约车借助新技术解决了“打车难”“打车贵”等传统出租车行业饱受诟病的难题，受到舆论和公众的一致青睐，因此呼吁“放开网约车市场的监管或者最高限度放宽对网约车市场限制”的声音成为当时的主流。从2012年3月国内第一款打车软件摇摇招车上线，到2016年8月，滴滴垄断市场，仅仅用了4年时间。在市场飞速发展的这4年，政府的监管可以说是一直处于缺位状态。而对于顺风车的监管更是长期空缺，《网络预约出租汽车经营服务管理暂行办法》并未将顺风车纳入网约车范畴，网约车的管理办法并不适用于对顺风车业务的管控。两起案件中的顺风车也不是真正意义上的顺风车，对于以顺风车名义进行的经营活动本就缺乏有效监管，对于以顺风车名义开展的违法犯罪活动更是束手无策。

直至2015年1月8日，交通运输部表态中使用了“网约车”一词，承认了网约车的积极意义，认为网约车是一种新的交通服务模式。2016年7月28日《关于深化改革推进出租汽车行业健康发展的指导意见》的出台和2016年11月1日《网络预约出租汽车经营服务管理暂行办法》的施行，才标志着网约车市场有了明确的指导意见和政策法规。

相对传统企业完善的监管体系，对这些新兴企业的监管往往是盲点多、薄弱环节多。我们的监管部门应该履责到位，及时发现公共领域的危险地带并采取有效措施避免真空地带的出现。然而，我们的监管部门，不但没能及时补位、及时到位。发生恶性事件后，管理部门也并没有认真反思监管漏洞，严厉追责。在政策缺失的时候，没有及时制定政策。在政策出台之后，又没能有效贯彻执行。交通运输部《网络预约出租汽车经营服务管理暂行办法》中规定了行政主管部门的一系列监管职责，包括建设监管平台，实现与网约车平台信息共享；及时加强对公司、车辆和驾驶员的审查；定期开展服务质量测评，及时公布测评结果、乘客投诉处理情况等。对于这些规定，我们在公开资料中并没有看到相应信息。

2. *网约车监管政府角色越位，严苛的监管让市场失去活力*

鉴于频发的安全事故，呼吁“加强网约车市场监管”的声音成为主流。但是，在进行监管时却存在越位问题。在网约车的监管中，政府部门超越了其职权范围，包揽了本来可以通过市场解决的问题，利用职权来配置相关资源，妨害了市场作用的发挥。这种行为非但不能促进经济的发展，反而阻碍了行业的发展，损害了公共利益。比如说，现在各地的法规对网约车司机和车辆的准入资质设立了较高的门槛，北京要求“京籍”“京证”“京牌”，即要求网约车驾驶员是北京户籍，司机的驾驶证需要北京市核发，车辆要北京市车牌。其中对北京户籍的要求最受质疑。另外，还对车辆的轴距、排气量等作出详细明确的规定。并指出该规定的依据是消费者乘车的舒适度要求。然而，消费者乘车的舒适度水平完全是消费者基于自身消费状况的主观判断和直观心理感受，这本是由市场决定的最基本的范畴。各地交通管理部门以行政手段的方式人为干预消费者乘车的舒适度，并对网约车的市场数量进行管制，以及一味地强调网约车运价必要时可实行政府指导价的做法，其实质是政府角色的越位。不仅没有发挥好应有的监督管理职能，如并未侧重对网约车是否安全进行监督，反而导致了行政手段的滥用，不利于网约车市场的健康发展。

（二）企业社会责任的承担跟不上市场份额的扩大

1. 专注于扩大市场份额，忽略社会责任的承担

滴滴在资本市场一路高歌猛进，如今占据了中国网约车市场约九成的市场份额。增加资本积累，谋求利益最大化，是企业的本性。激烈的市场竞争也在客观上要求企业通过各种手段开发产品，增加销售，最大限度地追求盈利。但是，当最大限度追求财富成为公司唯一目的时，便会弊端频现，甚至有极端事件的发生。

这几年，滴滴公司在利益的驱使下，一味地放任经济本能，不断收购兼并国内同行，努力使自己处于近乎垄断的地位。然而，滴滴并没有认识到，市场份额的扩大，责任和管理必须同步。一味迷信资本的力量能够推动企业做大做强，无视社会责任的承担，将社会道德抛诸脑后，不把管理的根基打扎实，结果必然是破绽百出。

2. 追求眼前利益，将承担社会责任与企业利益相对立

2018 年 5 月 10 日，针对郑州空姐遇害一事，滴滴发公开信说：“我们会全力做好后续工作，同时全面彻查各项业务，避免类似事件的发生。”结果才过去三个多月过去，惨案再次发生。“各项业务”是如何“彻查”的，我们不得而知，我们知道的是，类似事件又发生了。一次脚踏实地的整改强过一百次痛心疾首的表态。滴滴是否真的重视此类恶性事件，是否真正梳理漏洞，是否真正扎实整改，我们有足够的理由表示怀疑!

企业的社会责任是强调企业的社会义务，追求的是社会效益，它属于企业的长期利益；企业的绩效侧重于企业生产经营的实际结果，是一种短期的、眼前的利益，两种利益正相关。良好的社会责任可使企业获得较好的社会声誉，促进社会资本的积累和增长，是企业利润的最大化行为。虽然它们两者在某种条件下可能会出现不一致，但从长远利益看，承担社会责任适应了社会的要求，为企业的发展赢得了良好的社会声誉和环境，社会责任对企业的发展更具决定意义，两者之间并不矛盾。但滴滴公司目前的行为，却将二者对立起来，只顾眼前利益，不愿意真正投入各项资源建立有效措施保障安全，把社会责任看成是企业的包袱、获利的障碍，这无异于杀鸡取卵。

3. 迎合社会对企业的片面评价，秉持错误的价值取向

社会的评价对企业的发展具有导向作用，错误的价值观会让企业秉持错误的价值取向。一段时间以来，在部分人的眼里，滴滴顺风车是男女社交的平台，是浪漫邂逅的地方。公司管理和营销策略强调的也是男女社交功能。顺风车的广告，有意暗示用户这里是发生浪漫邂逅的地方，打出的广告语包括“不仅是顺风，而且还顺眼”“不怕贴标签，就怕你不约”等，刻意放大男女社交属性。顺风车采用“印象标签”的形式对双方进行评价，其中有很多对外貌、身材、胸围等无关出行的露骨评价。聊天功能也显示很多女乘客在行程结束后还受到司机的骚扰。对安全问题严重估算不足，没有认识到线下的陌生人社交场景最重要的是全力保障用户安全。

另外，很多企业也唯利是图，仅用经济绩效作为衡量企业好坏的标准。至于经营的目的、动机、手段都无足轻重。实然，企业的经济效益影响着国家的经济发展，影响着当地政府的财政收入，影响着员工的薪酬就业，这种影响显而易见。而企业的道德行为，影响的是经济是否健康发展，员工是否安居乐业，这种影响藏而不露。殊不知，静水流深，不显眼的行为才影响深远，历久弥新。

（三）企业管理水平的提升跟不上形势的需要

近年来，滴滴高速扩张，从十几人的小公司变成数千人的巨型公司，公司的飞速发展最考验的就是管理层的领导能力，遗憾的是，管理并没有同步跟进。从恶性案件的再次发生，我们可以看到，滴滴公司的管理是混乱的，对教训缺乏应有的重视，对生命缺乏应有的敬畏。

1．纠纷解决机制缺乏科学合理设置

乐清事件的发生，最被诟病的一点就是在案发前一天，犯罪嫌疑人钟某已经被实名举报，举报的事由是同样危险的类似行为。网友林女士表示曾在事发前一天投诉涉事司机。她在8月23日曾联系滴滴平台，打了6分多钟的电话，投诉其22日中午使用滴滴平台叫了一辆顺风车，上车后司机说要接另外一个人，一路越开越偏僻，附近几乎没有建筑物，她意识到司机有问题。“让司机马上停车，不然我就跳车了，他才被迫停了。停下来立即熄火要锁门，还好留了个心眼在他熄火同时马上打开车门跑了。”并强调让平台封掉该司机的账号，然而并没有引起滴滴公司的重视。客服承诺在两个小时内回复，但是并没有回复，也没有及时针对这一投诉进行调查处置，平台还在继续给该司机派单，他还在继续接单拉客。

从这件事情的处理，我们可以看到滴滴公司安全意识的淡薄，每个环节都透露着态度的傲慢，对生命安全的漠视。对于此类投诉，一线客服人员如果接受过安全培训的话，只要查询一下行车轨迹即可判定投诉内容的真假。如果有权限，在调查程序结束之前，应该暂时封锁该司机账号。危险事件的发生，并不是偶然的，其实已经有足够的征兆，需要相关责任人看到危险并作出合适的应对才可以避免。遗憾的是，滴滴公司看不到危险，或者说看到了危险却不以为意。滴滴公司的纠纷解决机制严重缺乏科学合理设置。

2. 客户服务机制只有形式没有内容

乐清事件中，被害人赵某的朋友于当日 7 次联系滴滴客服，得到的答复是“将有相关安全专家介入处理此事，会在 1 小时内回复”“一线客服没有权限”“在这里请您耐心等待，您的反馈我们会为您加急标红”，冷冰冰、不紧不慢，仿佛与之对话的是机器人。

滴滴客服属于外包公司人员，并不直接由滴滴公司管理。曾经在滴滴担任过客服的被采访的人员说：“作为一个外包的客服，什么核心信息都看不到，什么处理权限都没有，只能机械地给对方道歉。我们的权限只有‘接电话’和‘提交’。”另外，“在每条提交的投诉旁边，都有一个加急按钮，如果加急的话，处理进度是会快一些。但我们的主管跟我们要求，加急的比例不能超过十分之一”，“如果加急了几次，问题还是解决不了，那我们只能上报我们的组长，我们的组长有权给乘客发代金券，额度在 5 块钱左右”。所以“在我们底层的外包客服这里，你能得到的最好结果也就是得到一张 5 块钱左右的代金券”。[①] 在滴滴客服的制度设计里，客服人员面对紧急情况，只能是心有余而力不足。

对于没有权限的客服人员，公司不需要他们担当大任，所以招聘和培训也是相当随意。招聘条件最主要的是要求普通话标准，培训主要内容是发放回答问题标准答案。至于是否有事件分类判断能力、纠纷处理能力、协调沟通能力等水平，从来就没被考察过，也没有培训过。无论碰到什么问题，标准答案就是“非常抱歉给您带来不好的用户体验”“我们会提交给专员处理”“有结果会第一时间通知您”此类没有实质内容的回答。对于客服人员的薪酬发放和考评机制，工资是计件工资，取决于接电话的数量，接的越多，赚得越多，至于客户是否满意，问题是否解决，却并不关心。

① 参见易方兴:《我在滴滴做客服》,《记者观察》2018 年 25 期。

这种完全没有服务的客服，空有客服的形式，实际上是对客户的敷衍塞责，这样没有责任心的客服体制，在“运送生命”的行业里，果真是要了乘客的命。

3. 平台安全系统设置存在安全隐患

2018 年 5 月，郑州空姐遇害后，滴滴宣布对顺风车业务进行整改，推出多项整改措施，但似乎并未起到应尽的效果。乐清女孩遇害事件中，即便女孩已经在事发前发出了明确求救信号，依然未能阻止犯罪事件的发生。平台安全系统设置仍然存在诸多安全隐患。

一是订单取消后救助系统会随之关闭。在乐清案件中，滴滴客服向民警反馈称赵某在 8 月 24 日 13 时许预约了顺风车后已于 14 时 10 分许将订单取消，并未上车。滴滴的一键紧急求助系统指向的是内部的客服，而非警方。一旦取消订单，这个按钮就关闭了，求助系统还存在很大弊端。

二是平台人脸识别和证件验真制度，不能保证人车对应关系。郑州空姐案中，犯罪嫌疑人所接单账号归属其父，正常通过了滴滴顺风车注册时的三证验真、犯罪背景筛查和接首单前须进行人脸识别等安全措施。嫌疑人系违规使用其父顺风车账号接单。然而，根据犯罪嫌疑人父亲所述，其并没有注册顺风车业务，驾照平时所放之地，其子可以随时拿到。滴滴在公告中提到，滴滴原有的夜间安全保障机制不合理，导致在该订单中针对夜间的人脸识别机制没有被触发。那平时犯罪嫌疑人是如何通过人脸识别的呢？滴滴是如何审核的呢？公告中滴滴并未明确解释这一点。乐清案中，犯罪嫌疑人钟某此前背景审查未发现有犯罪记录，其是用真实的身份证、驾驶证和行驶证信息（含车牌号）在顺风车平台注册并通过审核，在接单前通过了平台的人脸识别，但案发车牌系钟某线下临时伪造。

三是用户不了解平台救助系统，导致系统未能发挥作用。很多时候用户并不了解平台的各种功能，这就导致预警机制变为“睡眠的权利”，平台有义务将改进措施、新进系统、救助方式全面告知用户。

（四）顺风车模式的固有缺陷

虽然顺风车业务无论在体量还是收入上，在滴滴总体中的占比都不大，但顺风车一直是滴滴所谓的“共享经济”标签最贴切的业务了。这个标签带来了光环，也带来了麻烦。外界对顺风车的质疑和担忧已经从管理层面上升到了模式层面，顺风车是社交方式吗？顺风车应该是个生意吗？

1. 顺风车车辆的私人属性使其审核力度不强

顺风车这一新兴的共享乘车模式在安全性上存在漏洞，即便其具有一定的社会价值意义，但考虑到司乘双方安全性方面，无论是平台方抑或是政府方面都无法给出有效保证。顺风车的私人属性在一定程度上加大了对其监管的难度，在车辆及人员管控上，无论是平台或交管部门都无法进行统一、有效的管理。

2. 平台的中介地位使其对司机的管理较弱

而滴滴作为平台，仅能在软件层面对司机加以约束，但在各种情况都可能发生的线下场景，软件层面的约束已经多次被证明无法发挥既定的效果。

3. 无资质专职车主接顺风车订单的情况时有发生

顺风车模式的变味还不止于此。在滴滴顺风车业务中，一直存在一批并不是为了简单分担油费而顺路接单的车主，尤其是在网约车监管日益严格之后，一些资质偏低或者不合规的快车司机转为顺风车主，开始以营利为目的专职开顺风车。尽管有每日最高接单量的限制，但这显然并未局限其成为“专职顺风车主”。不少快车司机在没有快车订单的情况下，也会选择接下顺风车的订单，聊胜于无。而在两起顺风车乘客遇害案中，嫌疑人都是没有资质的“专职车主”。

顺风车不但可以弥补车辆的行驶和维护费用，降低私人养车成本，而且还能缓解交通拥堵，提高道路使用率，降低个人出行的时间成本。此外，私家车出行会产生负外部性，即对城市造成道路拥挤、交通治理和空气污染等社会成本。从社会总的福利层面分析，顺风车出行提高了小汽车的使用效率，减小了负外部性，具有公益性质，既促进了人们之间的交流，又提高了整个社会的福利水平。对于顺风车，更需要的是规范，而不是取消。

当然，此类案件的发生，犯罪嫌疑人实施了犯罪行为才是罪魁祸首。犯罪作为一种社会现象，严重威胁到社会安定和民众安全，国家打击犯罪的立场是一贯的、严厉的。而乘客安全意识的匮乏，关键时刻的应变能力的缺失也让人扼腕叹息，只是生命的代价太过惨重，希望生者能够吸取教训，得保平安。

四、网约车安全确保的建议意见

在世界各国，出租汽车等旅客运输服务都被誉为“运送生命”的服务。生命是无价的，乘客一旦受到伤害不可能通过赔偿而完全复原，出租汽车行业发展要坚持以乘客为本的基本原则，保障乘客出行安全是网约车行业发展的底线，没有什么比“乘客安全”更为重要。运输服务安全底线需要各方共同坚守。

（一）完善的法律法规是市场有序发展的重要保障

1. 完善网约车管理立法，及时制定和出台行政法规

从国家层面上看，现有的出租车行业管理法规仅包括 1997 年建设部、公安部联合制定的《城市出租汽车管理规定》，2016 年 7 月国务院办公厅颁布的《关于深化改革推进出租汽车行业健康发展的指导意见》，交通部等七部委颁布的《网络预约出租汽车经营管理暂行办法》，其性质均属行政规章，法律效力较低。共享经济是市场发展的产物，网约车是新时代新背景下的新事物，在其发展过程中必然会出现新问题、新矛盾，不可能完全预知，因此需要有规制，更需要规制创新。因此，应尽快由国务院牵头组织起草网约车管理办法，明确网约车的法律性质，提高立法层次，完善法律规定。由于我国各地的经济社会发展和出租车发展水平不同，国家层面的网约车规制要遵循总揽全局的原则，既不能管得太死，亦不能放得太松，要构建大的框架，明确总体发展方向，给发展和

创新留足空间。

2. 地方性细则要各地根据自身发展状况来制定

各地区应该因地制宜地根据自身社会经济发展状况来制定具体的操作细则。既要平衡各方利益，又要大胆创新；既要提高规制的可行性，也要节约规制成本。目前各地制定或征求意见的实施细则，在实际落地时均有偏差。北京、上海等地出台的实施细则对驾驶员户籍、车辆轴距等进行限制引起了专家学者甚至是普通民众的质疑。

如何因地制宜，这就要求各地方政府严格把关，深刻领会中央文件精神，认真听取公众意见、接受公众监督，完善听证会和网上意见征集制度，发现问题及时修正。地方政府的规制创新是对国家层面法规的补充和完善，应紧跟网约车业态发展动态，对网约车平台公司的经营和创新给予支持和保护。同时，对网约车运行中的问题及其对社会的负面影响要高度重视，制定宽严有度的政策进行有效规制，促进其健康持续发展。

3. 对地方网约车管理细则展开合法性审查

对于同宪法、法律和行政法规相抵触的地方性法规，不适当的部门规章、地方政府规章，应该进行立法的合法性审查。

北京、上海等地规定网约车司机必须具有本地户籍，这种将户籍作为就业条件的规定违反了我国《劳动法》《宪法》。公民有劳动的权利和义务，劳动者享有平等就业和选择职业的权利。北京市交通委员会作为市政府的职能部门，发布《北京市网络预约出租汽车经营服务管理实施细则（征求意见稿)》，属于地方政府规章。根据《立法法》的规定，如果该细则违反《宪法》，与有关上位法相抵触，国务院有权改变或撤销该规章，北京市人大常委会有权撤销该规章。

那该如何开展立法的合法性审查呢？我国并没有规定具体的审查程序，也没有建立司法审查制度。目前，地方立法不适当的问题日渐突出，有的重复、有的混乱、有的矛盾、有的缺失，存在各种问题，但是一旦制定，修改困难，废除更难。尽管困难重重，对地方网约车管理细则提起合法性审查，实践中还是可行的。公民以及国家机关、社会团体、企业事业组织可以对立法的合法性向国务院、地方人大常委会书面提出审查建议，甚至可以向全国人大常委会提出立法的合法性审查。国务院有权改变或者撤销不适当的部门规章和地方政府规章；地方人民代表大会常务委员会有权撤销本级人民政府制定的不适当的规章；全国人大常委会有责任督促国务院、地方人大常委会撤销违反上位法、违反宪法的规定。

（二）严厉但有界的监管是保障市场安全有活力的基础

1. 政府的主要职责是优化市场环境

政府的主要职责是优化网约车的市场竞争环境。相关部门应当最大限度地简政放权，降低网约车市场准入门槛，坚持市场化运作，改善运营环境。在现行法律法规框架和自身职责范围内，政府主管部门还应当落实和完善优化网约车市场环境的相关财税政策，激发市场主体的活力和创造力。在降低门槛、放宽政策的同时，要加强反垄断和反不正当竞争执法，强化对严重扰乱网约车市场秩序行为的监管力度，维护市场公平竞争秩序。

2. 政府要明确监管的内容及边界

明确政府网约车监管的内容及其边界。对于网约车的运营，应以市场竞争为主、政府监管为辅，积极推动干预型政府向服务型政府转变。监管重心要放在平台的审核和执照发放上，车辆和网约车司机的执照申领以及后续运营状况的检查上。安全监管是重中之重，要加大执法力度，集中力量查处社会关注度高、乘客反映强烈的严重违法犯罪行为，使网约车公司的日常安全性检查常态化，规范网约车公司的内部管理，培养网约车司机的守法意识。同时，监管部门也要为乘客提供多样化的投诉渠道，让乘客参与到共同监督中来。另外，政府应及时搭建城市网约车公共信息服务平台，在政府官方网站、政务微博或移动终端定期发布经检验合格的网约车经营企业和经营车辆，加大对网约车司机合法信息的认证力度，以防止非法黑车运营行为。要创新政府监管机构设置的模式，确保其监管地位的独立性与专业化，同时科学划分不同政府机构之间监管权力的配置，以减少职责交叉和多头管理现象。而车辆轴距、排量、车型等问题，应该不属于监管的内容。市场有天然的资源配置的优势，市场竞争机制能够有效调节的，就是政府监管的边界。应当充分运用互联网大数据，建立符合“互联网 +”发展方向的监管新路径，从而实现技术创新和公众安全的平衡。

3. 行业协会的自律监管是有效的治理模式

相关经验表明，政府借助行业协会进行监管是有效的治理模式。网约车行业的自律监管是其建立信任机制的基础，也必然与政府组织自上而下的监管存在交集，进而构成政府监管与自律监管相结合的混合监管模式。混合监管模式响应了共享经济的法律结构，为从业者和监管者找到契合点和制度支撑，将有利于行业发展和制度完善。行业协会和工会组织不但具有技术培训、权益维护等方面的功能，也可以通过行业自律和行业标准来规范企业行为，且有助于政府规制成本的降低。网约车行业应当积极建立行业协会等自治组织，政府监管部门与行业协会可以共同商讨行业发展目标与监管标准和措施。网约车存在乘客权益保护与责任分配不均衡的问题，交易只是通过点击智能手机的屏幕瞬间完成，乘客不能对安全状况进行评估，较难防范意外事件发生；再加上市场准入与退出机制不健全，且门槛较低，大量在传统出租车市场不可能承担责任的非专业人士加入，他们不懂法或法律意识淡薄或相关法律责任不清，难以承担意外事故产生的责任。这就需要网约车平台公司通过自律进行规范，建立完善内部管理制度并对服务质量进行有效控制。

（三）公平有序的竞争是保障行业可持续发展的基础

竞争是保持一个行业的活力和可持续发展的基础，目前，网约车市场的情况不容乐观，业已形成固化的市场格局。广东省交通运输厅副厅长王富民此前的一番表态引人深思：“滴滴公司目前对网约车市场是垄断的，要打破垄断市场，鼓励推动其他的网约车平台在当地落地，形成和滴滴竞争的局面。”

1. 网约车公司之间公平有序竞争

正因为有激烈的竞争，市场上的企业才不断地改进、升级、变革，从而提供更有竞争力的产品和服务。在网约车领域，也应该鼓励公平、有序的竞争，让网约车公司不断升级平台，提升服务质量，形成拼质量、拼服务的良性竞争格局，让企业在发展的同时带动城市交通建设的发展。

网约车市场该何去何从，我们认为竞争要比监管有用。能让一个企业自我蜕变，自我升级的唯有竞争。对于网约车，不能因为有恶性事件的发生，而将其管制得毫无空间。特别是对于顺风车，更不能只是一撤了之。相反，应该对垄断和不正当竞争展开调查，鼓励美团、携程、高德等公司加入网约车和顺风车市场，提升竞争能力，和滴滴形成充分竞争。目前，很多企业和资本对进入这个市场的还是很有积极性的，监管部门和平台应把注意力放在安全服务等关键性问题上，当安全不再是问题的时候，就应该允许新的平台进入，让网约车市场形成充分竞争。

2. 网约车与出租车协同发展良性竞争

网约车的发展要与传统出租车的发展协同推进，形成良性竞争的局面。网约车是运输服务新业态，其本质上还是出租车，但又明显区别于传统出租车。网约车基于互联网、大数据发展起来，现阶段有着无可比拟的竞争优势。但是传统出租车作为传统服务业态，有着让人更为安心的公信力，不是网约车可以替代的。所以网约车和出租车各有特点，各有优势，可以互相竞争，也可以错位补充，二者共同构成了出租车市场，让居民出行的多样性需求得以满足。所以政府不可以厚此薄彼，对任何一方限制或是打压，而应该推动新业态发展的同时谋求旧利益的稳定，让二者明确自身定位，将优势最大化，实现良性竞争，让市场决定二者份额。

目前，出租车在滴滴平台上是免费接入的，滴滴公司尚未从出租车订单上收取提成，而且在平台界面上，出租车排序在所有类型车辆之前。很多出租车司机实际上也是高度依赖叫车软件，笔者随机采访过几位通过滴滴出行载客的出租车司机，他们认为滴滴叫车软件让其感到自由和踏实，明确始发地和目的地可以自主安排上下班时间和行程，可以有选择性地接单，部分司机已经不接巡游乘客，不停靠出租车站点拉客。所以出租车也变成了实质上的网约车，滴滴出行的垄断不仅是在网约车管理办法中所定义的网约车领域，而是早已渗透至出租车领域。出租车公司亦可开发自己的打车软件，增加竞争力。

（四）履行社会责任是提升企业核心竞争力的重要组成部分

履行社会责任是企业核心竞争力的重要组成部分，企业只有满足社会发展的新要求才能提升增加客户忠诚度、扩大社会认可度，增强成员凝聚力，从而提高经营，获取更大的利润。使企业的成功与社会的进步互相促进，良性循环。

1. 树立正确的企业社会责任观

理念体现着企业的目的追求和价值取向。追逐利润、获取利益是由企业的本性决定的，但利益的获取必须符合社会的法制伦理。企业履行基本的社会责任，不仅不影响绩效，反而能促进资本的积累和增加。企业履行社会责任能让企业获得良好的社会形象，获得政府更多的支持，获得员工更高的忠诚度等，尽管需要支出一定的成本，但是从长期来看，所获得的收益足以弥补损失。社会和公众才是企业利润的源泉，当产品和服务提现人类的价值，关心职工的需要，关注社会福利，才会成为优秀的企业。企业应该树立正确的社会责任观，具备高度的社会责任意识，承担必要的社会责任，实现可持续的健康发展。

2. 构建企业社会责任体系

构建企业社会责任体系，企业必须从长远发展的角度，在经营决策时，考虑各方利益。具体包括以下方面：一是对股东的社会责任，企业以盈利为目的，股东对企业进行投资，企业应该对投资负责，实现资产的保值和增值，让股东获得回报。二是对消费者的社会责任，企业通过给消费者提供产品和服务实现盈利目的，提供的产品和服务最重要的是确保消费者人身财产安全，在此基础上不断地改进产品品质或提升服务质量，通过产品和服务的升级，推动社会的进步。三是对员工的社会责任，企业除了为员工提供安全的工作环境，还要对员工展开教育培训，增加报酬福利等，构建企业文化，让员工也有社会责任意识。四是对政府的社会责任，遵守法律法规，接受政策引导，照章纳税，保护环境，对公益事业有所贡献等等。

3. 重视对企业社会效益的评价

企业在资本的加持下发展壮大，考虑最多的往往就是资本方的意见，投资人的意见决定着企业的生死存亡，市场经济具有强化竞争，弱化精神价值的天性，企业天然地参与市场竞争，不自觉地弱化精神价值。企业应该克服这种消极作用。社会对企业社会效益展开评价，既要对经济效益进行评价，又要对社会道德进行评价。对企业社会效益的评价有助于提升企业的品质，规范行为，树立良好的社会形象，从而有效避免各种不道德的现象。企业要重视对其社会效益的评价，从而赢得消费者，在市场竞争中胜出。

（五）提高科学管理的水平是企业做大做强的基础保障

网约车平台公司要提高科学管理的水平，将整改落实到行动上，将心思用在落实承运人安全生产主体责任、依法合规经营、保障乘客安全和合法权益上，对运输服务安全隐患“零容忍”，严守法律法规和乘客安全底线。

1. 提高服务质量，完善管理系统

网约车行业根本上是一个服务行业，网约车提供车辆服务，提供专业的驾驶服务，驾驶员要将乘客安全及时送达目的地，正是这些属性，决定了乘客体验是行业竞争的核心，乘客体验包含乘车体验和叫车体验。乘车体验包括车辆品质、车内环境、驾驶水平、路线选择、沟通服务等内容。叫车体验包括手机端的平台设置、等车时间、上车地点等内容。如何将体验做到极致是从业者必须考虑的问题。网约车平台根据客户的需要开发个性化、定制化的产品，实现差异化发展。网约车平台要不断完善司机管理系统和用户评价系统，并让司机及所有员工规范操作。

设立科学合理的纠纷解决机制。乐清案件中，家属和朋友认为滴滴没有第一时间将车主信息提供给家属，存在过失，延误了最佳的救援时间。滴滴公司回复，由于平台每天会接到大量他人询问乘客或车主的个人信息的客服电话，无法短时间内核实来电人身份的真实性，也无法确认用户本人是否愿意平台将相关信息给到他人。所以无法将乘客和车主任何一方的个人信息给到警方之外的人。滴滴在接到赵女士亲属电话反馈后建议尽快报警，并在接到警方依法调证的需求后及时提交了相关信息。对于滴滴平台是否应该为乘客或家属提供司机信息，我们认为司机的信息也属于个人隐私，平台应当予以保护。但网约车平台应建立应急管理制度以应对突发事件，对于纠纷应该区分种类，根据危险程度分类处理，只要涉及人身安全，不论是否属实，平台都需要认定被举报者已经形成对乘客人身安全的潜在危害，应立即暂停其运营并第一时间与警方联动，将相关信息通知警方，以免贻误最佳救援时间。

2. 改革问题丛生的客户服务机制

首先，给客服数据查看权限。平台在接到举报线索、求助信息和报警之后，应该有权限进行后台数据比对，为了确保安全需要，除了系统本身的大数据分析，更需要让客服获得足够信息比对订单路线、乘车时间、车辆和乘客的实际位置等，以判断乘客或司机是否存在人身安全危险。

其次，给客服紧急处理权限。对于各类投诉，客服应该具有相应的处理权限，除了发放乘车券，更应该有核实订单，封锁账户，暂定运营，联系警方等权限，而不是让客服成为只会接电话和回答固定用语的机器人。如果滴滴客服无法回应大量投诉，就应该减少服务数量，减慢扩张的步伐，在确保安全的基础上提高效率。

最后，要对客服展开教育培训。所有的制度和措施最终都要落实到公司的每一名员工身上，特别是一线的客服人员，一名合格的客服人员需要公司花费时间、经费、人力资本去培养。只有下足功夫展开教育培训，才能培养客服人员的安全意识和判断能力，才能让客服人员碰到复杂危险的状况时采取正确的处理措施。

3. 修补隐藏潜在的安全系统漏洞

惨案的发生使滴滴平台安全系统漏洞在公众面前暴露无遗，这让人们意识到，滴滴的安全机制原来这么不堪一击。诚然，犯罪手段是层出不穷的，只要有人别有用心，再完备的安全机制也会有漏洞可钻。尽管如此，我们还是应该发现隐藏的、潜在的漏洞并尽力修补。比如说，如何让人脸识别机制切实发挥作用，是提高识别技术或是增加识别次数？平台对乘客是否尽到提示义务，在乘客每次上车前，是否提示乘客检查车牌？如何设置提示系统，是否可以参考淘宝评价系统，设计出科学的双方互评诚信系统，让消费者评价形成对司机的制约？

网约车平台作为有高技术支撑的服务方式，应该充分发挥大数据优势，与政府合作，积极为政府监管提供信息和数据支持，有力推动网络信息服务监管，使政府的监管做到有的放矢，从而增加安全保障。

4. 充分扬长避短提供顺风车服务

网约车平台应该充分利用网约车的共享经济的发展理念，实现对现有资源的高效利用。网约车平台应充分意识到平台中最有价值的服务是顺风车出行。顺风车和兼职司机在高峰时期提供的服务活动才真正体现出“共享经济”和“绿色出行”。顺风车服务是网约车平台承担社会责任的体现，缓解高峰时段的道路拥堵问题，真正便利了公众出行，将网约车价值最大化，契合了时代发展的脚步。不得不说，无限期下线该服务是发展的倒退。网约车平台如何克服顺风车模式的固有缺陷，增加安全保障，扬长避短提供顺风车服务是网约车平台的重要课题。政府相关部门应当在保障安全的基础上鼓励拼车出行，鼓励更多的平台开发拼车软件。

安全问题是各国共有的问题，对安全的讨论也将长期进行。我国应该充分借鉴世界各国的经验，结合自己的特点，取长补短，让网约车市场健康发展。

2018 年 12 月 18 日，滴滴出行发布整改公告称，称其将从 7 个方面 27 项推出整改措施，主要包括加强顺风车安全管理、落实安全生产主体责任、全面依法合规、提高应急处置能力、落实社会稳定和综合治理主体责任、加强公共安全问题治理、提升互联网信息安全管理水平等。承诺一定会竭尽全力，守护平台上的乘客和司机。成效如何，我们将拭目以待。

上市公司协议收购的“红与黑”

——从“龙薇传媒空壳收购案”说起

张　奇*

一个法律制度若要恰当地完成职能，就不仅要力求实现正义，而且还须致力于创造秩序。①

——［美］博登海默

收购是并购的一种形式，它是指企业通过一定程序以现金或股票等手段购买目标企业部分或全部股权以取得对目标企业的一定程度控制的投资行为。从目的来看，它不同于一般的战略投资或财务投资等，以实现对目标公司的一定程度上的控制为目标。从行为来看，它既具有经济学意义，涉及产权交易；同时也具有法学意义，涉及所有权的转让与控制权的变更。随着市场经济的发展与繁荣，企业之间的并购大量出现，积极的并购行为在一定程度上不仅可以促使企业管理层更加勤勉尽职，也可以合理配置市场资源、优化整合生产要素、调整升级产业结构，从

* 张奇，中国社会科学院研究生院法学博士，中共广东省纪律检查委员会干部。

① 参见［美］博登海默：《法理学：法律哲学与法律方法》，邓正来译，中国政法大学出版社1999年版，第318页。

而实现 1 +1 >2 的效果。

上市公司收购，是收购的诸多外在表现之一，就是指收购的目标为上市公司的投资并购行为。在上市公司收购中，由于目标公司的具有公开性的特性，收购计划与相关信息容易引发证券二级市场的交易价格波动，可能滋生内幕交易、操纵证券市场或其他非法获利行为，也容易造成普通投资者的损失，不予以规制甚至会影响证券市场的稳定与健康发展。因而，各国证券法上都对上市公司收购进行各类规制，主要方式是强制性的信息披露制度。我国证券监管实践中还包括对收购内容与方式进行实质审核的手段。不同于国外主流的要约收购，在我国证券市场中，协议收购占据重要地位。造成这一现象的原因是综合的，既有历史的原因，也有现实的原因，但由于上市公司协议收购的非公开性，协议收购更容易成为各类证券违法行为的滋生地，上市公司股东以这种方式实现套现的案例以及利用协议收购进行内幕交易等案例都不胜枚举。因此，上市公司协议收购兼具“红与黑”，争议不断。2018 年 4 月，随着证监会对龙薇传媒、万家文化以及相关责任人的行政处罚的最终做出，被媒体广泛关注的“龙薇传媒空壳收购案”这出大戏最终落幕。在这起有关上市公司协议收购的案件中，有诸多值得思考的内容，既包括对协议收购本体的思考，也包括对协议收购具体的收购主体、收购行为的思考，更包括证券监管部门对协议收购进行充分有效规制的思考，同时还包括案后各类责任承担问题，而这些都关切到证券市场的稳定健康发展。

一、案情简介

2016 年 12 月 27 日，原浙江万好万家文化股份有限公司（以下简称

“万家文化”)[①]，公告控股权转让事项：持有万家文化30.525%股份的第一大股东万好万家集团有限公司（以下简称“万家集团”）与西藏龙薇文化传媒有限公司（以下简称“龙薇传媒”）于2016年12月23日签署了股份转让协议，万家集团拟将持有占万家文化29.135%的1.85亿流通股，作价30.599亿元转让至龙薇传媒。交易完成后，龙薇传媒将成为万家文化的第一大股东。[②] 龙薇传媒是一家成立于2016年11月2日，注册资本仅为200万元的公司。实际而言，它仅仅是一个用于并购重组的空壳公司，因为其不仅注册资本尚未实缴到位，也未开展实际经营活动，并无实际资产与营业收入。但其发起股东却声名赫赫，其主要股东为影视明星赵薇，占股95%。近些年，赵薇因其对于唐德影视、阿里影业的成功投资等，在坊间有“女版巴菲特”之称，也实际控制着以及关联着多家影视文化类公司。公告同时披露，龙薇传媒在成为万家文化控股股东之后，有意注入优质影视文化类资产以及剥离原有部分业务实现公司转型。因而，自此公告一发布，就引发了市场的热议，也催生了二级市场的无限遐想。

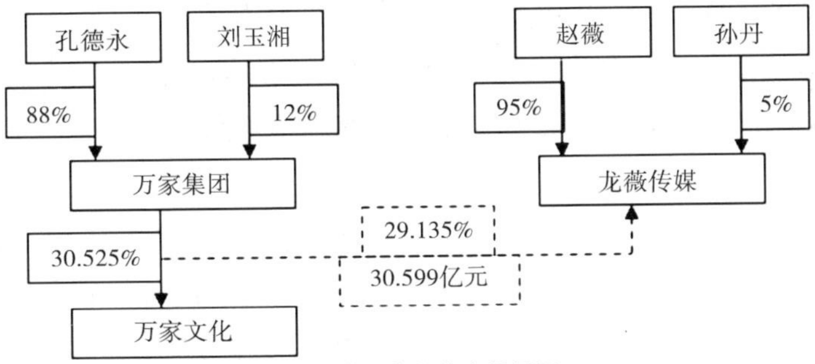

关于收购万家文化交易图示

① 万家文化，A股证券代码600576，其原第一大股东为万家集团，而孔德永持有万家集团88%的股份，是万家文化的实际控制人。2017年8月2日，孔德永、刘玉湘二人与祥源控股集团有限责任公司签署《股份转让协议》，将持有的万家集团全部股份转让至祥源控股，祥源控股成为万家文化的控股股东，因而万家文化实际控制人变更，孔、刘二人顺利“脱身”。万家文化也已于2017年9月26日更名为祥源文化。

② 参见2016年12月27日《万家文化股份有限公司关于第一大股东签署〈股份转让协议〉暨控制权变更的提示性公告》，公告编号：临2016-084。

2016 年 12 月 29 日，万家文化收到上海证券交易所《关于对浙江万好万家文化股份有限公司权益变动信息披露相关事项的问询函》（上证公函〔2016〕2483 号）。问询函要求龙薇传媒就通过股份转让协议以 30.6 亿元对价取得公司 1.85 亿股份、成为公司控股股东事项作进一步说明和披露，包括交易谈判过程、是否与已终止的重大资产重组计划相关联、龙薇传媒用以收购上市公司的具体资金来源以及龙薇传媒实际控制人赵薇的个人财务状况、注入优质资产是否属于承诺，等等。[①] 2017 年 1 月 11 日，龙薇传媒向上海证券交易所提交了回复，提出此次交易意向在前次已终止的重大资产重组计划之后，并无直接关联。赵薇已实际控制多家公司，无为此次交易单独设立公司的必要。本次收购所需资金 30.599 亿元，全部为自筹资金，其中股东自有资金借款 6000 万元、第三方自有资金借款 15 亿元、拟向金融机构股票质押融资 14.999 亿元。一方面赵薇已于 2016 年 12 月 26 日与西藏银必信资产管理有限公司（以下简称“银必信”）签订《借款协议》，银必信提供 15 亿元的借款额度，由赵薇个人信用做担保，借款年利率为 10%；另一方面，赵薇方拟将收购的上市公司股票进行质押以获取 14.999 亿元的融资，年化利率 6% 左右，已在审批过程中。赵薇及其丈夫黄有龙截至 2016 年 12 月 31 日，共有不动产、动产、有价证券等各类资产约 56.63 亿元，2016 年投资收回的现金流约 12.56 亿港元，因而偿款能力有保障。龙薇传媒对于注入优质资产的意向不构成承诺。[②]

此前由于万家文化拟决定终止之前的重大资产重组计划，已于 2016 年 11 月 28 日开始连续停牌，直至 2017 年 1 月 12 日。停牌前的最后交易日为 2016 年 11 月 25 日，收盘价为 18.38 元。复牌首日 2017 年 1 月 12 日，万家文化直接封在涨停板，收报 20.22 元。此后连续上涨，2017 年 1 月 13 日继续涨停，2017 年 1 月 16 日上涨 3.82%，2017 年 1 月 17 日最高涨至 25 元，至收盘时收报 23.94 元，上涨 3.68%。也就是说，短短四个

---

① 参见 2016 年 12 月 30 日《万家文化：关于收到上海证券交易所〈关于对浙江万好万家文化股份有限公司权益变动信息披露相关事项的问询函〉的公告》，公告编号：临 2016－085。

② 参见 2017 年 1 月 12 日《万家文化关于对上海证券交易所〈关于对浙江万好万家文化股份有限公司权益变动信息披露相关事项的问询函〉回复的公告》，公告编号：临 2017－003。

交易日，万家文化股价从18.38元最高上涨至25元，涨幅超过36%。此后，随着市场的逐渐理性以及市场对于龙薇传媒空壳收购的质疑，万家文化从2017年1月18日至2017年2月7日，在10个交易日内，股价从高峰回落至20.13元，以峰值25元计算，在10个交易日内，股价回落接近20%。但这一次股价的波动并不是结束，恰恰相反，才只是个开始。万家文化称公司涉及重大事项，从2017年2月8日开始停牌。

2017年2月14日，万家文化发布公告称：由于此前的融资计划存在不确定性，万家集团与龙薇传媒已于2017年2月13日就股份转让的交易数量达成新协议，从原先的1.85亿股调整为0.32亿股，转让股份从29.135%降低至5.0396%，总价款也从30.599亿元降至5.2928亿元。[①] 交易标的额的异常减少不仅引发股民强烈质疑，也引起证券监管部门的注意。2017年2月13日，上海证券交易所向万家文化发出《关于浙江万好万家文化股份有限公司控股股东股权转让相关事项的问询函》（上证公函〔2017〕0164号）。问询函要求万家文化及交易各方披露交易未完成原因，前次万家文化已披露股票质押融资计划已在金融机构的审批中，但此次相关金融机构转变态度导致无法按计划完成融资的具体原因。[②] 2017年2月16日，万家文化对问询函进行了回复，称龙薇传媒就本项目融资事宜与某银行于2016年12月29日达成初步融资方案。但因项目融资金额较大，故需上报该银行总行进行审批。2017年1月20日，龙薇传媒接到银行电话通知，项目融资方案最终未获批准。此后，龙薇传媒立即与其他银行进行多次沟通，希望就本项目开展融资合作，但陆续收到其他银行口头反馈，均明确答复无法完成审批。因此，龙薇传媒判断无法按期完成融资计划。[③] 2017年2月16日，万家文化复牌，当日即大跌8.49%，收报18.42元。2017年2月27日，万家文化接到中国证券监督管理委员会（以下简称“中国证监会”）《调查通

---

① 参见2017年2月14日《万家文化关于股东股份转让交易数量发生变动的公告》，公告编号：临2017－011。

② 参见2017年2月14日《万家文化关于收到上海证券交易所〈关于浙江万好万家文化股份有限公司控股股东股权转让相关事项的问询函〉的公告》，公告编号：临2017－012。

③ 参见2017年2月15日《万家文化关于对上海证券交易所〈关于浙江万好万家文化股份有限公司控股股东股权转让相关事项的问询函〉回复的公告》，公告编号：临2017－015。

知书》（编号：浙证调查字 2017044 号），称万家文化涉及证券违法。[①] 次日，万家文化股价跌停。从 2017 年 2 月 16 日至 2 月 28 日，万家文化在 8 个交易日股价跌至 15.18 元。此时距离万家文化最高时股价 25 元已有近 40%的降幅。此后，万家文化股价继续走低。

但就是这一补充协议也并未得到履行。在万家文化被调查之后，2017 年 3 月 28 日万家文化公告称这一交易并未按计划进行过户登记。2017 年 4 月 1 日，万家文化发布公告称：公司接到第一大股东万家集团通知，万家集团与龙薇传媒已于 2017 年 3 月 31 日签署了《关于股份转让协议和补充协议之解除协议》，双方互不追究法律责任，万家文化主动放弃高达 1.5 亿元违约金的追责。[②] 这一解除协议也使得二级市场一片哗然。并在对监管部门的回复中提及“由于标的公司正被立案调查，结果无法预知，交易存在无法预测的法律风险，龙薇传媒认为交易的客观情况已经发生变化，就补充协议是否继续履行需要与万家集团协商处理，因此未能按照协议约定办理相关股份过户手续”。[③] 此后的首个交易日，万家文化股价跌 2.39%，收报 13.47 元，距离高峰 25 元已跌去逾 46%，距首次 2016 年 11 月 28 日停牌时价格 18.38 元已跌去 26.71%。

2017 年 10 月 13 日原万家文化实际控制人孔德永因涉嫌违反证券法律法规，收到证监会《调查通知书》（编号：沪证专调查字 2017836 号），被立案调查。同日，万家文化（于 2017 年 9 月 26 日更名为祥源文化）也收到《调查通知书》（编号：沪证专调查字 2017835 号）立案调查通知。2017 年 11 月 8 日，上市公司收到证监会的《行政处罚及市场禁入事先告知书》（处罚字〔2017〕123 号），监管部门认定，龙薇传媒通过万家文化在 2017 年 1 月 12 日、2017 年 2 月 16 日公告中披露的信息存在虚假记载、误导性陈述及重大遗漏，具体而言：一是龙薇传媒在自身境内资金准备不足，相关金融机构融资

① 参见 2017 年 2 月 28 日《万家文化关于收到中国证券监督管理委员会调查通知书的公告》，公告编号：临 2017－020。

② 参见 2017 年 4 月 1 日《万家文化关于控股股东签署〈解除协议〉的公告》，公告编号：临 2017－031。

③ 参见 2017 年 4 月 1 日《万家文化对上海证券交易所〈关于浙江万好万家文化股份有限公司控股股东部分股权转让进展事项的问询函〉回复的公告》，公告编号：临 2017－030。

尚待审批，存在极大不确定性的情况下，以空壳公司收购上市公司，且贸然予以公告，对市场和投资者产生严重误导。二是具体筹集资金计划与披露的不相符合，根据龙薇传媒与银必信的协商，银必信提供的是有金融机构资金配套的信用借款额度，龙薇传媒将优先使用利率更低的金融机构资金，而根据龙薇传媒与中信银行的协商，拟申请的是额度为30亿元的股票质押融资计划，万家文化提供阶段性连带保证责任；同时龙薇传媒未在公告中明确金融机构融资款项存在的巨大不确定性。三是龙薇传媒未及时披露与金融机构未达成融资合作的情况，2017年1月20日，万家文化与龙薇传媒接到金融机构通知，股权质押融资计划被否决，并且未与任何其他机构达成新的协议，但并未进行披露。四是对无法按期完成融资计划原因的披露存在重大遗漏，由于披露的信息与实际筹资不一致，银必信也并未按期准备好资金，导致无法继续支付股权转让款。五是龙薇传媒关于积极促使本次控股权转让交易顺利完成的信息披露存在虚假记载、误导性陈述，在融资计划被否决之后，龙薇传媒并未与其他金融机构进行洽谈，仅由万家文化继续寻找，无法解读出龙薇传媒的积极推进意图。龙薇传媒于成立后一个多月即拟收购境内市值达100亿元的上市公司（控股权转让谈判时）29.135%的股份，收购方案中自有资金6000万元，其余均为借入资金，杠杆比例高达51倍。在本次控股权转让过程中，龙薇传媒未进行资金的充分筹备，在境内可支付资金有限的情况下，运用高杠杆收购境内上市公司，在股权转让协议签署后才着手寻求金融机构融资。2016年12月23日至2017年4月1日，短时间内，控股权转让事项不断变更，由控股权转让变更为5%股权转让，后又完全终止股权转让，且双方不追究任何责任，造成万家文化股价大幅波动，造成恶劣影响。因此次"龙薇传媒空壳收购案"中，龙薇传媒方实际操作者为黄有龙，因而与赵薇一起被证监会拟各处罚款30万元与5年证券市场禁入，原万家文化实际控制人孔德永也被拟处罚款30万元与5年证券市场禁入，龙薇传媒与万家文化也同样拟被给予警告以及60万元罚款处罚。[①]

① 参见2017年11月10日《关于公司及相关当事人收到中国证券监督管理委员会行政处罚及市场禁入事先告知书的公告》，编号：临2017－100。

经过陈述、申辩与听证，证监会最终于 2018 年 4 月 11 日发布最终《行政处罚决定书》（〔2018〕32 号），驳回了龙薇传媒、万家文化以及相应责任人的辩解，正式做出了前述的处罚决定。上市公司于 2018 年 4 月 17 日对此进行公告。自此，此案正是告一段落，但引发的司法责任问题才刚刚开始，由此案而引发的对我国证券市场协议收购乃至整个收购监管制度的反思也才刚刚拉开序幕。

“龙薇传媒空壳收购案”大事记及其影响

时间	事件	影响
2016 年 12 月 27 日	公告万家集团拟将持有占万家文化 29.135% 的股份转让至龙薇传媒	公告发布后连续两个交易日涨停，在四个交易日内，股价从 18.38 元最高上涨至 25 元，涨幅超过 36%
2017 年 1 月 12 日	公告龙薇传媒回复证券监管部门的问询函，披露筹资计划	后被证券监管部门认定存在虚假记载、误导性陈述及重大遗漏
2017 年 2 月 14 日	公告万家集团与龙薇传媒达成新协议，转让 5.0396% 的股份	公告发布后首个交易日跌 8.49%，收报 18.42 元
2017 年 2 月 16 日	公告龙薇传媒回复证券监管部门的问询函，披露筹资计划失败原因及其后续	后被证券监管部门认定存在虚假记载、误导性陈述及重大遗漏
2017 年 2 月 27 日	公告万家文化接到证券监管部门的立案调查通知	公告发布后首个交易日跌停，收报 15.18 元
2017 年 4 月 1 日	公告万家集团与龙薇传媒已签署了《关于股份转让协议和补充协议之解除协议》	公告发布后首个交易日，万家文化股价跌 2.39%，收报 13.47 元，距峰值 25 元有 46.12% 的跌幅
2017 年 11 月 8 日	公告收到证监会的《行政处罚及市场禁入事先告知书》（处罚字〔2017〕123 号）	认定龙薇传媒信息披露存在问题，拟对相关公司与责任人处以罚款与证券市场禁入。公告发布后首个交易日，万家文化股价跌 1.06%，收报 9.37 元
2018 年 4 月 17 日	公告收到证监会的《行政处罚决定书》（〔2018〕32 号）	对相关公司及责任人的处罚生效。公告发布后首个交易日，万家文化股价跌 2.38%，收报 6.15 元

二、协议收购之法律认识

上市公司收购既具有一般收购的共性，也因为目标公司的公共性而具有一定的特性。同样，协议收购作为上市公司收购的一种形式，也因协议的秘密性与合意性与要约收购等有所区别。正确区分与认识协议收购是对其进行深入讨论的基础。

（一）协议收购之本体

从上市公司收购的形式来看，主要是要约收购、协议收购、集中竞价购买股份等几种。要约收购，也称公开收购，是指上市公司收购人以公开方式向被收购公司的所有股东发出购买其所持股票的要约，在受要约股东承诺后进行股份转让，以实现收购目的的上市公司收购方式。[①]相对而言，协议收购，也称非公开收购，就是收购人与相对人，一般是公司控制人通过私下订立合同的方式确定股份转让数量、价格、付款方式等内容以购买目标公司股份来取得对上市公司控制权。[②] 集中竞价购买，就是指在证券交易所内通过证券交易活动，以集中竞价方式购买目标公司股票，使其达到行使控制权所需的股份数量。[③] 长期以来，协议收购是我国证券市场主流的收购方式。究其原因，一是中国的上市公司有其鲜明的特色，即在20世纪90年代初期，国家开始发展证券市场，但由于当时政府并不希望其对国有企业的控制权因企业上市而丧失，因而区分了流通股和非流通股。非流通股包括国家股、国有法人股、内资及外资法人股和自然人股，其中非流通股中最大部分为国家股与国有法人股。数据统计，2000年初，政府通过金字塔式持股方式控制了绝大多数A股上市公司，而在股权分置改革开始之前，我国上市公司的国有股和国有法

---

① 参见陈甦：《证券法专题研究》，高等教育出版社2006年版，第145页。

② 参见朱锦清：《证券法学》（第三版），北京大学出版社2011年版，第243页。

③ 参见程兴华：《我国上市公司协议收购与要约收购制度比较——基于公平与效率的视角》，《财经论丛》2005年第7期。

人股平均各约 30%，其他各类型投资者持股总和平均为 40%。[①] 2004 年，上海证券交易所、深圳证券交易所和中国证券登记结算有限责任公司联合发布《上市公司非流通股份转让业务办理规则》确认非流通股可以在证监会的批准下通过拍卖或协议转让方式进行流通。在这样的历史背景下，协议收购有着特殊的历史价值和时代任务。虽然我国已经进行股权分置改革多年，而截至 2015 年年底，A 股上市公司非流通股股份仍占公司总股本比例的 24.56%。[②] 二是协议收购因为是非公开的，收购方与股权出让方私下达成协议的，并且一般来说协议转让的价格是在每股净资产的基础上参与方商议而定的，其价格一般低于流通股的市场价格，因而，相比要约收购，协议收购具有时间短、对象少、成本低的优势。三是协议收购交易对象固定，有助于公司较为顺利实现交易目的，比如扩大产业链，形成协调效应等等。四是尽管协议收购是我国证券法明文所允许的收购方式，但相关监管规则并不完善。因而在我国并购市场，协议收购是一种主流方式。在龙薇传媒空壳收购案中，龙薇传媒通过与万家文化的第一大股东万家集团达成股份转让协议，拟受让万家集团对万家文化 29.135% 的 1.85 亿流通股，从而成为上市公司万家文化的第一大股东，实现对万家文化的控制。这就是协议收购的具体体现。而之所以受让 29.135% 的股份，是因为我国《上市公司收购管理办法》规定收购人拟通过协议方式收购一个上市公司股份超过 30% 的，超过 30% 以上的部分应当通过要约方式，除非获得证券监管部门的豁免。而一旦进行要约，其收购成本将会上升，不可控因素也更多。

对于协议收购本身，并不是没有争议。从交易意向上来看，因为协议收购以双方合意为基础，属于一种善意收购，有利于资源整合和经营状况的改善。从交易过程来看，由于协议收购具有不公开性，程序也相对简便，法律规制也较少，因而不论是时间成本还是经济成本都较低。比如龙薇传

① See Joseph P. H. , Fan, T. J. Wong, Tianyu Zhang, "Politically connected CEOs, corporate governance, and post-IPO performance of China's newly partially privatized firms", *Journal of Financial Economics*, Vol. 84, No. 2, 2007, pp. 330 - 357.

② 参见杨菁菁:《公司治理与公司决策》,中国社会科学出版社 2017 年版,第 7 页。

媒拟收购万家文化股份时，平均价格为每股16.54元，不仅没有溢价，反而低于当时万家文化股价18.83元。从交易结果来看，由于协议收购对于二级市场股票价格不直接产生影响，且收购方有一段时间锁定股票的期限，因而有利于股市的稳定。同时加上收购本身是一种偏利好的信息，所以一般而言，交易之后价格呈上涨趋势，二级市场的中小股东也可以此获利。但从反面来看，协议收购也有诸多不足：一是中小股东没有享受到溢价带来的利益；二是信息不对称，容易形成内幕交易；三是不能对大股东的行为进行有效制约与监督。因而也有观点认为由于协议收购对市场所带来的不公现象，应当禁止协议收购。[①] 而从实践来看，协议收购的确在信息公开、交易公正等方面有很大的局限性，证券监管部门很难对此进行全面有效的监管，不利于保护投资者的利益。因此，证券市场较为发达的国家，诸如英国、美国、澳大利亚等，其关于上市公司收购的法律规定中，一般都是对于信息披露较为严格的要约收购进行规制，只允许在特殊情况下才允许进行协议收购，诸多国家原则上禁止协议收购。与国外不同，在我国的证券市场中，长期以来协议收购都是主流的收购方式。究其原因，除了协议收购本身的优势之外，还有一个重要原因是中国的上市公司有其鲜明的特色，即存在大量的、不能流通的国家股和法人股，而且绝大部分上市公司中，国家股和法人股占绝对控股地位，正因为此，要想通过市场收购来达到控股某上市公司是非常困难的，而协议收购就成了最佳手段。我国证券法在颁布时就明确了协议收购的合法性地位也正是出于对我国证券市场特殊性的考虑。随着中国证券市场正在经历由“后股权分置改革”时代向“全流通”时代的历史性转变，加强对协议收购使用的限制与监管呼声越来越强烈。[②]

（二）协议收购之主体

理论上来说，自然人、法人、其他组织等都能成为收购的主体。《中

① 参见熊锦秋：《吁请禁止上市公司股份协议收购》，《上海证券报》2014年8月22日第A02版。

② 参见李有星、柯达：《上市公司协议收购信息披露制度的不足与完善》，《法律适用》2017年第17期。

华人民共和国证券法》（以下简称《证券法》）第 85 条规定：投资者可以采取要约收购、协议收购及其他合法方式收购上市公司。也就是将收购主体规定为投资者，并不作区分。我国证监会颁布实施的《上市公司收购管理办法》第 6 条也明确自然人作为收购上市公司的主体的，不能违反《公司法》中对董事、监事、高级管理人员的规定。但在现实中，自然人也一般是通过构建空壳公司或特殊目的实体来作为收购主体。空壳公司，英文为“Shell Company”，一般认为没有或仅有名义上的运营以及无资产，或者实质上的资产组成只有现金及现金等价物构成。特殊目的实体，英文为“Special Purpose Vehicle”（简称 SPV），是指没有独立的经营、业务等职能，仅为特定、专向目的而设立的法律实体，一般是公司。更为复杂的，也只是自然人通过若干层公司嵌套或者与其他法人相组合组建新的法人作为收购主体。收购方之所以通常设立空壳公司来作为收购主体通常有诸多方面的考虑，主要是有以下方面：一是隐藏实际控制人身份；二是规避监管，减少壁垒，诸如同业竞争问题等；三是方便融资；四是规避风险，防止收购给个人带来无限责任；五是享受政策红利，包括地方政府或行业扶持等支持；六是引入具有行业背景或资本优势的其他方等。从法律上看，空壳公司的设立本身并无不妥，以收购为目的而设立空壳公司更是常态，但更为重要的是空壳公司背后的实际控制人以及其资金来源。

在龙薇传媒空壳收购案中，龙薇传媒成立于 2016 年 11 月 2 日，注册资本仅为 200 万元，并且其不仅注册资本尚未实缴到位，也未开展实际经营活动，并无实际资产与营业收入，因而是典型的空壳公司。名义上收购人是龙薇传媒，但实际收购人可以看作是赵薇夫妇。尽管收购主体并不违法，但空壳收购的方式引起市场热议，被媒体普遍认为是“过家家”行为。证券监管部门在监管中也实施穿透，直接要求龙薇传媒提供主要股东的身份、财产信息等。龙薇传媒注册地在西藏，也是试图利用我国证券监管部门提出的对新疆、西藏等西部欠发达地区的证券扶贫政策来减少监管。意图不可谓不明显，但从结果看，也只是龙薇传媒的一厢情愿。尽管诸多媒体都认为该公司是为此次收购案而特别设立的公司，证券监管部门也对此进行问询，但龙薇传媒在对证券监管部门的回应中对此予以否认，因为在当时万家文化还在停牌推进资产重组计划，公告中也披露是在重组失败后万家集团才与龙薇传媒进行接触。为了防止陷入虚假陈述或者涉及内幕交易的风险，龙薇传媒与万家文化也只能矢口否认，但的确难洗瓜田李下之嫌。

（三）协议收购之行为

随着收购数量的不断增长，收购的手段也日趋丰富。一段时间以来，杠杆收购在世界范围内成为一种潮流。杠杆收购（Leveraged Buyout，简称 LBO），是指收购主体以要收购的目标公司的资产和未来现金流为抵押和担保来举债融资从而进行对目标公司的收购的一种并购模式。杠杆收购是收购公司的一种策略，其特点是，买方以目标公司的各种资产作抵押，大规模举债来购买该公司。近年来，随着我国资本市场的发展和完善，企业间的兼并收购活动日益增多，大型企业集团纷纷通过资本运作的手段实现企业的超常规发展。而杠杆收购作为一种新型的企业并购方式，正在越来越多地受到我国理论界和企业界的广泛关注。通常，杠杆收购先由并购方拿出约占收购资金的 10% 的自有资金，成立一家专门用于收购的壳公司，再向投资银行或其他金融机构短期融入一笔过渡性贷款（Bridge Loan）或是保证本票（Promissory Notes）来购买目标企业的一定数量的股票以获取控股权。一般来说即用 10% 的现金来撬动整个交易。最著名的杠杆收购案当属美国 KRR 公司收购 RJR 公司，其收购金额达 250 亿美元，而 KRR 公司只出资收购资金 6% 的 15 亿美元，并由两家投资银行牵头的银行财团提供 60% 左右的收购资金，其余的收购资金则来自“垃圾债券”。

但近些年，由于缺乏必要的规范与标准，加上我国证券市场并不成熟，杠杆乃至超高杠杆利用在我国证券市场都成为一件屡见不鲜的事情。杠杆收购在放大资金作用的同时，也为金融业带来较大的风险，有可能传导出系统性金融危机，美国 2008 年的次贷危机也可以看作是杠杆滥用的结果。在世纪之交，新疆德隆集团就最早在证券市场大规模使用杠杆收购，以“抵押—贷款—投资—再抵押—再投资”的循环融资模式成功收购新疆屯河、沈阳合金和湘火炬等多家上市公司，成为在证券市场叱咤风云的“德隆系”。但高杠杆带来高收益的同时，也蕴含高风险，用现金流偿还利息的方式将资金链拉长，一旦某一个环节出现问题，很有可能波及全部。所谓“千里之堤，溃于蚁穴”，曾经一度风光无限的德隆系也在一次信托产品挤兑风波中被压垮。同样，最近被提起公诉的安邦保险吴小晖案也是如此，在吴小晖的领导、决策、操作下，安邦保险凭借600多亿元的注册资金，通过大规模高杠杆的并购，控制资产达万亿元。被保险监管部门发现存在巨大风险，从而直接予以接管。

在龙薇传媒空壳收购案中，公告一经发布就引起市场热议和监管部门的注意。根据龙薇传媒与万家集团的股份转让协议，交易总金额超过30.599亿元，但龙薇传媒作为注册资本仅200万元且尚未实缴的壳公司，仅首先出资6000万元，还是来源于大股东赵薇的借款，也就是只出整个交易标的额的零头，然后拟用交易后的股票质押方式向金融机构和第三方借款30亿元，杠杆利用率达到51倍。而根据证监会的调查，实际上龙薇传媒拟向银行融资的数额为30亿元，而非对外公布的14.999亿元。根据银监会于2015年2月10日发布生效的《商业银行并购贷款风险管理指引》第21条规定，并购交易价款中并购贷款所占比例不应高于60%，而龙薇传媒意图通过贷款借入的资金比例超过98%，这也是该收购案股权质押融资方案被银行总部否决的主要原因。超高杠杆的利用，也就具有超高风险。近些年我国证券监管部门加强对杠杆利用的监管，比如实施穿透式监管，再如直接规定分级资产管理计划、信托劣后级受益人的杠杆倍数等，但对于一般收购的总体杠杆则缺乏必要限制，对于高杠杆监管规则不明。[①]

（四）协议收购之变更

龙薇传媒与万家集团先是达成关于股份转让暨实际控制人变更的合

① 参见臧欣：《高杠杆收购监管趋严》，《法人》2018年第1期。

同，拟交易近30%的股份。但之后，由于融资计划被否，又立即达成新的补充协议，将交易数量降至5%的股份。再后，又称因被立案调查，给交易带来不确定性，因而取消收购协议。短短3个月不到的时间，协议一再变更给证券市场带来极大的波动与不确定，但证券监管部门目前对于这种做法尚未有明确的监管措施。究其原因，主要还是证券法中对此缺乏规定。要丰富完善监管规则，首先依赖于在法理上正确认识协议收购的变更与撤销。

协议收购上市公司是建立在交易双方关于交易股份的数量、金额、支付方式等问题的合意基础上，收购协议在本质上是一份关于股权转让的合同。而作为合同，在达成原则上是不能擅自变更与解除，但当事人协商一致即可，对合同协商进行修改是当事人的一种权利。《中华人民共和国合同法》第8条规定：“依法成立的合同，对当事人具有法律约束力。当事人应当按照约定履行自己的义务，不得擅自变更或者解除合同。”第77条也规定：“当事人协商一致，可以变更合同。”第93条规定：“当事人协商一致，可以解除合同。”股东有权处置自己的股份，包括进行交易转让。另外，由于证券市场相比一般市场更具波动性、多变性与不确定性，因而，法律应当允许协议收购进行变更。但协议收购中的协议又不同于一般协议，不仅对交易双方产生影响，同时因其公开性，又对整个交易市场产生影响，如果肆意变更与撤销，将会加剧证券市场的不稳定以及极易造成证券市场操纵行为的泛滥。因而必须对变更的时间、内容、条件进行一定程度的限制，原则上禁止撤销收购协议。我国证券法中关于要约收购就有类似规范，我国《证券法》第91条一方面允许收购人变更收购要约的内容，另一方面又禁止收购人撤销收购要约。域外证券法上一般也对变更内容与时间进行规定，日本《金融商品交易法》第27条规定，公开收购者不得变更下列收购条件：降低购买价格、减少预定购买的股票数额、缩短公开购买期间、政令规定的其他收购条件的变更。如英国的《收购守则》（1968年）第35号规则就规定，一次要约失败后，要约人在12个月内不能再次进行类似的要约或相关的购买股份权益活动。[①] 因而，应当认为，在协议收购中，收购人原则上是不能撤销协议的，但如果因不可抗力或出现收购方死亡或者解散、破产以及其他特殊情形，应该允许撤销收购协议。有条件允许修改收购协议，但应限于情势变更、双方情况发生重大变化等情形，应当规定一定的间隔与频次限制。

三、协议收购之法律监管

上市公司收购涉及面较广，不仅是公司股权层面、实际控制人层面的变动，而且涉及广大的中小股东以及潜在投资者，因而监管部门不能不慎重对待。由于协议收购更具有隐秘性，其可能滋生的问题更多，法律监管理应更充分有效。

（一）信息披露

信息披露制度又称为信息公开制度，它始于 1845 年的英国公司法，旨在通过公司信息的完全公开，防止欺诈或架空公司的行为发生，防止公司经营不当或财务制度混乱，维护股东和投资者合法权益。这一制度设计后为美国 1933 年《证券法》和 1934 年《证券交易法》所采纳。继而影响到整个世界，至今各国证券法律制度无论采取何种监管模式，信息公开制度在证券法律制度中的重要地位没有改变，是法律监管中的重要措施。[②] 信息披露作为信息公开的重要途径，是证券监管的核心制度，是防止证券欺诈等各类行为的重要措施。

我国证券法也以信息披露为主要手段对收购上市公司的行为进行规制。尽管我国上市公司收购市场主流的方式是协议收购，但我国证券法的规制重点却不在于此，而在要约收购，协议收购只是参照要约收购的

① 参见郑彧:《上市公司收购法律制度的商法解读》,《环球法律评论》2014 年第 6 期。

② 参见关永红:《上市公司协议收购的弊端及立法治理对策》,《现代法学》2001 年第 6 期。

规范展开。在我国《证券法》全部规范中，仅有93条、94条、95条三个条款直接规制上市公司协议收购。在证监会颁布实施的《上市公司收购管理办法》中也是只有寥寥几款关于收购股份达到一定标准的要编制公开权益变动报告书的规定，以及协议收购股份超过30%的，超过部分应当转为要约收购，除非获得豁免。之所以会出现这样的问题，是因为现行证券收购立法未能充分顾及我国资本市场股权结构的特性以及协议收购作为主要方式的客观现实，而是沿袭英美法制，以要约收购为核心来建构上市公司收购的基本制度框架。[①] 根据我国证券法的相关规定，在披露的方式上，协议收购中，主要方式是公告和报告，向证监会报告、向公众予以公告。在披露时间上，协议收购中，在达成收购协议后，收购人必须在三日内将该收购协议向国务院证券监督管理机构及证券交易所作出书面报告，并予公告；同时在收购行为结束后应报告并公告。在披露内容上，协议收购中，我国证券法并未做出规定，但《上市公司收购管理办法》中规定投资者及其一致行动人拥有权益的股份达到或者超过该公司已发行股份的5%，但未达到20%的，应当编制简式权益变动报告书；拥有权益的股份达到或者超过20%但未超过30%的，应当编制详式权益变动报告书；超过30%的，要实施全面要约或申请豁免。而在协议收购的协议达成之前，收购协议的协商过程、收购协议的内容等，通常不需要公开；就是在公告中，内容也比较简单，收购的动机、以后的经营发展方向以及收购方本身的资产状况等都没有做要求。相比而言，要约收购需要披露的时间则更为提前、内容更为全面。根据《证券法》第89条、90条的规定，收购人应当制作收购报告书报送证券监管部门，并且应当在公告十五天之前，收购报告书则要详细载明：收购人的名称、住所；收购人关于收购的决定；被收购的上市公司名称；收购目的；收购股份的详细名称和预定收购的股份数额；收购期限、收购价格；收购所需资金额及资金保证；报送上市公司收购报告书时持有被收购公司股份数占该公司已发行的股份总数的比例等内容同时，还要求有财务顾问

① 参见陈洁:《上市公司协议收购信息披露的逻辑与规范》,《法学》2018年第3期。

对相关内容进行尽职调查与发表独立意见等。

在上市公司万家文化于 2016 年 12 月 26 日发布的《万家文化股份有限公司关于第一大股东签署〈股份转让协议〉暨控制权变更的提示性公告》（公告编号：临 2016－084）中，我们可以看到：第一，双方于 2016 年 12 月 23 日达成收购协议，达成之后向证监会报告，并予以公告，但此前的磋商过程、价格的形成等等内容都有公开；第二，公开的内容中仅有基本的关于股权转让数量、金额、支付方式的规定以及收购方基本的工商信息、主要控制人的基本身份，对于其资产状况、资金来源、收购意图等内容都是略而不提。这样的内容明显不足以让监管部门以及中小股东对于收购对上市公司所带来的影响做出理性判断，而这是影响股票价格的重要因素。

首先，对于披露时间，我国法律规定相对来说过于滞后。现代规制法的发展不仅要求对结果进行规制，也要加强在事前的规制，才更为有效。有观点认为披露时间应当进行提前，提前至收购意图产生后。其理由是收购意图产生后，就产生了对股票交易实际有影响的因素，可能开始涉及内幕交易与证券市场操纵，从公平交易的角度以及对上市公司更为有效监管的角度来看，应当予以信息披露。并且，我国《上市公司收购管理办法》第 14 条就规定，“通过协议转让方式，投资者及其一致行动人在一个上市公司中拥有权益的股份拟达到或者超过一个上市公司已发行股份的 5% 时，应当在该事实发生之日起 3 日内编制权益变动报告书，向中国证监会、证券交易所提交书面报告，通知该上市公司，并予公告”。这里的“拟达到”就是一种意图的体现。也有观点认为，应当提前至“合约原则性达成”（Agreement in Principle）之时。美国法院在判例中确认了这一原则，在公司与他人就要约收购、转移大量资产、改变公司股权结构等内容上达成原则性合约之时，应当进行信息披露。[①] 在收购意图产生后就予以公告既不科学也不公平，因为意图转化为实质行动

① See Jr. Robert Brown, Corporate Secrecy, the Federal Securities laws, and the Disclosure of Ongoing Negotiations, Catholic University Law Review (1986).

还受制于诸多因素，贸然予以披露实则是更容易引发市场波动或者价格操纵。同时，在协议尚未达成之时就予以披露，可能会导致交易中竞争方的出现，也有损于大股东权利。两种观点都有不同的考量，但一是商业经营有诸多秘密可言，法律上也允许其存在并且商业秘密可以作为信息披露的豁免，应当向证券监管部门报告但不适宜立即公开；二是考虑到我国股票市场的不成熟性以及监管能力的相对欠缺，过早进行信息披露容易加剧股市波动也容易导致证券市场操纵行为门槛降低，这不利于证券市场健康发展。因而有学者建议应当在收购意图产生后向证券监管部门予以报告，在协议原则性达成时予以公告，以提升管监效率与效果。①

其次，对于披露内容，我国法律规定相对来说过于简单。其中最为缺乏的是资金来源问题强制披露。协议收购可以就交易数量、价格、支付方式形成合意，本身对资金来源就没有强制安排，具备灵活性，但收购方资金来源问题又决定了协议能否最终得到实现，如果不予以披露则是对风险提示不够充分。在资金没有到位的情况贸然予以公告有操纵证券市场之嫌疑，高杠杆的收购既容易使交易本身产生高风险，让交易产生诸多不确定性，也在一定程度上危及证券市场的健康稳定发展。作为影响股票交易的重要因素，必须予以披露，一方面是便于监管部门的有效监管，对资金来源合法性判断；另一方面也便于中小股东和投资者对交易成功性以及公司未来经营进行理性判断。在万家文化的个案中，龙薇传媒是在与金融机构还未签订具体协议的情况，在资金来源无法保证的情况贸然予以公告，并且在公告中试图隐瞒这一具有重要影响的内容，使得投资者无法正确判断交易风险。同时，披露内容也缺乏收购目的与收购后计划的披露。收购目的与后续计划影响到中小股东对于上市公司未来发展的预期，是影响股价的一个重要因素。虽然在证券市场，“讲故事”“搞题材”是一件常事，但故意隐瞒或者随意捏造都应当承担相应责任。我国《上市公司收购管理办法》第 53 条规定：“上市公司控股股东

① 参见陈洁:《上市公司协议收购信息披露的逻辑与规范》,《法学》2018 年第 3 期。

向收购人协议转让其所持有的上市公司股份的，应当对收购人的主体资格、诚信情况及收购意图进行调查，并在其权益变动报告书中披露有关调查情况。”但在实际中，调查往往仅停留在表层工商登记信息层面，也无第三方发表意见。在万家文化股权交易中，公告披露万家集团为了公司的更好转型发展而引入具有行业、资金背景的影视明星以及多家影视文化公司投资者的赵薇，可以更好地实现公司的未来发展；并且赵薇也有意在成为实际控制人后对相关资源进行整合，这极大地刺激了证券市场。但在证监会的问询中，龙薇传媒则改口称资源整合并无具体计划，也不构成承诺。在整个收购过程中，我们可以看到龙薇传媒一直处在比较消极的状态，相反是万家文化的实际控制人孔德永积极联系金融机构等，处于积极卖出的地位，因此交易目的并不像公告中披露的那么简单。实际上我们也看到，在龙薇传媒空壳收购停止后，仅仅在半年之后，孔德永还是从万家文化离场，将万家文化的大股东万家集团卖给祥源控股集团。

在万家文化的收购案中，证监会的问询不可谓不尽责、不充分，第一时间关注到资金来源、收购目的等核心问题，但还是没能有效阻止万家文化股价的异动，因而，有效的披露时间、充分的披露内容是有效监管、维护证券市场稳定的更为积极的要素。

（二）实质审查

收购协议作为一种股份转让的合同，我国证券监督部门不仅会对其进行形式审查，而且可以进行实质审查。一般而言，对合同的形式审查包括格式、材料齐全程度等，而合同的实质审查则包括主体合不合法、交易方式符不符合要求等等。我国《证券法》第 94 条第 2 款、第 3 款规定：“以协议方式收购上市公司时，达成协议后，收购人必须在三日内将该收购协议向国务院证券监督管理机构及证券交易所作出书面报告，并予公告。在公告前不得履行收购协议。”第 95 条规定：“采取协议收购方式的，协议双方可以临时委托证券登记结算机构保管协议转让的股票，并将资金存放于指定的银行。”表面上看，收购协议达成并经报告、公告就可以实施，经证券登记结算机构进行转让过户登记即可。但实际上证券监管部门通过出台《上市公司收购管理办法》自我赋予证券监管部门对于收购协议进行实质审查的权力与职责。《上市公司收购管理办法》第6条就规定：“有下列情形之一的，不得收购上市公司：（一）收购人负有数额较大债务，到期未清偿，且处于持续；（二）收购人最近3年有重大违法行为或者涉嫌有重大违法行为；（三）收购人最近3年有严重的证券市场失信行为；（四）收购人为自然人的，存在《公司法》第一百四十六条 规定情形；（五）法律、行政法规规定以及中国证监会认定的不得收购上市公司的其他情形。”《上市公司收购管理办法》第4条也规定：“上市公司的收购及相关股份权益变动活动不得危害国家安全和社会公共利益。”对主体的判断还有一定标准，但对于国家利益、社会利益的判断则有泛化的可能。

在目前的审查实践中，我国证券监管部门一般会对收购进行穿透式监管，首先是穿透到真正的利益主体，其次是穿透到真正的资金来源。比如在龙薇传媒空壳收购万家文化案中，上市公告披露的信息中仅包括收购公司的基本工商信息以及大股东的行业背景和简略的资金来源。但证券监管部门首先发函问询龙薇传媒用以收购上市公司的具体资金来源以及龙薇传媒实际控制人赵薇的个人财务状况，让收购的资金来源、资金杠杆得到充分披露，这也才让这个空壳超高杠杆收购“大白于天下”。有观点认为，龙薇传媒的收购交易在证券市场较为普通，不足以让证券监管部门立即出手调查，根本原因还是监管政策对于影视明星高溢价进入证券市场的限制。[①] 也有观点更为激进，建议证券监管部门对这种在协议收购中资金完全依靠金融机构的融资以及采用超高杠杆进行收购的直接进行否决，认为这类行为直接干扰到证券市场的正常发展。这种观点还有待商榷，因为现代行政学还强调权有所出，强调合法行政与合理行政，首先要解决这种监管方式的法律授权问题。对于龙薇传媒最终终止与万家集团的关于万家文化的股权转让协议，龙薇传媒给出的理由是因

① 参见高洪浩、刘一鸣：《赵薇夫妇的资本版图》，《财经》2017年第7期。

对方被证监会立案调查，“结果无法预知，交易存在无法预知的法律风险，交易的客观情况发生变化”，而证监会浙江监管局则明确表示，万家文化被立案调查“并不构成本次股权转让的实质障碍”，但证监会在最后的行政处罚书中也说：“龙薇传媒的成立时间、是否开展经营活动、资金筹备情况、股份转让交易的杠杆率等客观事实，是全面客观反映整个案件违法行为性质及其严重性的重要组成部分，是考量本案信息披露违法情节及影响的重要因素。”也就是，证券监管部门不会直接否定收购协议，但会以此来作为综合评价整体事件的依据之一。在目前的监管实践中对于高杠杆等问题的监管标准的确还不够明确统一，监管行为及其直接结果缺乏必要的可预见性。

四、信息披露违法犯罪与虚假陈述的责任问题

经过调查以及申辩、听证等程序，证监会于 2018 年 4 月最终确认，龙薇传媒通过万家文化在公告中披露的资金来源、融资实施情况等信息存在虚假记载、误导性陈述及重大遗漏，并因此造成了万家文化股价的异常波动等严重后果，构成了信息披露违法行为，对相关公司和责任人员拟给予行政处罚并采取市场禁入措施。但这既不是虚假陈述的全部责任，也不是本案的最终全部责任，因为后续的民事赔偿诉讼才刚刚展开。

（一）行政责任

在行政法上，虚假称述被概括为信息披露违法。根据证监会颁布的《信息披露违法行为行政责任认定规则》（〔2011〕11 号），信息披露违法包括未按照规定披露信息、虚假记载、有误导性陈述、重大遗漏等形式。具体而言：信息披露义务人未按照法律、行政法规、规章和规范性文件，以及证券交易所业务规则规定的信息披露（包括报告，下同）期限、方式等要求及时、公平披露信息，应当认定构成未按照规定披露信息的信息披露违法行为。信息披露义务人在信息披露文件中对所披露内容进行不真实记载，包括发生业务不入账、虚构业务入账、不按照相关规定进

行会计核算和编制财务会计报告，以及其他在信息披露中记载的事实与真实情况不符的，应当认定构成所披露的信息有虚假记载的信息披露违法行为。信息披露义务人在信息披露文件中或者通过其他信息发布渠道、载体，作出不完整、不准确陈述，致使或者可能致使投资者对其投资行为发生错误判断的，应当认定构成所披露的信息有误导性陈述的信息披露违法行为。信息披露义务人在信息披露文件中未按照法律、行政法规、规章和规范性文件以及证券交易所业务规则关于重大事件或者重要事项信息披露要求披露信息，遗漏重大事项的，应当认定构成所披露的信息有重大遗漏的信息披露违法行为。

我国《证券法》第 193 条第 1 款规定：“发行人、上市公司或者其他信息披露义务人未按照规定披露信息，或者所披露的信息有虚假记载、误导性陈述或者重大遗漏的，责令改正，给予警告，并处以三十万元以上六十万元以下的罚款。对直接负责的主管人员和其他直接责任人员给予警告，并处以三万元以上三十万元以下的罚款。”第 193 条第 3 款规定：“发行人、上市公司或者其他信息披露义务人的控股股东、实际控制人指使从事前两款违法行为的，依照前两款的规定处罚。”因而，信息披露违法的行为主体可以包括自然人和法人，上市公司及其直接负责人员、实际控制人和其他信息披露义务人都能成为违法行为的主体。其行为就是指违反信息披露义务，未按照规定披露信息，或者所披露的信息有虚假记载、误导性陈述或者重大遗漏的。其行政法责任就公司可以被实施“警告，并处以三十万元以上六十万元以下的罚款”，对个人就是“警告，并处以三万元以上三十万元以下的罚款”。在龙薇传媒空壳收购案中，证监会在处罚书中详细论证了相关责任方的行为、结果以及行为与结果之间的关联，认为造成的行为恶劣、结果严重，严重扰乱正常交易秩序，被顶格处罚。同时，我国《证券法》第 233 条规定：“违反法律、行政法规或者国务院证券监督管理机构的有关规定，情节严重的，国务院证券监督管理机构可以对有关责任人员采取证券市场禁入的措施。”而我国《证券市场禁入规定》第 5 条则规定：“违反法律、行政法规或者中国证监会有关规定，情节严重的，可以对有关责任人员采取 3 至 5 年的证券市场禁入措施；行为恶劣、严重扰乱证券市场秩序、严重损害投资者利益或者在重大违法活动中起主要作用等情节较为严重的，可以对有关责任人员采取 5 至 10 年的证券市场禁入措施。”① 在龙薇传媒空壳收购中，相关责任人被处以 5 年的证券市场禁入，可以说已经是定性为本次信息披露违法行为较为恶劣。

（二）刑事责任

我国刑法针对上市公司的虚假陈述行为，规定了违规披露、不披露重要信息罪。《刑法》第 161 条规定：“依法负有信息披露义务的公司、企业向股东和社会公众提供虚假的或者隐瞒重要事实的财务会计报告，或者对依法应当披露的其他重要信息不按照规定披露，严重损害股东或者其他人利益，或者有其他严重情节的，对其直接负责的主管人员和其他直接责任人员，处三年以下有期徒刑或者拘役，并处或者单处二万元以上二十万元以下罚金。”而根据最高人民检察院、公安部 2010 年颁布的《关于公安机关管辖的刑事案件立案追诉标准的规定（二）》第 6 条的规定，依法负有信息披露义务的公司、企业向股东和社会公众提供虚假的或者隐瞒重要事实的财务会计报告，或者对依法应当披露的其他重要信息不按照规定披露，有下列情形之一的，予以立案追诉：造成股东、债权人或者其他人直接经济损失数额累计在五十万元以上的；虚增或者虚减资产达到当期披露的资产总额百分之三十以上的；虚增或者虚减利润达到当期披露的利润总额百分之三十以上的；未按照规定披露的重大诉讼、仲裁、担保、关联交易或者其他重大事项所涉及的数额或者连续十二个月的累计数额占净资产百分之五十以上的；致使公司发行的股票、公司债券或者国务院依法认定的其他证券被终止上市交易或者多次被暂停上市交易的；致使不符合发行条件的公司、企业骗取发行核准并且上

① 根据《证券市场禁入规定》第 5 条，如果要采取终身市场禁入，一般存在更恶劣的情形，比如违反法律、行政法规或者中国证监会有关规定构成犯罪；采取隐瞒、编造重要事实等特别恶劣手段，或者涉案数额特别巨大；存在故意出具虚假重要证据，隐瞒、毁损重要证据等阻碍、抗拒证券监督管理机构及其工作人员依法行使监督检查、调查职权行为等。

市交易的；在公司财务会计报告中将亏损披露为盈利，或者将盈利披露为亏损的；多次提供虚假的或者隐瞒重要事实的财务会计报告，或者多次对依法应当披露的其他重要信息不按照规定披露的；其他严重损害股东、债权人或者其他人利益，或者有其他严重情节的情形。

但就司法实践来看，该罪的行为方式一般是虚构财务数据并予以公告，或者隐瞒对上市公司经营有重大影响的事项，同时该罪的构成要件中还要求结果严重。该罪在《刑法修正案（六）》通过前称“虚构财务报告罪”，主要规范的是虚构财务报告的行为，对于修改之后的罪名中何为其他重要信息还不够明确。例如 2017 年的“华锐风电案”，华锐风电科技（集团）股份有限公司是 A 股上市公司，曾经一度是风力发电行业的领军者，但在 2011 年之后，由于政策趋严、经营不力、市场饱和等诸多原因，财务指标极具恶化，其原董事长协同财务总监一同对财务数据进行造假并予以公告，损害股东利益，最终被法院认定构成违规披露重要信息罪。[①] 再如早些年的“江苏琼花案”，江苏琼花高科技股份有限公司为 A 股上市公司，其时任董事长、实际控制人使用公司公章为明显不具有清偿能力的控股股东提供关联担保，担保金额甚至超过上市公司净资产，后通过减持股份等方式对债权人进行清偿才解除了上市公司的担保责任，对公司经营带来如此大不确定性因素的事件，上市公司并未予以公告，后被法院认定构成不披露重要信息罪。[②] 有观点认为《刑法》第 161 条规定的罪名存在失能问题。的确，在司法实践中，相对于信息披露违法的案件数量，其罪名适用确实非常之少。

（三）民事责任

在民事上，信息披露违法犯罪构成虚假陈述。根据《最高人民法院关于审理证券市场因虚假陈述引发的民事赔偿案件的若干规定》（法释〔2003〕2 号）（以下简称“《虚假陈述若干规定》”）第 17 条规定，证券

---

① 具体内容参见《北京市高级人民法院刑事判决书》（2017 京刑终 88 号）。

② 具体内容参见《刑事审判参考》2013 年 824 号案例。

市场虚假陈述，是指信息披露义务人违反证券法律规定，在证券发行或者交易过程中，对重大事件作出违背事实真相的虚假记载、误导性陈述，或者在披露信息时发生重大遗漏、不正当披露的行为。虚假陈述共包括虚假记载、误导性陈述、重大遗漏、不正当披露四种类型。虚假记载，是指信息披露义务人在披露信息时，将不存在的事实在信息披露文件中予以记载的行为。误导性陈述，是指虚假陈述行为人在信息披露文件中或者通过媒体，作出使投资人对其投资行为发生错误判断并产生重大影响的陈述。重大遗漏，是指信息披露义务人在信息披露文件中，未将应当记载的事项完全或者部分予以记载。不正当披露，是指信息披露义务人未在适当期限内或者未以法定方式公开披露应当披露的信息。在民事责任上，由于责任人具有法定的信息披露义务，违背该法定义务而构成虚假陈述对他人造成财产性损害的，是一种侵权行为，应当由行为人承担侵权责任。最高人民法院就颁布过《最高人民法院关于受理证券市场因虚假陈述引发的民事侵权纠纷案件有关问题的通知》（法明传〔2001〕43 号）。在侵权责任的认定中，最为重要的是侵权行为的构成、损害结果的发生、行为与结果之间因果关系的确定。

关于行为的构成，在司法实践中一般法院在证券监管部门对行为已经有定性的情况下不会再次进行要素审查与分析。《虚假陈述若干规定》中第 6 条规定："投资人以自己受到虚假陈述侵害为由，依据有关机关的行政处罚决定或者人民法院的刑事裁判文书，对虚假陈述行为人提起的民事赔偿诉讼，符合民事诉讼法第一百零八条规定的，人民法院应当受理。"也就是虚假陈述的民事责任问题认定首先依赖于行政法或刑事法上的认定。关于结果的确定，在司法实践中要确定投资损失额。投资人损失从内容上来看，包括投资差额损失、投资差额损失部分的佣金和印花税、资金利息等。从时间来看，重要的是确定虚假陈述行为事实日、更正日与揭露日以及基准日。关于因果关系的确定，根据《虚假陈述若干规定》第 18 条、19 条，该类纠纷适用因果关系推定原则，投资人只需要承担基本的举证责任，证明其存在损失，即认定其损失与虚假陈述行为具有因果关系。关于责任的承担，首先是上市公司承担无过错责任，《证券法》第 69 条以及《虚假陈述若干规定》第 21 条第 1 款都规定上市公司因虚假陈述对给投资人造成损失的承担民事赔偿责任。其次是上市公司的董事、监事、高级管理人员等承担过错推定责任。《证券法》第 69 条以及《虚假陈述若干规定》第 21 条第 2 款都规定了过错推定责任，需要承担连带赔偿责任，除非证明自己没有过错。同时，《证券法》第 69 条还规定了过错责任，上市公司的控股股东、实际控制人存在过错的，也要承担连带责任。

就龙薇传媒收购案来看，根据《证券法》第 193 条以及《上市公司收购管理办法》的相关规定，收购人一方也属于信息披露义务人，有真实、准确、完整、及时披露相关信息的法定义务。2018 年 4 月证监会已经出台行政处罚书，确定龙薇传媒在上市公司万家文化的公告中存在信息披露违法的问题。因而从民事角度看，构成虚假陈述，而且行为方式包括虚假记载、误导性陈述、重大遗漏，本案中主要虚假陈述行为人是龙薇传媒。万家文化一方也并非没有责任，龙薇传媒的回复是通过上市公司公告进行披露的，但万家文化作为上市公司并非仅仅是信息披露的通道，根据《证券法》第 63 条的规定，上市公司是法定信息披露义务人，对所披露的信息应承担法定的严格保证责任，而且就实践来看，上市公司应当并且也有能力对应当披露的信息进行审查，确保真实性，否则以信息为主导的资本市场将可能陷入混乱。龙薇传媒、万家文化以及其相应实际控制人面临着承担连带责任的问题。

五、结语

在现代经济中，金融的重要地位与作用不言而喻。但越是发展金融业，越要对金融业进行科学监管，防止发生系统性金融风险。为此，中共十九大报告指出，深化金融体制改革，增强金融服务实体经济能力，提高直接融资比重，促进多层次资本市场健康发展。健全货币政策和宏观审慎政策双支柱调控框架，深化利率和汇率市场化改革。健全金融监管体系，守住不发生系统性金融风险的底线。在 2018 年 5 月全国政协召开的“健全系统性金融风险防范体系”专题协商会上，中共中央政治局委员、国务院副总理刘鹤的一席话被广为流传：“要建立良好的行为制约、心理引导和全覆盖的监管机制，使全社会都懂得，做生意是要有本钱的，借钱是要还的，投资是要承担风险的，做坏事是要付出代价的。”[①]话虽直白，却直击金融市场的本质以及金融市场监管的目标。

在龙薇传媒空壳收购案中，能引起我们思考的除了关于协议收购本身的问题之外还有其他诸多方面，诸如如何看待与规范影视明星入市的问题。过去一段时间，诸多明星纷纷通过各种手段，包括 IPO 上市或者上市公司定增、收购、重组等，成为上市公司的股东，营造影视文化产业蓬勃发展的氛围，推高上市公司股价。但从实际效果来看，既没有推动文化产业的快速发展，也没有让中小投资者获得实际利益，诸多上市公司在明星资产注入之后出现利润下滑、承诺业绩不达标的问题。相反，明星却在证券市场赚个“盆满钵盈”，如何保障证券市场的公平性成为重要议题，如何以符合现代规制法要求的手段来进行监管规制更是监管部门的重要任务。通过法律实现社会治理是法治社会的基本要求，法律的作用不仅体现在实现公平正义上，在高速变化发展的现代社会更重要的是创造秩序。

---

① 《全国政协召开“健全系统性金融风险防范体系”专题协商会》，《人民日报》2018 年 5 月 16 日 01 版。

从“谈疫色变”到理性反思

——疫苗案件的前因后果

李江艳*

疫苗，是将病院微生物及其代谢产物，经过人工减毒、灭活或利用基因工程等方法制成的用于预防传染病的自动免疫制剂。疫苗的诞生和普及，有着一代又一代科学家为预防和控制传染病的发生和流行、降低发病率、减少死亡而付出艰苦卓绝的努力。但疫苗不良事件频频发生，如长春长生生物科技有限公司冻干人用狂犬病疫苗生产过程造假，长春长生和武汉生物所产65万支百白破疫苗效价不合格等一次又一次引爆公众的反疫苗情绪，使人们陷入深深的恐慌之中。难以想象本该守护人们健康的疫苗，如果大量存在安全问题，将会给公众健康带来多大隐患。更进一步，“疫苗怀疑论”如果因此类事件而深植于公众心中，那么国家应该怎样才能重新恢复预防接种的公信力？怎样才能让民众重拾信心？

一、疫苗事件发生的始末

（一）有征兆的开始

食品药品关乎天命，而近些年发生的三聚氰胺毒奶粉事件、2016年山东毒疫苗事件却不断挑战着食品药品安全底线。近两年，本该守护公

* 李江艳，中国人民公安大学刑事诉讼法学博士研究生。

众健康安全的疫苗生产企业更是置公众健康于不顾。2018 年 7 月 15 日，长春长生生物科技有限公司（以下简称“长春长生”）被发现在冻干人用狂犬病疫苗生产过程中存在记录造假则彻底激发了公众的恐慌情绪，而此事件的发生离2017 年 11 月份长春长生被发现百白破疫苗效价指标不符合规定，还不到一年。

2017 年 11 月，长春长生和武汉生物制品研究所有限责任公司（以下简称“武汉生物”）生产的各一批次共计 65 万余支百白破疫苗效价指标不符合标准规定，被国家食品药品监督管理总局责令企业查明流向，并要求立即停止使用不合格产品。经检查，长春长生生产的批号为201605014－01 的疫苗共计 252600 支，全部销往山东省疾病预防控制中心；武汉生物生产的批号为 201607050－2 的疫苗共计 400520 支，销往重庆市疾病预防控制中心 190520 支，销往河北省疾病预防控制中心210000 支。

（二）不能控制的发酵

我们以时间轴为线索回顾整个事件的发展：

2018 年 7 月 15 日，国家药品监督管理局发布通告称，国家药监局根据线索组织检查组对长春长生生产现场进行飞行检查时发现，长春长生在冻干人用狂犬病疫苗生产过程中存在记录造假等严重违反《药品生产质量管理规范》（药品 GMP）行为。根据检查结果，国家药监局迅速责成吉林省食品药品监督管理局收回长春长生相关药品 GMP 证书。通告称，此次飞行检查所有涉事批次产品，尚未出厂和上市销售，全部产品已得到有效控制。

7 月 16 日，长春长生发布公告，表示正对有效期内所有批次的冻干人用狂犬病疫苗全部实施召回。

7 月 17 日，长春长生发声明称，此次所有涉事疫苗尚未出厂销售，所有已经上市的人用狂犬病疫苗产品质量符合国家注册标准。

7 月 18 日，山东疾控中心发布信息，宣布山东省已全面停用长春长生生物科技有限责任公司生产的人用狂犬病疫苗。

7 月 19 日，长春长生公告称，收到《吉林省食品药品监督管理局行政处罚决定书》，该行政处罚包括：没收库存的“吸附无细胞百白破联合疫苗”（批号：201605014－01）186 支；没收违法所得 85.9 万元；处违法生产药品货值金额三倍罚款 2584047.6 元。

7 月 20 日，吉林省食药监局的发布行政处罚公示：长春长生生产的“吸附无细胞白百破联合疫苗”（批号：201605014－01）经中国食品药品检定研究院检验，检验结果【效价测定】项不符合规定，按劣药论处。而该处罚信息所指问题疫苗为 2017 年长春长生与武汉生物所生产的 65 万支问题疫苗中疫苗。

至此，问题疫苗事件将公众早已郁积多日的愤怒情绪引爆，该事件发生后，7 月 22 日，国家食品药监局通报称已责令长春长生停止生产，收回药品 GMP 证书，同时会同吉林省药监局对企业立案调查，涉嫌犯罪的移送公安机关追究刑事责任。7 月 23 日，董事长高某芳和 4 名公司高管被带至公安机关接受审查。国务院建立专门工作机制，并派出调查组进驻长春长生公司进行立案调查。7 月 24 日，山东省人民检察院、长春市人民检察院依法介入“长生疫苗”事件。7 月 27 日，国务院调查组消息称调查工作取得重大进展，已基本查清企业违法违规生产狂犬病疫苗的事实。7 月 29 日，公安机关以涉嫌生产、销售劣药罪，对长春长生董事长高某芳等 18 名犯罪嫌疑人提请批捕。

（三）疫苗事件的结局

1. 对相关工作人员的处理

8 月 16 日，吉林省和长春市对问题疫苗案件相关领导干部作出组织处理，多人被免职。

8 月 18 日，国家市场监管总局对问题疫苗案件相关工作人员问责，多人被免职。

10 月 16 日，对涉案的高某芳等 14 名直接负责的主管人员和其他直接责任人员作出依法不得从事药品生产经营活动的行政处罚。涉嫌犯罪的，由司法机关依法追究刑事责任。

2. 对企业的处罚

10 月 9 日，长春长生被取消高新技术企业资格，将被追缴企业所得税及滞纳金。

10 月 16 日，国家药品监督管理局和吉林省食品药品监督管理局依法从严对长春长生违法违规生产狂犬病疫苗作出行政处罚，[①] 行政处罚决定书载明，长春长生公司存在以下违法事实：

一是将不同批次的原液进行勾兑配制，再对勾兑合批后的原液重新编造生产批号；

二是更改部分批次涉案产品的生产批号或实际生产日期；

三是使用过期原液生产部分涉案产品；

四是未按规定方法对成品制剂进行效价测定；

五是生产药品使用的离心机变更未按规定备案；

六是销毁生产原始记录，编造虚假的批生产记录；

七是通过提交虚假资料骗取生物制品批签发合格证；

八是为掩盖违法事实而销毁硬盘等证据。

行政处罚决定书认定，上述行为违反了《中华人民共和国药品管理法》及其实施条例，以及《药品生产质量管理规范》《药品生产监督管理办法》《生物制品批签发管理办法》等法律、法规和部门规章。依据行政处罚管辖有关规定，国家药品监督管理局和吉林省食品药品监督管理局分别对长春长生公司作出多项行政处罚：撤销长春长生公司狂犬病疫苗（国药准字S20120016）药品批准证明文件；撤销涉案产品生物制品批签发合格证，并处罚款 1203 万元；吊销长春长生药品生产许可证；没收违法生产的冻干人用狂犬病疫苗 7794034 支、违法所得 18.9 亿元，处违法生产、销售货值金额三倍罚款 72.1 亿元，罚没款共计 91 亿元。

---

① 参见《吉林省食品药品监督管理局行政处罚决定书》吉药监药行罚〔2018〕17 号。

二、舆论的漩涡

(一)领导人高度重视

2018年7月16日,国务院总理李克强已就疫苗事件作出批示,要求彻查。7月22日,李克强对疫苗事件再次作出批示,指出此次疫苗事件突破人的道德底线,必须给全国人民一个明明白白的交代,要求国务院立刻派出调查组,对所有疫苗生产、销售等全流程全链条进行彻查,尽快查清事实真相,不论涉及哪些企业、哪些人都坚决严惩不贷、绝不姑息。对一切危害人民生命安全的违法犯罪行为坚决重拳打击,对不法分子坚决依法严惩,对监管失职渎职行为坚决严厉问责。尽早还人民群众一个安全、放心、可信任的生活环境。[①] 2018年7月23日,正在国外访问的中共中央总书记、国家主席、中央军委主席习近平对吉林长春长生生物疫苗案件作出重要指示,长春长生生物科技有限责任公司违法违规生产疫苗行为,性质恶劣,令人触目惊心。有关地方和部门要高度重视,立即调查事实真相,一查到底,严肃问责,依法从严处理。要及时公布调查进展,切实回应群众关切。习近平强调,确保药品安全是各级党委和政府义不容辞之责,要始终把人民群众的身体健康放在首位,以猛药去疴、刮骨疗毒的决心,完善我国疫苗管理体制,坚决守住安全底线,全力保障群众切身利益和社会安全稳定大局。[②]

(二)媒体评论

1. 保护疫苗安全的高压线一定要带高压电

作为与老百姓生命和健康安全紧密相关的领域,疫苗行业在生产、运输、储存、使用等任何一个环节都容不得半点瑕疵。同时,也对构建更加完

---

① 参见《李克强就疫苗事件作出批示:必须给全国人民一个明明白白的交代》,载中国政府网,http://news.cnr.cn/native/gd/20180723/t20180723_524308431.shtml,访问日期:2018年10月15日。

② 参见《习近平对吉林长春长生生物疫苗案件做出重要指示》,载新华网,http://www.xinhuanet.com/politics/2018-07/23/c_1123166080.htm,访问日期:2018年10月15日。

善的监管制度、更严格的惩戒体系、更畅通的信息发布机制提出更高的要求。

我国是世界上最大的疫苗生产国,年产能超过 10 亿剂次,是世界上为数不多的能够依靠自身能力解决全部计划免疫疫苗的国家之一,国产疫苗约占全国实际接种量的 95% 以上。近年来,我国逐步构建起日益严格的疫苗安全标准和生产监管体系,并且于 2011 年、2014 年两次通过世界卫生组织的疫苗国家监管体系评估。已有国产疫苗通过世界卫生组织产品预认证,联合国儿童基金会、全球疫苗免疫联盟陆续采购这些疫苗用于其他国家的疾病预防控制。但我们仍有疫苗安全事件发生,更有甚者存在故意造假行为,这对行业监管提出了严峻挑战。

对疫苗企业的任何违规行为,不论大小轻重,监管部门都必须从严从快惩处,并做到举一反三,针对发现的问题,认真查找和弥补存在的风险漏洞,进一步加强制度和体系建设,完善监管于生产、销售、运输、仓储、注射等每一个环节,尤其要从源头上防止企业违规行为的发生。疫苗生产企业承担疫苗质量安全主体责任。针对企业故意造假的恶劣行为,要建立严格的惩戒体系,让企业为失信和违法违规行为付出沉重代价。涉事企业长生生物并非第一次出现问题。对疫苗这类全社会高度关注的行业,务必要建立行刑衔接制度,对违法违规企业“零容忍”,决不姑息纵容,建立带电的“高压线”。这就要求有关部门及时完善相关法律法规制度,加大处罚力度,例如建立一次违法终生禁入行业等制度,让违法者倾家荡产,真正让制度发挥强大的震慑作用。①

2. 重典治乱,给人民以交代

疫苗关系人民群众健康,关系千家万户幸福,关系公共卫生安全和国家安全,容不得丝毫马虎。各级党委和政府要本着对人民切身利益高度负责的态度,深刻认识药品安全的敏感性和重要性,坚持标本兼治、惩防并举,坚决守住疫苗质量安全底线。

---

① 参见《新华社批疫苗企业严重违规:加大处罚力度,让违法者倾家荡产》,原文标题《保护疫苗安全的高压线一定要带高压电》,载澎湃新闻, https://www.thepaper.cn/newsDetail_forward_2284393,访问日期:2018 年 10 月 20 日。

确保疫苗安全,关键在平时,各个环节都不能掉链子。吉林长春长生公司问题疫苗案件既暴露出监管不到位等诸多漏洞,也反映出疫苗生产流通使用等方面存在的制度缺陷。各地各部门要深入贯彻中央政治局常务委员会会议精神,深刻汲取教训,举一反三,全面彻底排查处置风险隐患,积极堵塞漏洞、补齐短板,加快完善疫苗药品监管长效机制,确保疫苗安全万无一失,让广大群众安心、放心。①

3. 一查到底,方可纾解疫苗焦虑

疫苗事关生命健康,质量安全容不得半点瑕疵,不能有一点侥幸。此次疫苗事件引来广泛关注之后,很多人在朋友圈晒出自家孩子的疫苗接种记录,可见公众对此事高度重视,也再一次提醒相关机构加强监管、提醒相关企业不要触碰“红线”。

构建“疫苗信任”,要“两只手”共同发力。一方面是,政府机构在疫苗生产、使用上的监管,需要更有力,对非法的生产经营行为“重拳治乱”,如果处罚只是“雨过地皮湿”,就形不成教训、也够不成震慑。同样重要的是,企业不能为了追求利益,把儿童的健康和家庭的幸福当作谋取非法利润的代价,“喻于利”的企业必须守住起码的道德底线,不能赚带着血的黑心钱。无论是生产企业还是监管部门,都必须以“敬畏生命”为信条,以更严格的生产标准、更严厉的常态监管、更严重的违法处罚规范行业发展,保住公众对疫苗的信任。

对于问题疫苗,发现一起查处一起很重要;但更重要的是在每次事件中找到问题的根源,否则就会陷于“亡羊补牢”的被动之中。从这个角度看,问题的出现,也是改革的契机。在疫苗的生产、销售过程中,是不是还存在监管漏洞?如何强化事前事中事后的全链条监管,形成疫苗安全管理的长效机制?如何加强处罚力度,让企业不想、不能、不敢有违法行为?不仅要严肃追责涉事药企,更要规范市场秩序、完善监管制度,避免类似事件再次上演。

① 参见《短评:重典治乱,给人民以交代》,载新华社评,http://zgqt.zj.cn/news/text.asp?id=693964,访问日期:2018年10月20日。

接种疫苗，是现代医学预防和控制传染病最经济、最有效的公共卫生干预措施。简单说，疫苗是防病的，对于疫苗行业同样需要打好“疫苗”，以万无一失的要求、一失万无的警觉，做好这一公共卫生事业，共同守护“健康中国”。①

4. 监管者惯性失语也是变相纵容疫苗造假、售假重要原因

我们看到，某些无法无天、丧尽天良的恶企，在被查出问题之后，虽也受到一定惩罚，但与获得的孽利相比微不足道，根本不足以让其痛改前非。人命关天的闹剧后，受害者维权无力，企业“自罚三杯”，监管者惯性失语，如此“宽松”也是变相纵容造假、售假的重要原因。

5. 不折不扣落实好总书记重要指示精神，一查到底

炙热的舆情背后，是事关群众生命健康的痛点，也是民心聚集的焦点。多家疫苗生产企业屡次因为疫苗不合格被曝光，这其中有没有监管不力、失职渎职？长生生物 25 万支不合格的百白破疫苗流入山东，并且绝大部分已经被注射使用，当地相关部门在处理过程中是否存在隐瞒拖延的情形？监管部门对长生生物“不痛不痒”的处罚是否存在“以罚代法”？还有，一些地方卫生部门、防疫机构及某些工作人员是否与企业“勾肩搭背”，存在政商关系不清、利益相互勾连、拿好处、吃回扣等问题？对此，有关地方和部门必须以不放过任何一个疑点的严谨细致态度进行调查，给出让全国人民信服的回应。

回顾舆情事件的来龙去脉，源于不久前国家药监局依据举报线索，会同吉林省局对长春长生公司进行飞行检查后，发现问题，发布通告。不可否认，职能部门的监管职能发挥了作用，阻止了不合格狂犬病疫苗流入市场。然而，“问题疫苗”舆情的持续发酵，也正是因为过去这个领域监管工作存在“历史欠账”。民生无小事，出现类似的问题之后，某些地方、部门信息不畅、行动滞后、措施无力，令群众无法信任，更无法满意。信息不对称，回应不及时，责任没人认领，种种问题堆积下来，酿成了“情绪的岩浆”。出了问题是可怕的，而没有有效的改进办法和措施，没有制度机制上的亡羊

① 参见《一查到底 方可纾解疫苗焦虑》，《人民日报》2018 年 7 月 22 日。

补牢、扎紧笼子,以致让问题反复发生更可怕。这也警示各级党政机关和广大党员干部,守土必有责,守土必尽责,不作为不担当的话,小事就会拖大,大事就会拖炸,最终有关责任主体会为失职失责付出高昂的代价。

吃一堑,必须长一智。群众反映强烈就要查个清楚明白,必须要重拳出击,要让利欲熏心、丧失底线、漠视群众疾苦的企业和人员受到严惩,通过严厉打击、严肃问责形成高压震慑。同时,还要加快织密监督网的进度,强化日常监督,不但要管住企业、行业,更要把严管落实到全流程、全链条,形成全覆盖。

相关部门要对吉林长春长生生物疫苗案件“解剖麻雀”,与时俱进研究探索形成有效对策和长效机制。例如,通过调整有关政策措施,加大对涉及民生问题违规违法企业和人员的惩罚力度,提高违规违法成本,形成“不敢”。通过加大对行贿者的惩治,设置违规企业黑名单、行业准入白名单等措施,多管齐下、综合施治,全方位堵塞监管漏洞、避免安全隐患,给人民群众一个安全、放心、可信任的生活环境。①

三、疫苗事件的法律分析

(一)行政监管的漏洞

我国的疫苗安全监管分为:研发阶段的监管、审批阶段的监管、生产阶段的监管、流通阶段的监管、接种阶段的监管、疫苗不良反应检测阶段,②且每一个阶段都涉及诸多的法律规定与审批手续,可以说我国的疫苗安全已经实现全覆盖的监管,但是行政监管与企业就像猫和老鼠,总会出现“你逃我追”的现象,所以监管制度还是问题多多。

首先,疫苗从研发到不良反应监测整个过程,不仅涉及从中央到地方的众多部门,还涉及试验基地的选取与长久维护,且整个过程持续时间较

---

① 参见《不折不扣落实好总书记重要指示精神,一查到底》,中国纪检监察报,http://www.jjjc.yn.gov.cn/mobile-view-74283.html,访问日期:2018年7月24日。

② 参见刘晓欣、林瑞超、杨春宁、余世琪、张博:《中国疫苗安全监管现状、问题及对策》,《中国卫生公共管理》2017年4月。

长，不易形成封闭严密的监管体系。换句话说只要出现一点点纰漏，可能整个批次的疫苗都会出现安全问题。

其次，监管者的责任意识有待加强，利益观念仍需改造。药品安全事关生命安全，而部分监管者责任意识不强，管理出现纰漏，更有甚者以手中权力为企业或他人大开方便之门。只有完善制度设计，加强监管者责任意识，加大玩忽职守或违反犯罪的处罚力度，才能使监管者在面对利益和良心的天平时，能够切实履行职责，把好疫苗安全之关。

（二）刑事处罚的界定

第一，是否构成生产、销售假药罪？

对于涉事企业和个人都应该做出怎样的处罚呢？我们从刑事的角度做评述。

《刑法》第 141 条规定："生产、销售假药的，处三年以下有期徒刑或者拘役，并处罚金；对人体健康造成严重危害或者有其他严重情节的，处三年以上十年以下有期徒刑，并处罚金；致人死亡或者有其他特别严重情节的，处十年以上有期徒刑、无期徒刑或者死刑，并处罚金或者没收财产。本条所称假药，是指依照《中华人民共和国药品管理法》的规定属于假药和按假药处理的药品、非药品。"

构成刑法意义上的假药，则须满足《药品管理法》中对于假药的规定。疫苗是用来预防疾病发生的特殊药品，显然属于刑法意义上的药品。那么效价指标不合格是不是假药呢？《药品管理法》第 48 条规定："禁止生产（包括配制，下同）、销售假药。有下列情形之一的，为假药：（一）药品所含成分与国家药品标准规定的成分不符的；（二）以非药品冒充药品或者以他种药品冒充此种药品的。有下列情形之一的药品，按假药论处：（一）国务院药品监督管理部门规定禁止使用的；（二）依照本法必须批准而未经批准生产、进口，或者依照本法必须检验而未经检验即销售的；（三）变质的；（四）被污染的；（五）使用依照本法必须取得批准文号而未取得批准文号的原料药生产的；（六）所标明的适应征 或者功能主治超出规定范围的。"

鉴于我国对假药的上述列举，疫苗案中涉案百白破疫苗、狂犬病疫苗都不属于上述情况，所以上述两家公司生产的百白破疫苗仅是效价指标不符及伪造生产记录等，不属于假药范畴，不能以生产、销售假药罪论处。

第二，是否构成生产、销售劣药罪？

我国《刑法》第142条规定：“生产、销售劣药，对人体健康造成严重危害的，处三年以上十年以下有期徒刑，并处销售金额百分之五十以上二倍以下罚金；后果特别严重的，处十年以上有期徒刑或者无期徒刑，并处销售金额百分之五十以上二倍以下罚金或者没收财产。”由此可以看出，生产、销售劣药罪是一个结果犯，也就是说只有对人体健康造成严重危害的，才能构成本罪。而本条所称劣药，是指依照《国药品管理法》的规定属于劣药的药品。同时，按《药品管理法》第49条规定：“禁止生产、销售劣药。药品成分的含量不符合国家药品标准的，为劣药。有下列情形之一的药品，按劣药论处：（一）未标明有效期或者更改有效期的；（二）不注明或者更改生产批号的；（三）超过有效期的；（四）直接接触药品的包装材料和容器未经批准的；（五）擅自添加着色剂、防腐剂、香料、矫味剂及辅料的；（六）其他不符合药品标准规定的。”

由上述规定可以看出，长春长生编造生产记录和产品检验记录，随意变更工艺参数和设备效价最可能归属于“未标明有效期或者更改有效期”和“不注明或者更改生产批号”，因为长春长生为使用不同批次原液勾兑进行产品分装，对原液勾兑后进行二次浓缩和纯化处理，个别批次产品使用超过规定有效期的原液生产成品制剂，虚假标注制产品剂生产日期，这是明显的更改有效期的行为，而对不同批次原液进行勾兑，又涉及生产批号的混淆与违法变更。

而疫苗的效价指标不合格到底是什么意思呢？效价是指某一物质引起生物反应的功效单位，可用理化方法检测，也可用生物检测方法测定；或生物制品活性（数量）高低的标志，通常采用生物学方法测定。从其相关解释中我们可以看到这个定义更多的是从管理学中应用的，那么生物学、药学中的所谓的效价，可以从字面上去理解，“效”是指效果，“价”就是高低，也就是疫苗对人体产生的保护性免疫效果的能力指标，指疫苗使人体产生特异性免疫力的能力，也就是疫苗的有效性。除了疫苗生产环节本身会影响效价外，常见影响疫苗效价的因素主要在疫苗保存环节，如保存温度。安全性与效价是疫苗的两方面特征，效价本身并不影响安全性。简单地讲疫苗效价指标不合格可能会影响免疫保护效果，从劣药所列举的几种情况看，所有情况分类的结果都是导致药品达不到预期效果，所以效价指标不合格也属于劣药的范畴。

长春长生、武汉生物是生产了劣药，可是截至目前公布的信息来看，并没有因接种问题疫苗直接造成人体健康严重危害，缺乏严重危害这一后果，也难以构成生产、销售劣药罪。

第三，是否构成以危险方法危害公共安全罪？

那么该企业的行为是否可以以危险方法危害公共安全定罪？根据我国《刑法》第二编第二章相关条款，危害公共安全罪是一个概括性罪名，该类犯罪指故意以放火、决水、爆炸以及投放危险物质等的并与之相当的危险方法，足以危害公共安全的行为。该罪犯罪构成为：该罪侵犯的客体是公共安全，即不特定的多数人的生命、健康或者重大公私财产的安全。如果行为人用危险方法侵害了特定的对象，对不特定的多数人的生命、健康或重大公私财产的安全并无危害即不危害公共安全，就不构成该罪；该罪在客观方面表现为以其他危险方法危害公共安全的行为。但是此次疫苗事件虽关涉不特定的多数人，但疫苗对人体的安全没有影响，最大的风险在于价效不符 ，导致无法预防对应的疾病，不具有与放火、决水、爆炸相当的危害性，故笔者认为构成以危险方法危害公共安全罪的可能性极低。

综上，此次事件在我国刑事责任并不明晰，虽然公安机关以生产销售劣药罪提请批准逮捕，但是最终会以什么罪名起诉、以什么罪名判决还是悬而未决的问题，但据《疫苗之王》中所说“长生生物 2017 年销售费用为 5. 83 亿元，也就是说 25 个销售人员每人的销售费用是 2330 万元”，那么此案件中是否涉及行贿、受贿类犯罪则需要依赖纪检监察机关的进一步调查。

四、疫苗事件的理性反思

疫苗事件已逐渐平息，但其引发的社会问题确更值得思考，其中比较重要的是该事件引发的信任危机和赔偿问题难以落实。

(一)社会问题

1. 信任危机难以消解

疫苗的发现可谓是人类发展史上的一件具有里程碑意义的事,从某种意义上讲,疫苗从侧面反映了人类不断同疾病和自然灾害斗争的历史。但各国不断出现的一些疫苗的负面事件,严重地影响了公众对于“预防接种”的信心。

1955 年,美国卡特(Cutter)实验室制备的脊髓灰质炎疫苗,由于在用福尔马林灭活相应病毒时不够彻底,未能杀死所有病毒,12 万名儿童接种了卡特实验室的疫苗,结果造成 4 万名儿童因此染病,其中 260 人瘫痪,110 人死亡,这一事件导致美国对疫苗规定了更为严格的标准,进行了更为严格的控制,同时促使了疫苗不良反应监测体系的建立,但是,曾经的“卡特事件”却一度将美国民众对疫苗信任降为负数,给整个美国的疫苗市场带来了始料未及的影响。在接下来的近 30 年中,疫苗一度濒临成为首个在美国医疗市场上“灭绝”的产品。研制疫苗对当时的医药公司来说,已经成了吃力不讨好的事。不止如此,20 世纪 70 年代中期,美国还曾出现大量有关接种百白破疫苗的法律诉讼案件,疫苗安全问题更成为了公众的焦点,民众一方面要求数额不等的赔偿,一方面又将这种对疫苗的信任危机转化为具体的实践行动,主要表现为申请疫苗豁免权。

1998 年,伦敦皇家自由学院医学院的内科医生 Andrew J. Wakefield 等人在权威杂志《柳叶刀》上发表文章,称麻疹疫苗可能会导致易感儿童患上并发症,这迅速引发了公众对疫苗接种的不信任。[①] 虽然后来这篇论文被撤稿,但是其带来的社会影响力仍在持续。十余年来不同的研究人员用十几项研究证据证明接种麻疹疫苗不会导致自闭症,然而怀疑的阴霾早已覆盖人民的心灵。一些父母感到担心,开始拒绝为自己的孩子接种疫苗,疾病开始“复苏”,自 2018 年底开始,美国东北部各州相继爆发了 20 年来最

① 参见《“疫苗怀疑论”的兴起》,《科技生活》2019 年 7 月。

严重的麻疹疫情。根据美国疾病控制和预防中心所公布的数据显示，截止到 2018 年 4 月 26 日，美国已经确诊的麻疹病例达到 704 例，创下了 25 年来新高，有超过三分之一的麻疹患者未满 5 岁，超过 500 名麻疹患者从未接种过麻疹疫苗。①

中国同样面临着类似的情况。从 2013 年名为《疫苗之殇》的文章持续在网上流传开始，该篇文章由当时发生的非法疫苗事件入手，并附上了多幅“因接种疫苗导致严重后果”的儿童照片，引发了社会的广泛关注。虽然该文因放大了疫苗的偶合反应、不良反应而备受争议，但也给民众带来了“打疫苗非死即残”的错觉，甚者引起一些群众在此之后表示拒绝接种一切疫苗，对我国公共卫生事业产生了严重影响。2017 年和 2018 年长春长生和武汉生物疫苗安全事件更是引发了公众的恐慌与质疑，认为疫苗接种本身已有风险，更何况还有问题疫苗的存在，反疫苗情绪一次又一次被点燃，科学界正面临着一场艰苦的斗争。可一旦减少疫苗接种，将给自己的孩子和他人的孩子带来更严重的风险。对疫苗产生不信任可能比问题疫苗更加可怕，2016 年，世界卫生组织驻华代表施贺德表示，家长对疫苗失去信心而减少为子女打疫苗，这将导致非常严重的后货，因为打疫苗是防止一系列疾病及致命疾病的唯一途径。消除“疫苗怀疑论”，重拾公众信心，不止我国相关疫苗企业要守得住底线，不触碰红线，公共卫生监督部门更需在反思中前行。②

2. 赔偿问题难以落实

近年来，问题疫苗产品和疫苗本身的偶合反应造成的防护失效、注射疫苗致重症的事件频见报端。疫苗异常反应救助补偿机制此刻显得尤为重要。我国《疫苗流通和预防接种管理条例》中对预防接种异常反应做出解释：“预防接种异常反应，是指合格的疫苗在实施规范接种过程中或者实施规范接种后造成受种者机体组织器官、功能损害，相关各方均无过错的药品不良反应。”第 45 条规定“预防接种异常反应的鉴定参照《医疗事故处

① 参见孟昕《疫苗怀疑——为什么普通人觉得自己比专家懂得多?》,《科技生活》2019 年 7 月。
② 参见《“疫苗怀疑论”的兴起》,《科技生活》2019 年 7 月。

理条例》执行，具体办法由国务院卫生主管部门会同国务院药品监督管理部门制定”。预防接种异常反应具体补偿办法由省、自治区、直辖市人民政府制定。因疫苗质量不合格给受众者造成损害的，“依照药品管理法的有关规定处理；因接种单位违反预防接种工作规范、免疫程序、疫苗使用指导原则、接种方案给受种者造成损害的，依照《医疗事故处理条例》的有关规定处理”。然而，由于缺乏相关法律支持，不少地方又没出台具体补偿办法，或者各地标准不一，更何况，疫苗接种损害后果与疫苗之间的因果关系难以认定，这些导致许多家庭在遭遇疫苗后遗症悲剧时，面临维权困境。

与我国的赔偿少见并难落实形成对比的是美国的赔偿情况。1986 年，时任美国总统的罗纳德·里根签署了“国家儿童疫苗伤残法案”（National Childhood Vaccine Injury Act of 1986, NCVIA）。在 1988 年建立了“国家疫苗伤残补偿项目”（National Vaccine Injury Compensation Program, NVICP），该项目即是对疫苗提供者和疫苗接受者双方均提供保护的一个机制。根据数据显示，自 1988 年成立至 2017 年，NVICP 项目共收到 17281 个诉讼案件，其中 6085 件被认定为应提供赔偿，11196 件被撤销，赔偿总金额为 39 亿美元。

（二）理性的应对与完善

毁掉信任区区几步，但要重建信任却需要漫长的努力。美国大概经历了 60 年的时间，才勉强恢复了民众对疫苗的信任，但好在经过这些事件之后，美国疫苗体系进行了全面改革，现在已经成为全球最严格的疫苗安全管理国家之一，日本在经历了疫苗恶性事件后对疫苗的管理也变得非常严格。那么我们的国家、政府也在通过自己的努力完善我国的疫苗生产、使用体系。

1. 事件爆发后的积极应对

在本次疫苗事件发生后，各新闻媒体、国家机关积极应答民众对此事件提出的任何问题。我国监管部门国家药品监督管理局第一时间进行飞行检查，并第一时间发出公告，成立专案调查组赴吉林进行检查，要求吉林省食药监局收回该企业“药品 GMP 证书”，责令停止狂犬疫苗的生产，责成企业严格落实主体责任，全面排查风险隐患，主动采取控制措施，确保公众用药安全。

事件一经爆出，舆论哗然。国家主席习近平、国务院总理李克强都对此次事件进行了明确表态，足以看出此次事件受到了高度重视。同时我国官方媒体每天时时跟踪报道，既确保民众第一时间了解事件经过，又在一定程度上澄清案件事实，遏制网络谣言的传播。另外，国家相关部门相互配合，及时关停相关企业、勒令整改，并发出处罚单，同时逮捕涉事人员，可以说在很大程度上消解了民众的愤怒情绪。但仅此似乎还是不够的，有人已经对疫苗本身产生不信任感，对接种疫苗有了排斥情绪，种种舆情不断冒出，真相和谣言齐飞，公众依然在这些信息中愤怒、恐惧、迷失。

2. 信任危机的及时补救

从疫苗问题东窗事发的那一刻起，对相关企业进行行政处罚，对企业负责人进行刑事追究，对涉事机关领导人进行严肃问责，不应成为事件处理的终点。更为重要的是及时采取措施，建立更为完善的免疫规划信息系统，消除疫苗怀疑。

首先，建立长效机制保障疫苗的质量和接种的安全。药品安全不单纯是技术问题，更是具有深刻经济社会背景的社会问题，疫苗质量的提升需要产业、监管部门和社会相互协作。[①] 企业要切实履行疫苗质量第一责任人义务，严格遵守生产质量管理规范并自觉改进工艺，从源头上把好产品质量关。监管部门要用严格的监管、严厉的处罚和严肃的问责确保疫苗质量，要加强监管能力。公共卫生监管部门应建立更加完善的免疫规划信息系统。自 2005 年起，我国开始建设免疫规划系统，经过 10 余年的探索和应用，已建立起免疫规划信息综合管理系统，实现了常规免疫接种报告、疑似预防接种反应个案、冷链设备档案等信息从乡级到国家级的逐级审核和上报。同时，全国有 29 个省（自治区、直辖市）建立了免疫规划信息管理系统，实现了儿童预防接种个案信息的集中管理和省内流动儿童预防接种数据交换和共享，部分省级平台具备了疫苗出入库管理、冷链温度监测功能以及预防接种证查验功能等，少数省份对免疫规划信息系统的疫苗追溯功

① See John Abraham： Science，Politics and the Pharmaceutical Industry ，St Martins Press，1995.

能的应用进行了探索。但是,随着社会经济的不断发展,党和人民对预防工作质量的要求不断提高,免疫规划信息系统建设逐渐显现出功能上的局限性和设计及管理上的缺陷。借助2019年全民健康保障工程信息化建设,人们期待免疫规划信息系统能够实现省级免疫规划信息系统之间互联互通,省际之间流动儿童预防接种信息异地共享,疫苗扫码出入库、疫苗扫码接种等。[①] 加强免疫规划信息综合管理,才能更好地堵住制度和管理的漏洞,让问题疫苗无所遁形。

其次,注重疫苗的使用环节。接种单位是最直接接触受种者的单位,而接种单位工作的常态则是工作人员人手有限,而受种者众多。对此,笔者认为我国卫生部门应健全我国医疗机构设置,把加强疫苗接种科室力量作为一项重要工作,强化疫苗接种人员的责任意识,完善疫苗保存、接种工作流程,增加人员配置,减少因医护人员过少而造成工作失误的几率,建立更加专业化的疫苗接种队伍。

再次,建立和完善预防接种异常反应补偿保险机制。随着全国免疫规划的推进扩大,单靠政府力量去补偿患者是不够的。习近平总书记在2016年全国卫生与健康大会上,提出建立预防接种异常反应补偿保险机制。目前,国家卫生健康委员会已在一些省份试点预防接种异常反应补偿保险工作。同时,在进行补偿时,应当借鉴美国的“无过错”原则,所谓无过错意思是说提出索赔的人无须证明自己的伤害是由于医疗机构或疫苗生产商的过失引起的。[②]

最后,在此次疫苗事件后,政府应主动承担责任,及时与打了问题疫苗的家庭取得联系,做好信息统计与核对工作,帮助分析受种者的健康情况,耐心指导并全面进行疫苗安全宣传,一定程度上消解受种者及家庭的恐慌情绪,为下一步的补种工作奠定基础。

3. *用法律支撑赔偿的落实*

面对我国对问题疫苗赔偿中出现的问题,我们可以借鉴美国的做法,

---

① 参加《用更完善的免疫规划消除“疫苗怀疑”》,《科技生活》2019年7月。

② 参见王守业:《美国的疫苗安全是如何监管的》,《决策探索》2018年8月上。

建立一套适用于中国的疫苗损害赔偿法。在美国的部分疫苗案件诉讼中,尽管缺乏科学证据证明原告或其监护人所受伤害是由接种疫苗而产生的,但是美国的法庭仍然判决赔偿,[①]为了减少疫苗生产商承担的风险和公共卫生的担忧,美国国会于 1986 年通过了国家儿童疫苗伤害法案,这个法案的出台对美国的疫苗监管及安全有着重大里程碑的意义。

根据 NCVIA 法案,国家疫苗伤害赔偿项目应运而生,专门用于赔偿由于接种疫苗而引起的伤害,这种赔偿是基于“无过错”原则的,上文已有叙述。国家疫苗伤害赔偿项目赔偿由于接种疫苗而引起伤害的个人,国家疫苗伤害赔偿项目覆盖所有针对儿童的常规推荐疫苗,赔偿方案根据疫苗伤害表,该表总结了疫苗引起的不良反应。该表是医学专家组根据医学文献讨论确定的。美国根据这个列表建立起了疫苗救济基金。基金来源于列入疫苗伤害表中的疫苗收缴的税金。法律规定对列入该表的疫苗每售出 1 个接种剂量要交纳 0.75 美元税收作为救济基金来源。个人及其家庭可以通过三种方式获得赔偿:第一种是说明其伤害(上述疫苗伤害表中所列的)是在接种疫苗适当的时间间隔后发生的。其他两种方式包括证明疫苗导致的不良反应和伤害或表明疫苗加重了接种前就已有的身体不良状况。[②]

建立适用于中国的疫苗损害赔偿法,不是一蹴而就的,需要我们逐步确立并不断完善。法律是维护民众权益的有力武器,要培养民众的法治观念,了解权利义务,鼓励民众通过合法的法律途径解决在日常生活中遇到的问题,同时司法机关也要努力公正司法,让民众相信法律、相信政府。在立法中,首先从赔偿资金来源上,除现有财政资金和企业补偿外,应鼓励医保基金、民政救济、商业保险和慈善机构共同参与,构建多元化的风险成本分摊机制;其次,鼓励出台统一的国家补偿最低标准。避免各地补偿水平不一致,鼓励有条件的地区适当提高补偿标准,以最快的速度落实损害赔偿;最后,建立科学化补偿程序。明确各环节办理工作时限,争取在最短的时间内完成补偿。

---

① 参见王守业:《美国的疫苗安全是如何监管的》,《决策探索》2018 年 8 月上。

② 参见王守业:《美国的疫苗安全是如何监管的》,《决策探索》2018 年 8 月上。

经过系统的构建,我国的疫苗系统能够解决的不仅仅是一次事件出台一次赔偿方案的应急性问题,更能从根源上解决我国其他疫苗企业违规损害后无法可依的状态,畅通我国疫苗的监管体系,完善我国疫苗安全运行机制,给民众吃了一颗定心丸,让我们有理由相信我们可以做到:以理性的态度直面问题疫苗,以法律的手段求取安全的庇护。

阴阳合同，该当何罪

——从“崔范之争”看阴阳合同的罪与罚

李庆霞*

一、点燃舆情的“崔范之争”

（一）崔范之争始末

2018年5月28日，崔永元通过微博发布了几张合同的照片并配文：“你不用表演，你是真烂。”该合同约定片酬为税后1000万元，其中一方当事人签名是范冰冰。一天后，崔永元又曝出疑似范冰冰采用“大小合同”，另行约定片酬5000万元，两合同共拿走片酬6000万元。随后，范冰冰工作室回应称，崔永元公开发布泄密合同并公然侮辱范冰冰的行为，既破坏了商业原则，又涉嫌侵犯合法权益，并称相关网络用户及媒体未经核实散布谣言的行为已经构成诽谤。

2018年6月2日，崔永元又在微博爆料称：“我家铲屎官说，这就是大小合同。小的是演出200万，大的是策划监制748万加90万，再拿一麻袋现金。这还不算一线的。我家铲屎官说，好像有个法律管这事儿。老有人通知我家铲屎官小心安全，我也得躲好。”崔永元毫不忌惮地说，自己还有一抽屉这样的合同，“随便拿出来一个当事人都得进去，不光范

* 李庆霞，中国社会科学院研究生院法律硕士，北京中银律师事务所律师助理。

冰冰，牵扯到的全是大腕儿”。

2018 年 6 月 3 日，国家税务总局发布了名为《国家税务总局责成江苏等地税务机关调查核实有关影视从业人员阴阳合同中的涉税问题》的通知，表明国家税务总局对崔永元爆料的影视行业阴阳合同问题的高度重视态度，并明确要加大征管力度，依法查处违法违规行为。如此一来，天价片酬和“阴阳合同”顿时成了舆论焦点。从崔永元公布的“阴阳合同”情况以及税务部门调查的情况看，影视从业人员的“阴阳合同”并非个案，有可能是该行业一个较为普遍的现象。

2018 年 10 月 3 日，新华社发布《税务部门依法查处范冰冰“阴阳合同”等偷逃税问题》，消息称，范冰冰在电影《大轰炸》剧组拍摄过程中实际取得片酬 3000 万元，其中 1000 万元已经申报纳税，其余 2000 万元以拆分合同方式偷逃个人所得税 618 万元，少缴营业税及附加 112 万元，合计 730 万元。此外，还查出范冰冰及其担任法定代表人的企业少缴税款 2.48 亿元，其中偷逃税款 1.34 亿元。对于上述违法行为，根据国家税务总局指定管辖，江苏省税务局依法对范冰冰及其担任法定代表人的企业追缴税款 2.55 亿元，加收滞纳金 0.33 亿元；对范冰冰采取拆分合同手段隐瞒真实收入偷逃税款处 4 倍罚款计 2.4 亿元，对其利用工作室账户隐匿个人报酬的真实性质偷逃税款处 3 倍罚款计 2.39 亿元；对其担任法定代表人的企业少计收入偷逃税款处 1 倍罚款计 94.6 万元；对其担任法定代表人的两户企业未代扣代缴个人所得税和非法提供便利协助少缴税款各处 0.5 倍罚款，分别计 0.51 亿元、0.65 亿元。以上所有追缴税款、滞纳金、罚款等共计 8.84 亿元。该消息同时也指出：“依据《中华人民共和国刑法》第二百零一条的规定，由于范冰冰属于首次被税务机关按偷税予以行政处罚且此前未因逃避缴纳税款受过刑事处罚，上述定性为偷税的税款、滞纳金、罚款在税务机关下达追缴通知后在规定期限内缴纳的，依法不予追究刑事责任。超过规定期限不缴纳税款和滞纳金、不接受行政处罚的，税务机关将依法移送公安机关处理。”而范冰冰也接受该行政处罚结果，并向公众发出致歉信称“尽全力克服一切困难，筹措资金、补缴税款、缴纳罚款”，“崔范之争”事件在这一处罚结果激起的无数舆论中也暂时告一段落。

（二）反映强烈的社会舆论

从崔永元发出该事件的第一条微博开始，“崔范之争”便激起十分强烈的社会舆论，天价片酬、“阴阳合同”、偷逃税款这些词语在我们的生活中处处可见可闻。“明星收入比科学家高那么多，他们为祖国做什么了不起的贡献了吗?”“明星拿着那么高的收入还要偷税逃税?”“在目前的市场环境下，范冰冰的片酬和其他费用是否合理? 实际贡献多少税收?”“范冰冰获得时代精神大奖，名字竟然还排在一众著名科学家前面，影视作品都没有几部成功的人，这个社会是不是太把明星当回事了?”“不要动辄指责民众的仇富心理，从小就被教育纳税光荣的工薪阶层拿几千块钱工资还自觉按章纳税，纳税乃天经地义的事，既是义务更是责任，怎么到了还自称豪门的范冰冰们这里，不仅日进斗金，还可以用阴阳合同这样的欺诈手段偷逃税?”这些舆论谈及明星的天价片酬，除了惊叹片酬高昂外，网民还对影视行业的监管问题产生了诸多质疑，市场调节机能是否在影视行业中失灵? 国家能否对影视行业的天价片酬进行有效的管理和监督? 明星对社会、对国家的贡献和收入能否成正比? 通过“阴阳合同”等方式使大量财富流入到明星手中后他们又为社会做了多少贡献? 而真正如科学家一类的人为了社会的进步、国家的发展、人类的文明做出无数牺牲却也不及明星收入丰厚、受人追捧是否合理? 谈及阴阳合同是否是合理避税的一种途径范冰冰此次所为是否会受到刑事追究? 我国税收征管是否存在漏洞? 明星通过“阴阳合同”偷逃税是否也和税务部门相关官员有所勾结? 诸如此类的种种舆论一波又一波地冲进我们的生活。

江苏省税务局做出对范冰冰的处罚以后，该处罚决定又一次陷入舆论的漩涡，有的网友对该处罚结果拍手称快，认为明星虽受众人追捧，但法律面前人人平等，明星违法依然要接受处罚；国家此次对范冰冰的处罚是对娱乐圈的一次重击，能警醒其他以同样方式偷税逃税的明星，更是很大程度上表明了国家对打击此种违法行为的坚定决心，对相关违法甚至犯罪活动有重要的预防作用。但也有网友表示疑问和质疑，在一篇名为《范冰冰逃税案处理结果，是在侮辱公众践踏法律!》的文章中，作者指出："范冰冰通过阴阳合同偷逃片酬的巨额税款，名下的企业长期偷税漏税，税务机关应该移交司法机关依法查处。范冰冰常年逃税漏税怎么能叫初犯，她这么多年一直在逃税，只是初次被查而已，叫初犯完全是在偷换概念，范冰冰逃税案追不追究刑事责任的定性和量裁也不应该是由税务机关作出，应该是检察机关提起公诉，由人民法院的法官庭审判决才能下结论的。刑法虽然对于偷漏税做了修改，但是限于初犯，范冰冰是初犯吗？我觉得她是明知故犯。"而类似此种不满处罚结果的舆论也不在少数，认为处罚过轻，作为一个片酬如此昂贵的明星，偷漏税也不止调查中所涉及的《大轰炸》，范冰冰用 8.84 亿的处罚和一封道歉信就"云淡风轻"地了结了此次风波，这如何树立国家和法律的权威？也无法震慑影视行业甚至更多行业中的偷逃税者。

二、何谓"阴阳合同"

（一）概念及成因

1. 概念

我国目前尚无明确界定"阴阳合同"的内涵，《合同法》中也并无相关具体明确的法律规定，但早在 2003 年的《全国人大常委会执法检查组关于检查〈中华人民共和国建筑法〉实施情况的报告》（以下简称《报告》）中曾出现过"黑白合同"的描述，该《报告》指出："建设单位与投标单位或招标代理机构串通，搞虚假招标，明招暗定，签订'黑白合同'的问题相当突出。所谓'黑合同'，就是建设单位在工程招投标过程中，除了公开签订的合同外，又私下与中标单位签订合同，强迫中标单位垫资带资承包、压低工程款等。'黑合同'违反了《招标投标法》、《合同法》和《建筑法》的有关规定，极易造成建筑工程质量隐患，既损害施工方的利益，最终也损害建设方的利益。在检查中，检查组了解到这个问题不仅相当普遍，而且难以查处。"这是"黑白合同"首次出现在官方文件和大众视野中，“阴阳合同”的叫法是在后来逐渐被普及的。“阴阳合同”首次在建筑工程行业领域内被官方定义为建设单位在招标过程中通过签订公开和隐秘两份合同的方式攫取非法利益的情况。在建筑工程招标项目中，招标人与中标人通常利用“阳合同”走招标程序、备案程序，但双方实际履行的却是“阴合同”。由此可以看出，“阴阳合同”从广义上可以理解为为了某种非法利益，而同时签订公开和隐秘的两份合同，这两份合同即一阴一阳合同。

而此后，“阴阳合同”又扩展到房屋买卖市场中，买卖双方通过签订两份不同的合同分别用于申请贷款和缴纳税款，即双方签订虚假的“阳合同”，该合同中将房屋价格提高，以便于申请更多银行或其他金融机构的贷款，而双方真实意思表示签订的“阴合同”则用于双方在房地产交易中心办理过户登记时使用，目的是为了少缴纳税款、逃税避税。从房屋交易中签订的“阴阳合同”可以看出，双方当事人通过两份合同趋利避害以让自己达到利益最大化，而将市场规制、纳税义务等抛诸脑后。而今，“阴阳合同”的使用范围也在疯狂扩大，已经远不止建筑工程施工行业和房屋买卖交易市场了，对国家利益、公共利益的损害也在逐步扩大。

正如在“崔范之争”事件中折射的影视行业“阴阳合同”的现象，所谓影视人员的“阴阳合同”，是指影视从业人员在提供相关劳务过程中，按照劳务合同关系由演艺人员和影视公司之间签订的真假合同，其中一份合同反映的是真实劳务交易金额，俗称“阴合同”；另一份反映的是虚假（或部分）劳务交易行为，俗称“阳合同”。签订“阴阳合同”是为了按照虚假合同金额缴税，以达到少缴税款之目的，因此影视从业人员的“阴阳合同”属于违反税法的行为。[①] 而从崔永元所曝光的合同中我们可以看出，影视行业中明星的天价片酬令人瞠目结舌，而在收入如此之高的行业中，通过签订“阴阳合同”逃税避税的明星也不计其数，这已经是该行业的普遍现象，天价片酬通过“阴阳合同”所偷逃的税费可想而知也是一个庞大的金额，而税收作为国家最主要的收入形式和来

① 参加姜先良:《“阴阳合同”逃税违法》,《法治》2018 年第 7 卷。

源，签订“阴阳合同”的明星们已经严重损害了国家利益，同时也对我国税收管理造成了严重的影响。

因此，我们应该给“阴阳合同”界定一个相对扩大化的概念，以适应社会的发展和需要，同时也理应重视“阴阳合同”现象，加强相关的监管力度，使该行为无处遁形。在此，笔者认为，所谓“阴阳合同”，即合同双方当事人为了逃避监管、偷逃税费或取得其他非法利益，而对同一交易事项同时签订阴阳两份合同，“阳合同”是双方为了获得利益、规避监管、逃税避税而以虚假的意思表示签订的合同，用于所有公示项目和程序，而“阴合同”则是双方意思表示真实，实际履行的协议。

2. 成因

当前签订“阴阳合同”的现象出现在许多行业领域，该现象的产生应从宏观和微观两个方面看待。宏观上讲，我国法律对“阴阳合同”没有明确的规定和处罚措施，公民对法律信仰的缺失也是很重要的原因；微观上讲，“阴阳合同”所涉及的行业，都有其各自的特殊性。

（1）宏观原因

我国之前在《民法总则》和《合同法》中都没有关于“阴阳合同”的明确规定，对“阴阳合同”的界定、法律效力、处罚措施也都没有明确具体的规定。从“法无禁止即自由”原则和意思自治原则的角度来看，“阴阳合同”双方当事人约定“阳合同”就只用于备案、登记、缴纳税款等公开性、程序性事项，“阴合同”作为双方实际履行的根据，对同一交易同时约定两份目的不同的合同，法律没有明确禁止，且两份合同都是双方协商达成、意思表示真实，从这个角度出发，我们也应当尊重和保护“阴阳合同”，这也造就了“阴阳合同”现象的萌生和普及。

公民法律信仰的缺失也是造成“阴阳合同”向各个领域蔓延的重要原因之一。“阴阳合同”双方当事人通过签订两份合同达到规避管制、偷税逃税等目的，将个人利益最大化作为追求目标，枉顾国家的监管制度和纳税义务，更有甚者会侵吞更多国家财富、损害更多社会利益，这是合同双方当事人缺乏对法律的信仰的表现。即便国家没有对“阴阳合同”做出具体明确的规定，但根据《民法总则》第 8 条规定：“民事主体从事民事活动，不得违反法律，不得违背公序良俗。”我们也应当本着诚实信用的原则和对法律的敬畏之心，在不违背公序良俗原则的基础上，在尊重国家利益和社会利益的基础上行使自己的权利。

（2）微观原因

具体到影视行业中，明星的片酬属于劳务收入，而劳务报酬的一般税率是百分之二十，但劳务报酬一次性收入畸高的，需实行加成征收。根据《国家税务总局关于发布〈个人所得税扣缴申报管理办法（试行）〉的公告》中个人所得税预扣率表关于居民个人劳务报酬所得预扣预缴的标准，见下表：

劳务报酬个人所得税税率

（居民个人劳务报酬所得预扣预缴适用）

级数	预扣预缴应纳税所得额	预扣率%	速算扣除数（元）
1	不超过 20000 元的	20	0
2	超过 20000 元至 50000 元的部分	30	2000
3	超过 50000 元的部分	40	7000

根据上表，从崔永元所曝光的合同中看到，明星的片酬动辄上千万。2017 年 4 月，《2017 中国名人商业价值榜》公布，榜单选取自 2016 年 1 月 1 日至 2016 年 12 月 31 日之间，海峡两岸暨香港、澳门地区最活跃，表现最出色的 100 位名人进行估算收入统计。收入的统计标准包括了电影电视剧片酬、导演监制费用、数字专辑收入、演唱会门票收入、比赛奖金、代言费用和活动费用等，且不扣除其余经纪公司、主管单位分成部分（但不计入其名下的投资性收入、经营性收入等）。其中显示，范冰冰以 24400 万元拔得头筹，鹿晗收入 18160 万元位居第二，周杰伦以 18150 万元收入排名第三。这一百人 2016 年一年的总收入高达 709530 万元。天价片酬所纳税额的计算自然也是按照较高的税率 40% 来计算，为了更直观的感受明星天价片酬所缴纳税额的款项之庞大，我们通过《国家税务总局关于发布〈个人所得税扣缴申报管理办法（试行）〉的公告》中关于居民个人工资、薪金所得适用税率和非居民个人工资、薪金所得、劳务报酬所得、稿酬所得、特许权使用费所得适用税率两个表格来与劳

务报酬个人所得税率做一下比较。

个人所得税预扣率表一

（居民个人工资、薪金所得预扣预缴适用）

级数	累计预扣预缴应纳税所得额	预扣率%	速算扣除数（元）
1	不超过 36000 元的	3	0
2	超过 36000 元至 144000 元的部分	10	2520
3	超过 144000 元至 300000 元的部分	20	16920
4	超过 300000 元至 420000 元的部分	25	31920
5	超过 420000 元至 660000 元的部分	30	52920
6	超过 660000 元至 960000 元的部分	35	85920
7	超过 960000 元的部分	45	181920

个人所得税税率表三

（非居民个人工资、薪金所得，劳务报酬所得，稿酬所得，特许权使用费所得适用）

级数	应纳税所得额	税率%	速算扣除数（元）
1	不超过 3000 元的	3	0
2	超过 3000 元至 12000 元的部分	10	210
3	超过 12000 元至 25000 元的部分	20	1410
4	超过 25000 元至 35000 元的部分	25	2660
5	超过 35000 元至 55000 元的部分	30	4410
6	超过 55000 元至 80000 元的部分	35	7160
7	超过 80000 元的部分	45	15160

通过以上个人所得税税率的对比可以看出，明星获取天价片酬的同时也要按 40% 的税率缴纳个人所得税，如此一来，天价片酬产生的高额税费便导致了影视行业“阴阳合同”的 产生和蔓延。而造成影视行业普遍偷逃税费的原因主要有两方面：一方面，由于影视明星职业的特殊性，他们收入来源很广，且很多收入隐蔽性极强，无法查出或查清，且影视行业各种影片、电视剧、综艺节目等的制作和宣传费用也没有统一的衡量标准，很难核算，这些特殊性在客观上为明星偷逃税款提供了便利。另一方面，由于明星个人工作室的普及，明星将收入转入工作室，而个

人工作室也没有明确的定性，一般被认为是个体工商户，如此便将个人劳务报酬转化成个体工商户生产经营所得，按照个体工商户生产经营所得的税率来纳税，也帮助明星逃避了巨额税费。

（二）特征及危害

1. 特征

“阴阳合同”与普通合同相比较而言，最大的特征是有两份内容不同、意思表示不同、使用目的不同的合同，且这两份合同一份具有公示性、一份具有隐蔽性。具体而言，“阴阳合同”有如下特征：

第一，合同主体和客体相同。合同主体即合同当事人，是在其所参与的合同关系中享受权利或承担义务的人，合同是平等主体的自然人、法人、其他组织之间设立、变更、终止民事权利义务关系的协议。可见，自然人、法人、其他组织是我国合同的主体，都具有签订合同的主体资格。合同客体即合同标的，根据客体的不同将民事法律关系分为人身关系和财产关系，民事法律关系中客体一般包括物、行为、智力成果、人身利益等。“阴阳合同”中的两份合同均是由相同的双方当事人就同一标的所签订，两份合同在主体和客体上具有一致性。

第二，合同内容不同。我国《合同法》中规定了许多不同种类的合同，比如买卖合同、租赁合同、借款合同、承揽合同，建筑施工合同、运输合同、保管合同、行纪合同、居间合同等，不同种类的合同所涉及的内容是不同的。“阴阳合同”中，“阴阳”两份合同在主体和客体一致的情况下，约定了不同的合同内容。在影视行业中，最常见的是影视从业人员与影视公司之间签订两份劳务报酬不一致的合同，其中一份劳务报酬偏低的合同是虚假的合同，用来缴纳税款，以达到逃避税费的目的，另外一份劳务报酬偏高的合同是双方实际履行的真实合同，反映了双方当事人真实的劳务交易金额。

第三，合同意思表示不同。意思表示，指行为人向外部表明意欲发生一定私法上法律效果即意欲设立、变更、终止民事法律关系之意思的行为。是民事法律行为是否有效的重要决定因素。“阴阳合同”中，双方当事人对两份不同的合同的内容意思表示是不同的，对公示的“阳合同”双方存在虚假的意思表示，单纯只是为了获取某种利益或达到某种目的而做的“表面工程”，“阴合同”中的内容才是双方都承认并予以实际履行的，是双方真实的意思表达。影视行业中，影视明星与影视公司所签订的劳务报酬畸高的合同是双方的真实意思表达，是明星实际的劳务报酬，合同内容约定劳务报酬偏低的合同是双方避税而签订的虚假的合同。

第四，合同使用目的不同。合同目的，是指合同双方通过合同的订立和履行最终所期望得到的东西或者达到的状态。“阴阳合同”下，订立两份合同的初衷和目的是不一致的，“阳合同”是对外公示的合同，通常用于备案、登记、缴纳税款等目的，是给除了当事人之外的人看的合同，合同表面是遵纪守法、合理有度的。而“阴合同”则是双方当事人内部所做仅为双方知晓的秘密合同，通常不会对外公布，是对双方真实意思表示下实际交易价款、履行方式等内容所作规定的合同，隐含着不能为公众所知的秘密，存在违法甚至犯罪的可能。

第五，公开性和隐蔽性并存。“阴阳合同”最大的特征就是“阴阳”两面，即公开性和隐蔽性。公开性要求“阳合同”要在内容形式上合法，符合国家相关规定，不能违反备案、登记、纳税等国家管理规定，是公众所能看到、所能接受的合同。隐蔽性则是“阴合同”的特征，是不能公之于众，往往内容约定上有违法甚至犯罪、目的上有获取某种不正当利益的嫌疑，是只有合同双方当事人之间才知晓的，很难被公众或者国家相关管理机关所发觉。通过公开性和隐蔽性并存的方式，逃避国家监管、获取不正当利益并实质达成双方想要的交易。

2. 危害

（1）当事人风险较大

“阴阳合同”的当事人在追求个人利益的同时，也损害着当事人的诚信和道德。实践中，“阴阳合同”双方当事人为了追求利益最大化，往往采用对自己最有利的那份合同诉诸法院。因为“阴阳合同”产生纠纷诉诸法院，既给司法机关增加了案件负担、占用了不必要的司法资源，当事人也会因为诉讼纠纷而付出更多的精力和金钱。

“阴阳合同”双方当事人产生纠纷诉诸法院，法官首先会确定“阴阳合同”的效力，而根据以往判例的经验来看，法官确定“阴阳合同”效力主要从两方面考虑，一方面从公序良俗、保护国家第三人利益的角度出发，另一方面从意思自治、鼓励交易的角度出发。在司法实践中，法官通常都会结合具体案情从这两个方面进行权衡，很可能会认定合同无效，也可能会确定合同的其他条款有效，而为规避国家监管、偷逃税费等设置的价格条款无效。因此，一旦合同双方当事人内部发生冲突，无论按照哪个合同寻求法院的帮助，势必会造成其中一方利益的损失，给当事人带来无法估量的风险。

（2）损害国家利益

签订“阴阳合同”的目的在于规避国家监管或偷逃税费，该行为可以说是合同双方当事人恶意串通损害国家利益的行为，且该行为使当事人可能获取极大的利益，这也会加剧更多的人效仿这一做法，使“阴阳合同”的怪象向越来越多的行业领域蔓延。规避国家的监管，会导致国家宏观调控失灵，国家宏观调控是国家对国民经济的管理方式和手段，它能够调节和控制国家的总体经济发展态势，有利于促进市场发育，规范市场运行，实现经济结构平衡和经济可持续发展。若是越来越多合同当事人通过“阴阳合同”的方式规避国家管理和监督，势必会造成市场紊乱，破坏交易秩序和交易公平。通过“阴阳合同”偷逃税费更是严重损害国家税务机关和社会公共利益的行为。税收是国家公共财政最主要的收入形式和来源，税收除了满足国家政府机关的经济基础外，还承担着满足社会公众共同需求的重要作用。税收除了用于国防建设、军队建设、公务员队伍建设外，还广泛用于城市交通、城市设施、科学、教育、文化、环境、卫生等方面，除此之外，国家个别地区发生自然灾害的救助救济财产也来源于税收，由此看来，税收关系到民众生活的点点滴滴，所谓“取之于民用之于民”，国家通过征税，承担起建设和保卫祖国的责任，所谓“国家”既是国也是家，有了国家军队的保卫，我们的领土和主权才不受侵犯，有了国家的规划和治理，我们的城市才能越来越现代化和国际化，而国家的强大和发展也是我们每一个国人的点点滴滴建设起来的，国和家是相辅相成的关系。若是为了自己个人的利益而弃国家利益于不顾，长此以往，国家如何兴旺，民众又受谁保护？因此，我们一定要正确对待纳税义务，不能为一己之私做违法甚至犯罪的愚蠢行为。

（3）损害法律权威性

国家和法律尊重并保护私权，但“阴阳合同”当事人为了私利可以全然不顾国家利益和法律尊严，那么私权基础上签订的“阴阳合同”又靠谁保护和监督呢？若是敬畏法律、信仰法律，在行使私权的同时不损害国家和第三人利益，自愿诚信签订和履行合同，则“阴阳合同”的怪象便不会出现，更不会因为“阴阳合同”产生纠纷诉诸法院造成更大的风险和损失。

依法治国是中国共产党领导全国各族人民治理国家的基本方略，依法治国的根本目的是保证人民充分行使当家做主的权利，维护人民当家做主的地位，依法治国的本质是崇尚宪法和法律在国家政治、经济和社会生活中的权威。因此，法律在国家治理中有着举足轻重的地位，是保障国家长治久安、实现社会文明进步的重要谋略。亚里士多德认为，“法律所以能见成效，全靠民众的服从，而遵守法律的习性必须经长期的培养”。[①] 只有国家的每一个个体遵守和维护法律才能形成良好的社会秩序，我们的权利也才能够得到最大的保障。“阴阳合同”的萌芽就是源于当事人对不正当利益的追求，进而违法甚至犯罪，这不仅损害了法律的权威性，也会给自己造成很大的风险。

（三）法律效力

1. 国外规定

《德国民法典》第117条规定：“（1）应当向他人作出的意思表示，在该意思表示系与他人通谋仅为虚伪地作出时，为无效。（2）以虚伪行为隐藏另外一个法律行为的，适用关于被隐藏之法律行为的规定。”[②] 从

① 参见【古希腊】亚里士多德:《政治学》,商务印书馆1982年,第81页。

② 《德国民法典——全条文注释》,杜景林、卢谌译,中国政法大学出版社2014年,第23页。

该条文规定可以看出，“阴阳合同”在德国法律条文的适用中，“阳合同”应当认定为通谋虚伪的意思表示，是绝对无效的，“阴合同”应当作为一种隐藏的法律行为，其效力则应当根据涉及的相关法律规定来判定。

日本近江幸治在《民法讲义Ⅰ民法总则》一书中将意思表示的效力分为两种，第一种是无效，无效的情形是意思表示不存在，意思表示不存在主要包括心里保留、虚伪表示、错误；第二种是可撤销，该种情形主要指有瑕疵的意思表示，包括受欺诈意思表示和受胁迫意思表示。该意思表示效力如下图所示：

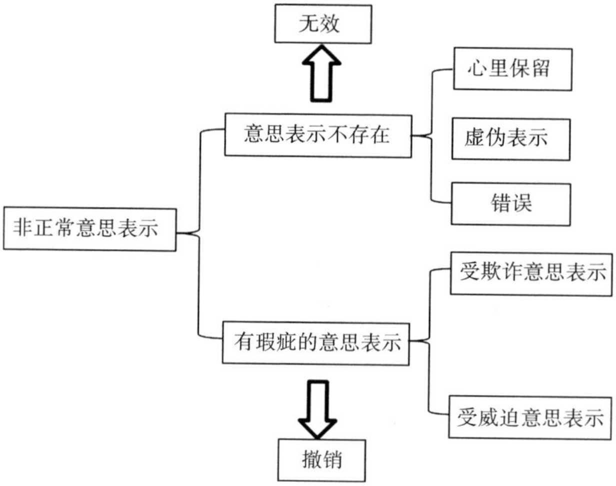

意思表示效力图示①

近江幸治指出：“虚假表示是无效的，而隐匿行为，其行为是有效的。”② 按照这一意思表示理论来看，日本立法是否定虚假表示而承认隐匿行为的有效性的，因此推及“阴阳合同”，日本立法的观点原则上是虚伪表示无效，隐匿行为有效，但日本民法同时规定了虚伪表示和隐匿行为都不得对抗善意第三人。

美国《合同法》认为原则上违反公共政策的合同是无效的，是不能得到强制执行的。但是，在决定是否应当以违反公共政策为由拒绝强制

① 参见【日】近江幸治：《民法讲义Ⅰ民法总则》，渠涛等译，北京大学出版社 2015 年，第 168 页。
② 同上，第 169 页。

执行合同时，美国法院通常要考虑多种因素，其最终的决定往往是对多种公共利益加以权衡的结果。首先，法院要考虑当事人通过订立或履行合同而违反的公共政策是一种重大的具有根本性质的公共政策，还是一种一般性的非根本性的政策，由此决定违反这种公共政策的严重性。其次，法院要考虑通过强制执行合同，保护当事人的正当期望而实现的社会利益是否重要，以上两种利益成为相互抗衡的因素。当后一种利益高于前一种利益时，合同得到强制执行的可能性就增大了。① 原则上当合同在违背公共政策无效情形下法院拒绝强制执行该合同，但利益权衡之后也有强制执行的可能，这是原则和例外的关系，并非绝对的无效。可以看出，若“阴阳合同”有违反公共政策的条款时，法院会根据各种利益权衡判定是否应当强制执行。

2. 我国不同学说和最新规定

（1）有效说

有效说的观点包括三种，即均有效说、阳合同有效说、阴合同有效说。均有效说观点的依据是《民法总则》中意思自治原则的规定。意思自治也称为私法自治，是指民事主体依法享有在法定范围内广泛的行为自由，并可以根据自己的意志产生、变更、消灭民事法律关系。② 意思自治原则给予了合同当事人广泛的自治权，当事人有权选择其相对人、行为内容、行为方式、救济方式等。意思自治原则认为“法无禁止即自由”，只要不违反法律、法规的强制性规定，其行为就受国家和法律的保护。根据意思自治原则及合同成立即生效的一般规则，认为“阴阳合同”中的两份合同均是当事人根据自己的意思表示所签订，且双方是基于自愿平等的基础上达成的协议，应当认定为有效。

阳合同有效说的观点主要是适用于建筑工程领域，有部分学者主张在建筑工程施工合同当中，“阳合同”符合《招标投标法》的程序规定，并且经过主管部门的备案，应认定有效，“阴合同”违反了《招标投标

---

① 参见 王军编著：《美国合同法（修订版）》，对外经济贸易大学出版社 2011 年，第 105 页。

② 参见王利明：《民法总则研究》，中国人民大学出版社 2018 年，第 103 页。

法》第 46 条“招标人和中标人应当自中标通知书发出之日起三十日内，按照招标文件和中标人的投标文件订立书面合同。招标人和中标人不得再行订立背离合同实质性内容的其他协议”的规定，同时也可能违反《建设工程质量管理条例》第 10 条“建设工程发包单位不得迫使承包方以低于成本的价格竞标，不得任意压缩合理工期。建设单位不得明示或者暗示设计单位或者施工单位违反工程建设强制性标准，降低建设工程质量”的规定，因此，认定“阴合同”无效。阴合同有效说的观点认为双方签订“阳合同”的目的在于规避国家监管、偷逃应纳税费，因此，“阳合同”是《民法总则》中“行为人与相对人以虚假的意思表示实施的民事法律行为无效”“行为人与相对人恶意串通，损害他人合法权益的民事法律行为无效”的情形，也是《合同法》中“（二）恶意串通，损害国家、集体或者第三人利益；（三）以合法形式掩盖非法目的”的情形，应当认定为无效，而“阴合同”是双方真实的意思表示，实际履行的合同，应当认定为有效。

（2）无效说

无效说则认为“阴阳合同”中的两份合同均无效。该观点的主要依据是《民法总则》第 146 条：“行为人与相对人以虚假的意思表示实施的民事法律行为无效。”第 154 条：“行为人与相对人恶意串通，损害他人合法权益的民事法律行为无效。”以及《合同法》第 52 条第 2 款和第 3 款的规定“恶意串通，损害国家、集体或者第三人利益”“以合法形式掩盖非法目的”的合同是无效的。首先，“阴阳合同”的签订是为了规避国家管理、偷逃税费等获取非法利益，是合同双方当事人恶意串通的行为，且损害了国家的利益，应当认定无效。其次，根据《民法总则》第 8 条规定“民事主体从事民事活动，不得违背公序良俗”，公序良俗原则包括公共秩序和善良风俗，双方当事人签订“阴阳合同”的行为应认为没有遵守社会的公共秩序，接受国家的监管和缴纳税费都是维护公共秩序的方式，且双方这种以损害国家利益换取个人利益的行为是有违善良风俗的道德价值观的，因此应当认定无效。最后，“阴阳合同”中的“阳合同”通常是用来备案、缴税等的凭证，因此阳合同表面上符合《民法总则》第143条民事法律行为有效的要件，用“阳合同”合法有效的形式掩盖其下隐藏的非法目的或者掩盖“阴合同”中有关的非法目的，应当认定“阴阳合同”无效。

（3）部分无效说

部分无效说的观点主要是指阴合同有效、阳合同部分无效的观点，“阴合同”是双方当事人真实意思表示，符合意思自治原则，且是双方基于自愿平等、协商一致所签订的，是有效的，而“阳合同”中大部分条款规定与“阴合同”基本是一致的，只是在价款等涉及需要规避监管或逃避税收的部分条款应当认定为《民法总则》第146条“行为人与相对人以虚假的意思表示实施的民事法律行为无效”，第154条“行为人与相对人恶意串通，损害他人合法权益的民事法律行为无效”的情形和《合同法》中“恶意串通，损害国家、集体或者第三人利益”“以合法形式掩盖非法目的”的情形，该部分条款应认定为无效。根据《合同法》第56条规定“无效的合同或者被撤销的合同自始没有法律约束力。合同部分无效，不影响其他部分效力的，其他部分仍然有效”，应当认定有关损害国家利益、社会公共利益，违背公序良俗的条款无效，但其他不违背法律法规规定的条款应当认定有效。

（四）《民法总则》新规定与适用

我国《民法总则》于2017年3月15日第十二届全国人民代表大会第五次会议通过，自2017年10月1日起施行。此次《民法总则》对于《民法通则》的修改中规定了意义重大的第146条，该条规定“行为人与相对人以虚假的意思表示实施的民事法律行为无效。以虚假的意思表示隐藏的民事法律行为的效力，依照有关法律规定处理”，替代了《民法通则》第58条第4款、第5款和第6款“恶意串通，损害国家、集体或者第三人利益的”“违反法律或者社会公共利益的”“以合法形式掩盖非法目的的”，以及《合同法》第52条第2款和第3款“恶意串通，损害国家、集体或者第三人利益”“以合法形式掩盖非法目的”的相关规定。这是我国第一次对虚假意思表示引起的法律行为的效力的明确规定，且价值远远大于“恶意串通，损害国家、集体或者第三人利益”和“以合法形式掩盖非法目的”的相关规定，因为“虚假的法律行为所掩盖的不一定就是具有非法目的的法律行为或者损害国家集体或者第三人利益的法律行为”。[①] 而这一规定对于“阴阳合同”效力在司法实践中的判断和处理具有十分重要的意义。根据该项规定，可以认定，“阴阳合同”中“阳合同”属于双方虚假的意思表示，“阴合同”是虚假意思表示下所隐藏的民事法律行为，应当认定“阳合同”无效，“阴合同”根据合同的具体属性按照相关的法律规定处理。而演员与影视公司签订的合同属于何种合同？应该按照什么具体法律规定处理呢？笔者认为，演员与影视公司签订的合同属于一种聘用协议，二者属于劳务关系，因此认定为劳务合同。而劳务合同是没有专门的相关法律规定和司法解释的，因此应当适用《合同法》有关规定。

三、“阴阳合同”触犯何罪

（一）片酬该缴何税

《个人所得税法实施条例》第 6 条对个人所得税法的各项个人所得的范围进行了规定，其中第 2 款规定：“劳务报酬所得，是指个人从事劳务取得的所得，包括从事设计、装潢、安装、制图、化验、测试、医疗、法律、会计、咨询、讲学、翻译、审稿、书画、雕刻、影视、录音、录像、演出、表演、广告、展览、技术服务、介绍服务、经纪服务、代办服务以及其他劳务取得的所得。”《个人所得税法》第 2 条第 2 款规定劳务报酬所得应缴纳个人所得税，根据《国家税务总局关于发布〈个人所得税扣缴申报管理办法（试行）〉的公告》，居民个人劳务报酬所得预扣预缴适用下表税率：

① 参见李永军：《虚假意思表示之法律行为刍议——对于〈民法总则〉第 146 条及第 154 条的讨论》，《中国政法大学学报》2017 年第 4 期。

个人所得税预扣率表二

（居民个人劳务报酬所得预扣预缴适用）

级数	预扣预缴应纳税所得额	预扣率%	速算扣除数（元）
1	不超过20000元的	20	0
2	超过20000元至50000元的部分	30	2000
3	超过50000元的部分	40	7000

那么明星又该如何缴税呢？根据《个人所得税法》第9条规定："个人所得税以所得人为纳税人，以支付所得的单位或者个人为扣缴义务人。"由该规定可知，明星片酬个人所得税税金的缴纳一般是由支付片酬的单位或个人代扣代缴。根据《国家税务总局关于个人所得税自行纳税申报有关问题的公告国家税务总局公告》第1条规定："取得综合所得且符合下列情形之一的纳税人，应当依法办理汇算清缴：（一）从两处以上取得综合所得，且综合所得年收入额减除专项扣除后的余额超过6万元；（二）取得劳务报酬所得、稿酬所得、特许权使用费所得中一项或者多项所得，且综合所得年收入额减除专项扣除的余额超过6万元；（三）纳税年度内预缴税额低于应纳税额；（四）纳税人申请退税。需要办理汇算清缴的纳税人，应当在取得所得的次年3月1日至6月30日内，向任职、受雇单位所在地主管税务机关办理纳税申报，并报送《个人所得税年度自行纳税申报表》。纳税人有两处以上任职、受雇单位的，选择向其中一处任职、受雇单位所在地主管税务机关办理纳税申报；纳税人没有任职、受雇单位的，向户籍所在地或经常居住地主管税务机关办理纳税申报。"因此，明星片酬即使在支付片酬的单位已经代扣代缴的情况下，也应当办理纳税申报。

（二）明星避税方式

明星天价片酬按照个人所得税加成征40%的税费，这使众多明星纷纷产生避税的念头，那么明星们都有哪些方式来避税呢？笔者通过下图来解释明星避税的方式。

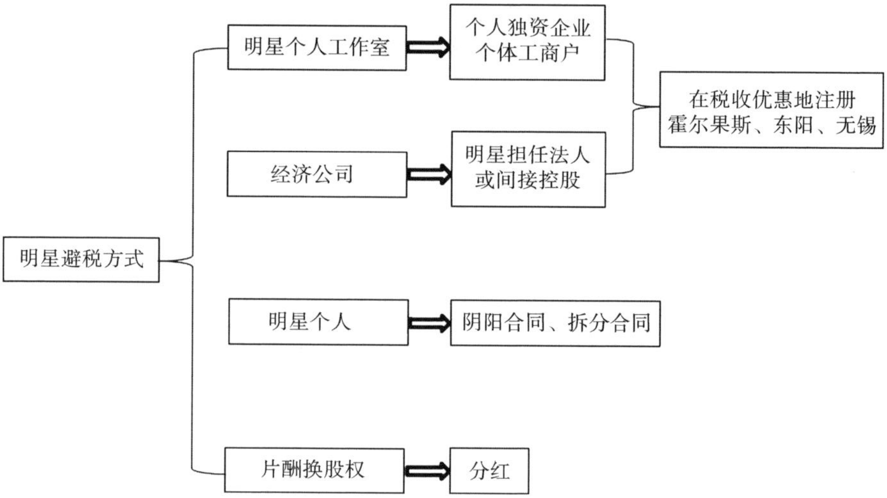

明星避税方式图示

通过上图，可以看出明星避税方式大概有四种。第一种是通过开设明星个人工作室，在税收优惠地注册，按照个人独资企业或个体工商户的税率标准缴纳税金。第二种是开设经纪公司，明星自己担任法人或者进行控股，并将公司注册在诸如霍尔果斯、东阳、无锡等有极大优惠政策的地方，达到降低税费的目的。第三是明星个人与影视公司签订劳务合同，在价款部分签订阴阳合同，私下达成协议，通过分期付款、拆分合同等方式避税。第四是明星将片酬转化成影视公司的股权，成为公司股东，收取红利，并以“出品人、制片人”等头衔对外宣传既达到有效避税，又能提高公司利润。

（三）是否构成犯罪

“崔范之争”矛盾的升级将范冰冰推上偷税逃税的风口浪尖，而舆论也很关注，范冰冰以“阴阳合同”偷税逃税是否会构成犯罪？根据新华社《税务部门依法查处范冰冰“阴阳合同”等偷逃税问题》可知，范冰冰一案“依据《中华人民共和国刑法》第二百零一条的规定，由于范冰冰属于首次被税务机关按偷税予以行政处罚且此前未因逃避缴纳税款受过刑事处罚，上述定性为偷税的税款、滞纳金、罚款在税务机关下达追缴通知后在规定期限内缴纳的，依法不予追究刑事责任。超过规定期限不缴纳税款和滞纳金、不接受行政处罚的，税务机关将依法移送公安机关处理。”

我国《刑法修正案七》对《刑法》第201修改如下：“纳税人采取欺骗、隐瞒手段进行虚假纳税申报或者不申报，逃避缴纳税款数额较大并且占应纳税额百分之十以上的，处三年以下有期徒刑或者拘役，并处罚金；数额巨大并且占应纳税额百分之三十以上的，处三年以上七年以下有期徒刑，并处罚金。扣缴义务人采取前款所列手段，不缴或者少缴已扣、已收税款，数额较大的，依照前款的规定处罚。对多次实施前两款行为，未经处理的，按照累计数额计算。

有第一款行为，经税务机关依法下达追缴通知后，补缴应纳税款，缴纳滞纳金，已受行政处罚的，不予追究刑事责任；但是，五年内因逃避缴纳税款受过刑事处罚或者被税务机关给予二次以上行政处罚的除外。”

因此，对于逃税的案件，并非直接由司法机关追究当事人的刑事责任，而是应当先经过税务机关的处理。构成逃税罪必须要满足上述条文规定，即不依法履行行政处罚及时补缴税款、滞纳金或五年内因逃避缴纳税款受过刑事处罚或者被税务机关给予二次以上行政处罚的。如此规定一方面有利于当事人及时改正错误，缓解国家司法资源的紧张局势，减轻国家司法机关的办案压力；另一方面也能发挥税收征管部门的作用，加强征管，保证国家财政经济来源。

四、“阴阳合同”有何法律后果

（一）民事法律后果

“阴阳合同”从最早大量出现于建筑物招投标类、房屋买卖合同的订立，后逐渐扩展到各行各业的多种类型合同的订立，逐渐呈现出蔓延的趋势。“崔范事件”更是使“大小合同”“阴阳合同”从阴影处走到了普罗大众的面前。

1. 对民事法律关系的影响

学界对于“阴阳”两份内容不同合同的效力有多种解释，如“有效说”“无效说”“部分无效说”，有效说中还有“阴阳合同有效说”“阳合同有效说”“阴合同有效说”，众说纷纭、观点不一。这也是民法的“意思自治”原则、“公序良俗”原则、“鼓励交易”等原则之间的碰撞，同时也是对《民法总则》第 143 条关于民事法律行为的有效要件，以及《合同法》中第 52 条合同无效的条件，第 56 条部分合同无效，合同其他部分效力并不全部当然无效等规定的认定。

如果是依据《合同法》第 56 条的规定，认定部分合同条款无效或者部分合同条款有效后，有效的合同条款可以继续实施，这种效力是需要区别对待的，不可因为无效条款而单纯认定有效合同条款不能实施。

在认定无效的合同中，根据《合同法》第 58 条的规定，需要恢复原有的状态，包括可能要返还财产，折价赔偿或是赔偿损失，要根据案件的具体情况，以及相关当事人的过错来具体进行判断。

实际的民事行为中，“阴阳合同”所引发的法律后果不一而足，在“阴阳合同”的高发区——民事主体参与的房地产买卖中，有时买卖双方签订了虚假的“阳合同”并且买方按“阳合同”约定支付卖方较低价款后，就要求卖方办理房屋产权登记并拒绝履行“阴合同”，随后若诉诸法院，法院很可能认定“阴合同”合同无效，卖方将产生经济利益损失。即便双方成功按照“阴阳合同”完成了交易，对于买方来说，如果该房地产再次被交易，原有须纳税的增值部分比实际的增值额高出许多，买方实际上也承担了不必要的风险，以至于新的买卖双方将不得不继续使用“阴阳合同”进行交易。

由于“阴阳合同”是以虚伪的意思表示掩盖了真实的意思表示，所以认定时须根据合同实际履行的情况、双方的法律行为等具体情况去判断双方当事人的民事权利，这也导致了整个民事法律关系的混乱，对正常经济秩序、市场交易秩序的稳定来说是一种破坏。

2. 司法实践中对“阴阳合同”的认定

虽然在学理上对“阴阳合同”可能会有不同的理解，但是在司法实践当中，就必须对利用“阴阳合同”偷漏税款的行为进行规制。最高人民法院于2008年第8期公布的公报案例中，一例案件为建设工程施工合同中出现了两种内容不同的法律文本，应适用哪个《建设工程施工合同》的文本作为结算依据，双方出现争议。最高法在审理该案件时援引了对于仅关系到建设工程交易双方的切身利益的《关于审理建设工程施工合同纠纷案件适用法律问题的解释》[①] 第21条规定，即“当事人就同一建设工程另行订立的建设工程施工合同与经过备案的中标合同实质性内容不一致的，应当以备案的中标合同作为结算工程价款的根据”。根据该条款，最高法最终认定备案合同有效。[②] 当然，这种认定也多可能也是因为最高法在审理该案时没有发现双方真实的意思表示，所以通过《关于审理建设工程施工合同纠纷案件适用法律问题的解释》第21条的规定作出了相应的裁判。

而在有些案件中，人民法院的看法会有些不同，如黑龙江高级人民法院所审理的“黑龙江第二建筑工程公司诉黑河市公安局的案件”中，被告黑河市公安局先是与黑龙江第二建筑工程公司签订了一个标的额较低的建筑施工合同，但是因为其作为一个行政机关，没有相应的资质，又借用了华泰公司的名义通过招投标的程序与黑龙江第二建筑工程公司签订了一个价款较高的合同，并在黑河市城乡建设局进行了备案，但是黑龙江高级人民法院审理后认定，该备案合同并非双方的真实意思表示，所以该案中的“阴合同”有效。[③] 此案与公报中的案例略有不同，一方面是此案中双方当事人并不完全一致，在“阳合同”中的当事人是华泰公司，而华泰公司只是被黑河市公安局“借名”，另一方面是双方当事人的“阴合同”是在招投标程序之前签订的，所以违反了《招标投标法》第43条在确定中标人前，招标人不得与投标人就投标价格、投标方案等实质性内容进行谈判的规定，所以黑龙江高级人民法院并没有使用《关于审理建设工程施工合同纠纷案件适用法律问题的解释》第21条的规定。

---

① 参见何佰洲、周显峰:《透视阴阳合同现象,反思我国招标投标制度》,《建筑经济》2004年第1期。

② 参见〔2007〕民一终字第74号。

③ 参见〔2013〕黑民初字第6号。

而在其他类型的“阴阳合同”的民事纠纷中，如最高法审理的“朱鹏杰、高枫股权转让纠纷”中，双方当事人为偷逃税款恶意串通，签订了将股权转让价款约定为 66 万元和 33 万元的《股权转让协议》，但后续又签立《股权转让补充合同》来实施实际上交易价格为 2800 万元的股权交易行为，最终最高法认定备案的“阳合同”无效，[①] 仍然通过补充合同进行相应的判决。

通过大量的案例，我们可以发现，司法实践中，有相当多的案例中法院还是将“阴阳合同”中的“阳合同”，即用于欺骗行政机关的登记备案、规避监管、偷逃税费的合同认定为无效，当然《关于审理建设工程施工合同纠纷案件适用法律问题的解释》第 21 条的规定具有一定的实践意义，但是在法院可以明显地通过双方的法律行为寻找到真实的意思表达时，法官可以行使自由裁量权宣告虚伪表示的合同无效。

3. 本次案件中民事法律后果

虽然本次明星“阴阳合同”事件声势浩大，但其中并没有太多关于民事法律关系的纠纷，因为双方当事人作为影视业大型公司和大牌艺人，是多年的合作伙伴，也惯用这种方式来逃避纳税，所以本案中范冰冰与《大轰炸》剧组之间在片酬上并没有产生实际的民事纠纷，且因两份合同所涉片酬有着巨大差异，民事法律事实也比较好认定。但这并不意味着影视行业中“阴阳合同”就不会产生民事纠纷，现实中很多情况下是比较强势的制作公司和弱势的创作人签订“大小合同”，所以很容易出现劳资纠纷。在体育圈这种合同也很常见，如广州恒大刘健和长春亚泰的王栋都因出国深造和索求薪金等理由与之前签订“阴阳合同”的俱乐部方发生相关的合同纠纷。[②]

总的来说，即使学理上关于“阴阳合同”有着诸多的争议，当事人双方可能对合同的效力产生纠纷，但实践中，通过签订阴阳合同的方式逃避缴纳税款，不当然造成合同无效的民事法律后果。

---

① 参见〔2016〕最高法民终字 7 号。

② 参见张红华、郑鹭宾、缪志伟：《论“阴阳合同”的法律效力——以王栋合同门事件为例》，《武汉体育学院学报》2010 年第 44 卷第 2 期。

（二）行政法律后果

在行政法律关系方面，因为“阴阳合同”中的“阳合同”一般都是为了应对土地、税务等相关行政部门，所以“阴阳合同”对于行政法律关系之间的当事人有着比较重大的影响，在本案中，行政法律责任的承担也是舆论报道的焦点所在。

1. 行政相对人应承担的行政法律责任

“阴阳合同”所引发的结果是纳税人透过避税或逃税行为，使本应产生的税负不产生或隐匿现实发生的税收债务，是对能力原则的妨害，不利于税收纵向公平之实现。①

所在，行政法律关系上，行政机关必然要对签订“阴阳合同”的行为加以严格的规制。拥有行政强制执行权的税务机关完全可以依照《行政强制法》以及《税收征收管理法》的相关规定，对行政相对人处以罚款或追征滞纳金。同时，在民事法律规范之中，也有与行政法律规范的衔接之处。我国《合同法》第 59 条也规定了，当合同当事人恶意串通，损害国家、集体或者第三人利益的，因此取得的财产收归国家所有或者返还集体、第三人。该规定实际上即有民事法律关系和行政法律关系规范上的衔接。

具体到税收监管领域，其主要法律依据是《税收征收管理办法》，其中第 32 条规定扣缴义务人未按照规定期限解缴税款的，税务机关除责令限期缴纳外，从滞纳税款之日起，按日加收滞纳税款万分之五的滞纳金。第 40 条规定，如果纳税人、扣缴义务人出现了未按照规定的期限缴纳或者解缴税款的情况，由税务机关责令限期缴纳，逾期仍未缴纳的，经县以上税务机关负责人批准，可以采取书面通知银行划拨相对人的存款，查封、扣押，或者拍卖或者变卖相对人的财物来抵缴税款。第 60 条规定，对不同程度逃税行为可以处以不同的罚款，根据第 68 条和 69 条的规

① 参见侯卓:《行为的异质性对税法规制的影响及其缓释思路——一种“能力——行为”的分析范式》,《法学杂志》2018 年第 3 期。

定，纳税人、扣缴义务人在规定期限内不缴或者少缴应纳或者应解缴的税款，经税务机关责令限期缴纳，逾期仍未缴纳的，税务机关除依照该法第 40 条的规定采取强制执行措施追缴其不缴或者少缴的税款外，可以处不缴或者少缴的税款百分之五十以上五倍以下的罚款。

本案中，税务机关依照《税收征收管理法》第 32 条以及对应的第 52 条的滞纳金条款，对范冰冰以及她担任法人代表的公司追缴税款 2.55 亿元，加收滞纳金 0.33 亿元，根据第 63 条关于偷税行为及其处罚措施条款，对范冰冰签订“阴阳合同”偷逃税款的行为处以偷税金额的 4 倍罚款共计 2.4 亿元，通过工作室账户隐瞒真实收益的行为处以未缴纳税款的 3 倍罚款计 2.39 亿元，对其通过企业账户逃缴税款的行为处以税款的 1 倍罚款共计 94.6 万元。

由于范冰冰还存在利用两家公司互相掩护来隐瞒真实收入的情况，根据《税收征收管理法》第 69 条，扣缴义务人存在税款应扣未扣、应收而不收的情况时，由税务机关向纳税人追缴税款，对扣缴义务人，此案中即范冰冰担任法定代表人的公司可以处以应扣未扣、应收未收税款百分之五十以上三倍以下的罚款。税务机关决定对这两家公司处以少缴税款 0.5 倍的罚款，分别计 0.51 亿元、0.65 亿元。

本案中，江苏省税务局以及无锡市税务局通过查明，认为范冰冰在实际获得 3000 万元片酬时只申报了 1000 元，逃避缴纳个税 618 万元，少缴营业税及附加 112 万元，其担任法定代表人的两家用于隐瞒逃税行为的公司分别逃避缴税 2.48 亿元以及 1.34 亿元，在案件事实的基础上依照上述的规定，对范冰冰处以罚款和加收滞纳金共计 8.34 亿元，本次调查及后续的公告为“阴阳合同”所引发的行政法律后果给出了一个明确的方向。

8 亿多元的天价罚单，即使在物价飞速上涨的今天，也让人瞠目结舌，这种处罚也给文体娱乐产业中出现的“阴阳合同”泛滥的乱象敲响了一个警钟，同时也是从行政执法层面为整个社会主义市场经济发展起到了一个很好的正面引导作用。中宣部、广电总局以及国税局也趁此机会发布了《通知》，明确了明星演员的片酬不得超过总片酬的 70%，同时严肃地指出将会加大对偷税行为的处理力度，要求立足于国家、社会利益，健康发展影视行业。

2. 相关行政人员的审查责任

“阴阳合同”的出现多是由行政执法人员的执法不严导致的。为了避免和大企业产生冲突以及出于懒政怠政的原因，税务部门对于一些明显不符合常理的“阴阳合同”不加以详尽审查，也使得市场上“阴阳合同”的现象愈演愈烈，整个行业的偷税漏税现象更是让税务机关部分人员产生了“法不责众”的想法，对大量出现的偷税漏税行为睁一只眼闭一只眼，即使处罚也往往采用最低标准。此时，行政机关以及相关人员就应该承担相应的行政责任。

在本次案件发生后，一些税务机关的负责人和相关工作人员被问责。国家税务总局依据《中国共产党问责条例》、《行政机关公务员处分条例》和《税收违法违纪行为处分规定》等对无锡市税务局局长，税务局的会计师处以警告和记过的行政处分，免除了相关分局副局长现任领导职务，对多个相关的行政人员进行了警告和记过的行政处分。这种举动也表现出政府对当前“阴阳合同”所造成的乱象以及因此产生的税收流失十分重视，并对税务机关严格执法提出了更高的要求。偷税现象丛生往往不是单方的行为所导致的，如果不从执法机构抓起，严肃其行政职责履行，对行业之风的纠正和稳定税收征收的秩序也就无从谈起。

（三）刑事法律后果

根据司法实践以及刑事法律的制度设计来看，一般单纯因为“阴阳合同”而产生的纠纷难以触及刑事法律犯罪。在中国裁判文书网上以“阴阳合同”为关键词搜索后发现，“阴阳合同”所可能涉及的犯罪包括逃税罪、诈骗罪、挪用资金罪以及职务侵占罪，等等，这也和经济领域的犯罪形式大多比较复杂，手段多样且隐蔽有很大关系。

所以行政法律后果和刑事法律后果上，有着很多可以进行衔接以及界定的地方，根据《税收征收管理法》的第 63 条、第 65 条、第 66 条、第 67 条等的规定，对在税收征收中可能存在的拆分合同隐瞒真实收入、非法印制发票的、假报出口骗取出口退税、抗拒缴纳税款等行为所可能引发的刑事法律关系进行了强调。本文将针对范冰冰这一案件为核心，然后展开来研究对“阴阳合同”所导致的刑事法律后果进行相应的梳理。

1. 逃税罪——“阴阳合同”主要当事人刑法责任

范冰冰事件爆发之后，很多网友认为范冰冰此次可能触犯相关的刑事法律规范，要“吃牢饭”，但是最终却是“依法不予追究刑事责任”。这一结果引起了社会疑问，为什么比起与之相似的刘晓庆偷税案，范冰冰案所涉金额更大，情节更加严重，却没有进入刑事诉讼程序呢？

首先要明确的是，原《刑法》第 201 条规定了偷税罪，对以只列不报等方式进行虚假纳税申报的犯罪嫌疑人，可以处以有期徒刑以及并处法定范围内的罚金刑。2002 年 4 月 2 日，北京市地税局第一稽查分局对北京晓庆文化艺术有限责任公司、北京刘晓庆实业发展公司和北京晓庆经典广告公司涉嫌偷税立案调查。调查证实北京晓庆文化艺术有限责任公司 1996 年以来采取不列、少列收入、多列支出、虚假申报等手段偷逃巨额税款，已涉嫌偷税犯罪。4 月 4 日，北京市地税局将此案依法移送北京市公安局。2002 年 6 月 20 日，刘晓庆因所办公司涉嫌偷税，被公安机关依法刑事拘留，在被拘留了长达 442 天之后，刘晓庆被取保候审，之后检察机关也作出了不起诉的决定。

事实上，由于偷税罪本身设置的问题，偷税行为难以界定，为此，在刘晓庆被拘留的期间，最高人民法院在《关于审理偷税抗税刑事案件具体应用法律若干问题的解释》中说明，补缴税款且犯罪情节轻微的偷税行为，可以不追刑事责任。

在 2009 年出台的《刑法修正案（七）》中，对《刑法》第 201 条偷税罪作了重大修改，主要有五个方向的改动，一就是将罪名进行了修改，将偷税罪改为了逃税罪，二是增加了初犯可以免责的条款，三是将入罪量刑的数额从具体的数额改成了抽象的数额，四是取消罚金刑量刑的上下限，五是在列举逃避税收征收的手段时采用概括性描述，而不是列举式的规定。这也就是为什么范冰冰没有承担刑事责任，因其作为纳税人，初次逃避税款的征收可以适用免责条款，也就是范冰冰虽然偷税数额巨大,符合《刑法》第201条第1款之规定,但却可以通过免责条款免责,行政程序前置,接受了行政处罚后,不再属于刑事处罚的范围。[1] 当然范冰冰若后续未能补全税款或逃避缴纳税款仍然导致构成《刑法》中关于逃税罪的认定。

2. 毁坏会计凭证罪——相关从业人员的刑法责任

从处罚结果来看,虽然范冰冰本人并没有牢狱之灾,但该案件中从事相关业务的会计却因为被指控销毁会计凭证、会计账簿,涉嫌犯罪被公安机关采取刑事强制措施。

依据我国《刑法》第162条规定,隐匿或者故意销毁依法应当保存的会计凭证、会计账簿、财务会计报告,情节严重的,处五年以下有期徒刑或者拘役,并处或者单处二万元以上二十万元以下罚金。单位犯前款罪的,对单位判处罚金,并对其直接负责的主管人员和其他直接责任人员,依照前款的规定处罚。在本次事件中,尤其参与“阴阳合同”的签订的法律从业人员,以及进行账目整理的会计从业人员和可能有徇私舞弊行为的相关税务人员都有可能触犯相应的刑法规范。

五、由“阴阳合同”引发的思考

(一)立法需对合同无效制度加以完善

在立法方面,关于合同效力的认定上,我国仍有一些缺陷。在2017年通过的《中华人民共和国民法总则》中,同时规定了“恶意串通”以及“虚伪表示”的相关规范,二者所指向的范围略有重叠。从意思表示瑕疵的规范体系来看,“恶意串通”这一概念的适用在不断扩张,在整个民事法律制度的设计上存在着不确定性。在未来的民法典编纂中可以废除恶意串通,采用虚伪表示或是认为以合法方式掩盖非法手段的相关表

① 参见郭昌盛:《逃税罪的解构与重构——基于税收制度的整体考量和技术性规范》,《政治与法律》2018年第8期。

达，无论是虚假意思表示还是隐藏行为的无效，均不得对抗善意第三人，[①] 从而让整个民法体系在面对不法隐藏行为和避法行为类型的“阴阳合同”时更加明确，也能起到保护国家、社会以及第三人利益的目的。

同时，最高法《关于审理建设工程施工合同纠纷案件适用法律问题的解释》的第 21 条，在建设工程施工类型的“阴阳合同”中作为认定哪一合同有效的规定有些过于简单，该条款作为定纷止争的裁判性规则具有一定的价值，但是却在很多现实情况下不能很好地适用，所以才会出现在建设工程合同的纠纷中，法院认定备案合同无效的情况。未来我们应该采取审慎的态度，从民事立法或者相关的行政立法、刑事立法上多做思考与设计，对“阴阳合同”所产生的刑事、民事、行政法律关系的衔接，进行严谨的推理和准确的界定，使得相应法律后果以及法律责任的承担可以符合现实情况的需要。

（二）司法实践中要公正审理案件事实

司法实践里，因“阴阳合同”涉及用虚假行为掩盖真实目的的情况，此时，合同的认定须经法官根据实际情况进行判断，这就给了法官很大的自由裁量权。法官应该谨慎地审理案件，做出公平公正的审理，即使在建筑合同领域，也不能仅以《关于审理建设工程施工合同纠纷案件适用法律问题的解释》第 21 条的规定就去做出判断。

同时，对于涉及“阴阳合同”的民事纠纷，法官应该主动地寻找在“阳合同”掩盖之下双方真实的意思表示。在司法实践中，法官也主要是依据案件的事实情况对“阴阳合同”的效力做出判断，而不是依据相关法律、法规的规定。这当然和现行的法律规范无法很好地解决“阴阳合同”的效力问题有直接关系，但是，同一法院对于类似案件做出不同的判决，其实也不利于整个司法体系的权威性与明确性。法院只有在案件审理时以更慎重地态度对待相应的规定，分别判断“阴阳合同”的效力，

① 参见冉克平：《“恶意串通”与“合法形式掩盖非法目的”在民法典总则中的构造——兼评〈民法总则〉之规定》，《现代法学》2017 年第 39 卷第 4 期。

以更完善的说理，更具一致性的判决才能更好地发挥司法体系对社会主义市场经济体系的完善以及交易秩序的稳定作用。

（三）执法过程要严格行政机关的责任

审查不严、审完即丢等是诱发“阴阳合同”重要原因。土地、税务等行政机关往往在面对“阴阳合同”时，没能尽到“尽职调查”的义务，有时只是进行简单的“形式审查”，对一些情况稍作了解，看起来符合要求便轻松放过，这给了许多不法分子以可乘之机，使一些人存在了侥幸心理。

“阴阳合同”是在利益驱动下的产物，是一种私权与公权的对抗。“阴阳合同”的双方当事人为了摆脱国家监督管理，以隐瞒和欺骗的手段从公权下获得自身利益的增加，从这一点来看，双方本身的立场就处于天然对抗的地位上，所以自然地会出现“执法退，偷税进”的情况。

本次国家税务总局一方面依据税法对范冰冰开出了天价罚单，给偷税漏税的“大户”敲响了警钟，另一方面也依据相关行政人员管理条例，给行政执法人员敲响了警钟，告诫所有参与行政执法活动的公务人员应该认清自身责任，不可以徇私舞弊、玩忽职守，使国家利益受损。

（四）加强积极的正面引导与社会监督

虽然我们强调执法机关必须加大执法力度，打击“阴阳合同”掩盖下的违法行为，但实际上合同双方刻意以“阴阳合同”做出虚假意思表示很难被有关部门发觉，更遑论对该合同所涉实际给予有效的监督及审查。

“阴阳合同”愈演愈烈，与整个市场经济秩序不稳定，相关主体不尊重法律有很大关系，立法、司法、执法之目的就是营造良好的法律氛围。实际上，“阴阳合同”的存在不仅仅是影响了双方当事人，对国家、社会以及第三方经纪公司等都造成很大的损害，在本次的“范冰冰阴阳合同”事件中，税务机关处置公平公正，媒体公布案情及时，以法律和事实回应了公众，不止是对大众的一次普法教育，更是对一些行业敲响了警钟，促进了市场交易秩序的良性循环。

目前在影视行业存在很多合理避税的方法，比如很多明星选择开个人工作室，所缴纳的税款就是依据的个体户的个人所得税超额累进税率（最高35%），与个人获得劳动报酬的40%税率的加成征收相比，合法避免缴纳更多税款。此外，很多明星把工作室设在霍尔果斯、浙江东阳、上海松江等影视基地，以享受当地的税收优惠，抑或有些比较“大牌”的明星签订合同时将收入列为税后收入，从而将相应的纳税义务转嫁到合作方身上。然而，“阴阳合同”是明星不尊重法律，在利益驱动下违法逃税的产物，须从法律层面以及舆论层面双管齐下，对行业和个人加以正向的引导和教育，才能极大减少“阴阳合同”的现象，从而达到稳定整个市场交易秩序的作用。

（五）信息时代下法治国家的建设之路

治理“阴阳合同”的现象其实是一个系统化的过程，需要公民意识的增强，立法设计的完善，司法行为的公正以及执法活动的严格。这就在社会主义市场经济飞速发展的今天，对我们政府管理体制的健全、全民法律意识的提升以及法治国家的建设提出了新的要求。我们要注意的是，法律具有滞后性，不能完美地契合社会经济发展的步伐，所以就需要立法制度以及管理制度具有先进性和前瞻性。本文中提到的建设施工合同、房屋买卖合同以及明星劳务合同，其实都是市场经济中比较常见也是比较重大的合同类型，可以通过逐步建立全国联网的备案数据库进行智能的监督与审查。

在电子化以及大数据的今天，政府管理体制、法治国家的建设更应该跟上时代的步伐。影视行业利用“阴阳合同”偷税漏税现象横生，一方面原因是违法成本较低，另一方面原因是稽查成本很大。所以必须要将相应合同审查以及备案审查纳入整个税务管理部门的信息数据库，降低稽查的难度，增加审查的深度与频度，让信息化引导税收征管，房屋登记走向智能化，这有利于改变双方信息不对称的局面。在这样的一个信息化的时代下，“数据管税”必将成为我国继“以账控税”“以票控税”“信息管税”之后，新时代税收征管的核心模式。[①] 政府的信息系统建设应该全面铺开，尽量做到多方参与、万众监督，把“阴阳合同”的内容完全曝光于行政机关的监督之下，将会更加有利于政府的监管与市场的稳定。

① 参见李昊源:《“数据管税”:新时代税收征管的核心模式——以互联网交易为例的分析》,《现代管理科学》2018 年第 12 期。

司法审判守护社会正能量

——“电梯劝烟案”二审改判的公正维度与价值衡平

高兴荣*

法发展的重心不在立法、不在法学，也不在司法判决，而在社会本身。

——埃利希[①]

努力让人民群众在每一个司法案件中都感受到公平正义。

——习近平

让维护法律和公共利益的行为受到鼓励，让见义勇为者敢为，以公正判决树立行为准则，引领社会风尚。

——周强

一、点燃舆情的电梯劝烟案

事件回顾

2017年5月，河南郑州的医生杨某在小区电梯里劝阻一名老人抽烟，引发争执，老人后因心脏病发作离世。

死者家属将杨某诉至法院，要求40万余元赔偿。

---

* 高兴荣，中国社会科学院研究生院法律硕士。

① ［奥］埃利希：《法社会学原理》，舒国滢译，中国大百科全书出版社2009年版。

2017 年 9 月，法院一审判决：被告行为与老人死亡没有必然因果关系，但老人确在与被告言语争执后猝死。法院判决杨某向死者家属补偿 1.5 万元。死者家属上诉。

2018 年 1 月，二审公开宣判，驳回死者家属的诉讼请求，撤销要求杨某补偿死者家属 1.5 万元的民事判决。

（一）案件事实与审理经过

2018 年 1 月 23 日，河南省郑州市中级人民法院公开宣判上诉人田某与被上诉人杨某生命权纠纷一案，二审判决：撤销郑州市金水区人民法院对田某诉杨某生命权纠纷一案作出的一审民事判决；驳回田某的诉讼请求。至此，这起备受社会关注的“电梯劝烟案”终于画上了句号。

1. 案情事实

段某有心脏病史，2007 年做过心脏搭桥手术。杨某系郑州市某医院医生，事发时，其妻即将临盆。作为医生，杨某深知吸二手烟的危害。

2017 年 5 月 2 日 9 时 24 分许，段某与杨某先后进入郑州市金水区某小区的 5 号楼 1 单元电梯。因段某在电梯内吸烟，电梯内烟味很浓，出于职业敏感，杨某上前劝阻。随后，二人发生言语争执。段某与杨某走出电梯后，仍有言语争执。双方被物业工作人员劝阻后，杨某离开去取快递，段某同物业工作人员进入物业公司办公室。后段某心脏病发作猝死。小区监控视频显示，事件发生过程中，段某情绪较为激动，且随着时间推移激动程度不断升级。而杨某在整个过程中情绪相对比较冷静、克制，二人只有语言交流，无拉扯行为、无肢体冲突。经核算，三段监控视频中显示杨某与段某的接触时长不足 5 分钟。

对于段某的家人来说，5 月 2 日是不忍回顾的一天。69 岁的段某虽有心脏病史，但事发当天身体并无大碍，仅因抽烟问题与杨某发生争执，诱发心脏病离世，这让家人很难接受。事情发生后，段家人认为，杨某的劝阻行为已经超出了必要限度，这才造成了段某猝死的结果。他们甚至怀疑，争执期间杨某用脏话侮辱了老人，最终导致其心脏病发作，因此应对段某家人作出赔偿。随后，段某的家属田某向郑州市金水区人民法院起诉，要求杨某承担 40 余万元的民事赔偿。

2. 审理经过

（1）一审判决被告给予适当补偿

郑州市金水区人民法院经审理认为：田某的丈夫段某因在电梯内吸烟，导致与杨某发生言语争执，在双方的争执被小区物业公司工作人员劝阻且杨某离开后，段某猝死，该结果是杨某未能预料到的，杨某的行为与段某的死亡之间并无必然的因果关系，但段某确实在与杨某发生言语争执后猝死。金水区法院遂依照《侵权责任法》第 24 条的规定，受害人和行为人对损害的发生都没有过错的，可以根据实际情况，由双方分担损失。根据公平原则，判决杨某补偿田某 15000 元，驳回田某的其他诉讼请求。

一审判决后，原告代理律师坚持认为："一审判决有点不合适，制止行为没有错，可持续 5 分钟，还是在物业劝阻下离开，这就不正常了。"

而原告田某也不服一审判决，认为一审法院适用公平原则错误，事实上杨某存在过错，杨某的行为与段某的死亡之间存在因果关系，根据《侵权责任法》相关规定，应当承担一般侵权责任，并向郑州市中级人民法院提起上诉。

（2）二审改判被告不担责不掏钱

杨某的委托代理人认为，老人心脏病突发，是其自身存在的疾病，并非杨某所致，也非杨某可预料。杨某在公共环境遭到污染后积极行使了自己作为公民的监督权利，这种行为本身并不会造成死亡的结果；反而老人在明知有心脏病的情况下，任由自己情绪激动，结果酿成悲剧。

段某的家属认为，电梯运行是很短暂的过程，如果说杨某认为抽烟对其造成侵害，电梯到达一楼后他可以选择自行离开，但事实上双方在电梯内进行了 2 分钟的争吵。

鉴于案件情况复杂等原因，二审开庭后，法院没有当庭作出宣判。

二审经审理认为，杨某劝阻段某在电梯内吸烟的行为未超出必要限度，属于正当劝阻行为。在劝阻段某吸烟的过程中，杨某保持理性、平和劝阻，其与段某之间并没有发生肢体冲突和拉扯行为，也无证据证明杨某对段某进行过呵斥或有其他不当行为。杨某没有侵害段某生命权的故意或过失，其劝阻段某吸烟行为本身不会造成段某死亡的结果。段某自身患有心脏疾病，在未能控制自身情绪的情况下，发作心脏疾病不幸死亡。虽然从时间上看，杨某劝阻段某吸烟行为与段某死亡的后果是先后发生的，但两者之间并不存在法律上的因果关系。因此，杨某不应承担侵权责任。

二审法院进一步指出：适用《侵权责任法》第 24 条的前提是行为与损害结果之间有法律上的因果关系，且受害人和行为人对损害的发生都没有过错。而本案中杨某劝阻吸烟行为与段某死亡结果之间并无法律上的因果关系。因此，一审法院判决依照《侵权责任法》第 24 条的规定，适用公平原则判决杨某补偿田某 15000 元，属于适用法律错误。郑州中院还认为，虽然一审法院判决后，杨某没有上诉，但一审判决适用法律错误，损害了社会公共利益。因为保护生态环境、维护社会公共利益及公序良俗是民法的基本原则，弘扬社会主义核心价值观是民法的立法宗旨，司法裁判对保护生态环境、维护社会公共利益的行为应当依法予以支持和鼓励，以弘扬社会主义核心价值观。而且，根据郑州市有关规定，市区各类公共交通工具、电梯间等公共场所禁止吸烟，公民有权制止在禁止吸烟的公共场所的吸烟者吸烟。该规定的目的是减少烟雾对环境和身体的侵害，保护公共环境，保障公民身体健康，促进文明、卫生城市建设，鼓励公民自觉制止不当吸烟行为，维护社会公共利益。

本案中，杨某对段某在电梯内吸烟予以劝阻合法正当，是自觉维护社会公共秩序和公共利益的行为，一审判决判令杨某分担损失，让正当行使劝阻吸烟权利的公民承担补偿责任，将会挫伤公民依法维护社会公共利益的积极性，既是对社会公共利益的损害，也与民法的立法宗旨相悖，不利于促进社会文明，不利于引导公众共同创造良好的公共环境。一审判决判令杨某补偿田某 15000 元错误，二审法院依法予以纠正。

基于此，二审法院依法作出宣判，认定杨某不担责。

（二）舆情反应

1. 专家学者：二审判决具有风向标意义

郑州“电梯劝烟案”二审宣判一经披露，引起强烈反响，许多专家学者一致认为，这个案件的改判具有引导社会公平正义、价值判断、社会道德品质风向标式的意义，纷纷为法院的改判点赞！

中国政法大学王青斌教授认为，田某诉杨某生命权纠纷一案的二审判决，肯定了一审被告杨某劝阻吸烟的行为未超出必要限度、属于正当劝阻行为，而且其劝阻段某吸烟是履行公民应尽的社会责任，依照《侵权责任法》不应承担责任。二审判决纠正一审判决，合乎《侵权责任法》的立法精神和社会主义核心价值。

西南政法大学政治与公共管理学院副教授和静钧认为，法律上设立“公平原则”之初衷，就是维护与弘扬社会公义。一个国家良好的社会治理，离不开完善的法治和公民良好的道德品质。法律既要惩罚失去道德底线的行为，也要进一步规范、正确引导和弘扬社会道德。这样，社会才会风清气正，国家才能安宁太平。此案终审，法院能给维护法律和公德的一方以公正的判决，让人们对未来面对违法行为时依然有挺身而出的勇气和底气。

北京义派律师事务所主任王振宇说，郑州中院二审判决书中，特别强调公共场所吸烟违法，劝阻吸烟是合法的、维护公共利益的、应受鼓励的行为。法院在进行裁判的同时，进行控烟倡导、弘扬社会正气，真正做到了法律效果和社会效果的统一。

河南风向标律师事务所单艳伟律师说，本案的判决无疑向社会公众传递一个信号，即法律是鼓励、支持公民积极劝止社会不文明行为的，即使在这个过程中产生了意外，只要行为人在劝止过程中没有法律上的过错，就不会承担法律责任。郑州中院有错必纠，引导社会公平正义，这一改判充分体现出法律的尊严。

中国疾病预防控制中心控烟办主任姜垣说，二手烟严重威胁人们的健康，会提升患心脏病和冠心病的风险，《公共场所卫生管理条例实施细则》在 2011 年已经生效，任何人都有权利劝阻在禁烟场所吸烟的人，所以郑州市中级人民法院的这种做法非常好，支持了劝阻行为，也支持了全国控烟。

北京市控制吸烟协会会长张建枢表示，杨医生劝阻、制止老人在电梯中吸烟，是在行使作为一个公民的正当权利。北京控烟条例执行两年来，约 15000 人加入了控烟志愿者队伍，弥补了监督力量不足的问题。控烟志愿者们依法对违法吸烟行为进行劝阻，真正体现了十九大社会共建共治共享的精神。终审时法院有错必纠，做到合法合理的修正，这让人们今后面对违法吸烟行为时重新拾起劝阻的勇气。

2. 新闻媒体：二审改判遵循了公平正义原则

梳理来看，郑州“电梯劝烟案”二审宣判受到全国的高度关注，以《人民日报》、《法制日报》、《经济日报》、央视新闻、中国新闻网为代表的国家级媒体，以及《华商报》、澎湃新闻、东方网等地方媒体纷纷刊发深度评论，围绕“法治”“正义”等角度进行解读，积极看待此案的社会示范意义。

《人民日报》：司法判决引领弘扬正气

司法机关作为维护社会公平正义的最后一道防线，更要对每一起案件锱铢必较。在这起个案中，二审法院厘清了是非、主动进行了纠错，不仅体现了司法担当，也是法治精神的体现。个案公正积累司法公信。要让人民群众在每一起司法案件中感受公平正义，就要在个案中不回避问题，用司法判决引领和弘扬社会正气。

《法制日报》：劝烟猝死案二审，司法没有抹稀泥

毫无疑问，这是一个好判决，好就好在法院没有抹稀泥，判得不是模棱两可，没有各打五十板。总之一句话，没有让民众失望。法治思维是一种权衡思维，其突出特征在于对各种价值和正当利益的合理平衡，努力把负面影响消化掉，不能为了解决一个问题引发新的问题。我们这个社会，敢于仗义执言、敢于管闲事的人似乎太少了。为了呵护这种“稀缺资源”，司法也不应该再抹稀泥了。

澎湃新闻：案件改判让仗义执言者更有底气

毋庸置疑，该裁判体现了司法在面对复杂纠纷、各种压力时的担当和定力，而非没有立场，态度不明，一味地“和稀泥”。这样的裁判才能守住公平正义的最后防线，并宣扬、传导积极向上的价值

观，让人们更有底气、挺直腰杆地向不良现象说“不”！

东方网：“电梯劝烟案”坚守了公平正义价值

要理顺民众情绪，必须坚守社会公平正义价值定位，不能偏离，不能为了照顾少数人的家庭困难和个人情绪而漠视、伤害公平正义，这样才能服人，也才能得到公众和社会认可。令人欣慰的是，二审法官终于回到了社会公平正义的价值原点和定位，驳回了原告的诉讼请求，值得点赞，也要立此照存。

3. 网民言论：为案件二审判决点赞

@封凌一醉月玄晶：法律并不是和稀泥。一份判决的做出必须严格遵循法律，这是公平正义最起码的要求。为二审判决点赞！

@一个手模：这是正义的宣判，公共场所吸烟危害别人身体健康，任何人都有阻止的权利。

@文橙：就应该如此，不让社会寒心，不让扶老人的第一个案件重现！

@那碗汤汤面：老人去世谁都会为他感到悲伤难过，但是法治社会必须彰显公平正义，社会才能安稳！

@碎厘：法律的意义是维护的公平公正，而不是偏向弱势！

@子瑜080：二审判决是对个案的纠偏，厘清了案件的前因后果及责任判定，以公正的判决为杨先生正名，支持！

4. 舆论观察：司法为正义穿上防弹衣

综观全程，郑州“电梯劝烟案”改判一事在全国引发了广泛的关注，各大媒体、专家学者以及普通网民纷纷点赞，认可该案的积极示范意义。

舆论观点指出，该案二审本由死者家属上诉，杨先生并没有上诉。一般情况下，二审法院应围绕上诉者的诉求来审理，但在该案中，二审法院没有被上诉者牵着走，而是重新厘定责任，并推翻了一审法院适用法律条款的“前提”——劝阻和猝死之间的因果关系。二审法院不护“同行”之短，主动而为“亡羊补牢”，既让判决书更经得起检视，也立起了司法机关的权威。

公众场所禁止吸烟，是大势所趋，在郑州市的地方性法规中，亦有明确规定。杨先生的所作所为，不过是正常履行了应尽的公民义务，如果动辄得咎，以后谁又敢冒险劝阻吸烟行为？如此，形成人人闭口不语、明哲保身的尴尬局面，公共利益必将受到损害。

因而，舆论认为，此案二审判决的意义，不仅在于个案的纠偏，更重要的是，以完整的证据链条、充分的法律依据和程序正义，明晰了权界，维护了公民的正当权利，让公民在行使诸如劝烟之类的公民责任时，多一份自信和笃定。

二、二审改判的法律剖析

（一）实体法视角——实体公正获“普遍赞赏”

1. 公平责任与过错责任——依法守护社会正能量

本案属于生命权纠纷，应当适用《侵权责任法》相关规定。《侵权责任法》第6条第1款规定：“行为人因过错侵害他人民事权益，应当承担侵权责任。”因此，确定杨某应否承担侵权责任，关键是要分析杨某对段某在电梯间吸烟进行劝阻与段某死亡的事实之间是否有因果关系、杨某是否存在过错。对此具体分析如下：

一是杨某劝阻段某吸烟行为未超出必要限度，属于正当劝阻行为。在劝阻段某吸烟的过程中，杨某保持理性，平和劝阻，双方之间也没有发生肢体冲突和拉扯行为，本案中也没有证据证明杨某对段某进行过呵斥或有其他不当行为。

二是杨某劝阻段某吸烟行为本身不会造成段某死亡的结果。段某自身患有心脏疾病，在未能控制自身情绪的情况下，发作心脏疾病不幸死亡。虽然从时间上看，杨某劝阻段某吸烟行为与段某死亡的后果是先后发生的，但两者之间并不存在法律上的因果关系。

三是杨某没有侵害段某生命权的故意或过失。杨某此前不认识段某，也不知道段某有心脏病史并做过心脏搭桥手术，其劝阻段某吸烟是履行公民应尽的社会责任，不存在加害段某的故意，而且杨某在得知段某突发心脏疾病后，及时发挥专业技能对段某积极施救。杨某对段某的死亡无法预见，也不存在疏忽或懈怠，没有过错。

综上，杨某对段某在电梯间吸烟予以劝阻的行为与段某死亡结果不存在法律上的因果关系，杨某不存在过错，不应承担侵权责任。

2. 法律效果与社会效果——依法引领价值新导向

《最高人民法院关于适用〈中华人民共和国民事诉讼法〉若干问题的解释》（以下简称为《民诉法解释》）第323条规定："第二审人民法院应当围绕当事人的上诉请求进行审理。当事人没有提出请求的，不予审理，但一审判决违反法律禁止性规定，或者损害国家利益、社会公共利益、他人合法权益的除外。"

本案一审判决作出后，杨某未上诉，但一审判决适用法律错误，损害社会公共利益，人民法院依法应予直接改判。主要理由是，保护生态环境、维护社会公共利益及公序良俗是民法的基本原则，弘扬社会主义核心价值观是民法的立法宗旨，司法裁判对保护生态环境、维护社会公共利益的行为应当依法予以支持和鼓励，以弘扬社会主义核心价值观。根据郑州市有关规定，市区各类公共交通工具、电梯间等公共场所禁止吸烟，公民有权制止在禁止吸烟的公共场所的吸烟者吸烟。该规定的目的是减少烟雾对环境和身体的侵害，保护公共环境，保障公民身体健康，促进文明、卫生城市建设，鼓励公民自觉制止不当吸烟行为，维护社会公共利益。本案中，杨某对段某在电梯内吸烟予以劝阻合法正当，是自觉维护社会公共秩序和公共利益的行为，一审判决判令杨某分担损失，让正当行使劝阻吸烟权利的公民承担补偿责任，将会挫伤公民依法维护社会公共利益的积极性，既是对社会公共利益的损害，也与民法的立法宗旨相悖，不利于促进社会文明，不利于引导公众共同创造良好的公共环境。因此，二审法院依法直接改判。

实体公正是一种结果意义上的"应当"或"不应当"的公正体验，其原理接近于一般人较为朴素的公平正义观。二审改判的结果从正面积极肯定地纠正了一审判决滥用《侵权责任法》第24条"公平责任"的法律适用错误，放弃了以往"和稀泥"的审判方式，打消了社会上见义勇为者的顾虑，彰显了公共场所的个人责任和担当，让司法审判守护社会正能量。

尤其在一个亟须保护社会公共利益的时代，本案二审改判能够赢得几乎“一边倒”的叫好声，正是因为其达到了法律效果与社会效果的高度统一。本案的“公义”性，牵动着公德的神经，用河南省高级人民法院张立勇院长的说法：以“电梯劝烟猝死案”审判为标杆，通过一起案件裁判，弘扬善行义举，倡导美德美行，向全社会传递正义的力量。

（二）程序法视角——程序公正存在争议但瑕不掩瑜

程序公正是一种过程和诉讼技术上的公正，其原理接近于直观可视或者法律专业人士的公平正义观。程序公正保障实体公正的实现，但也有其自身的独立价值。民诉法学者对程序公正比一般人具有更多的青睐，这或许也是本案的学术探讨为什么主要集中在民诉法学者之间的原因之一。二审法院能否超出原审原告田某的上诉请求范围，驳回其全部诉讼请求，致使其处于比一审判决更加不利的地位，大致形成正反两种观点。

1. 肯定论——程序完全正义

肯定论以刘哲玮教授为代表，其在《程序完全正义：劝阻吸烟案二审判决的诉讼技术分析》（以下简称“刘文”）中认为，虽然《民诉法解释》第323条作为判决理由略显不足，但作为没有法律根据的“上诉不利变更禁止原则”并无适用余地，田某上诉请求包含了“对过错侵权损害赔偿请求权和公平责任损失分担请求权一并提出上诉”的内容，二审法院对这两项上诉请求予以审理并改判并不违反处分原则。另外，“刘文”认为本案不应发回重审，依法改判才符合立法目的。①

（1）禁止上诉不利变更原则并无适用空间

首先，我国《民事诉讼法》从未明确确立该原则。虽然我国《刑事诉讼法》第237条明确规定了上诉不加刑原则，但在民事诉讼法和相关司法

① 刘哲玮:《劝阻吸烟案二审判决的诉讼技术分析|程序完全正义》,《中国法律评论》2018年1月25日。

解释中，却从未有相应的规则。法条中无明确规定，理论界也并未形成学理通说。现在仅以域外诉讼法理念来作为判断我国具体个案审裁判是否存在错误的标杆，不符合有法可依的基本原则，对审判法官过于苛刻。

其次，我国民事诉讼法并无确立该原则的必要。刑事诉讼法之所以确立上诉不加刑，是因为刑事诉讼中作为控诉双方的国家和被告人地位强弱悬殊，在此种背景下，要想贯彻无罪推定原则，保障被告人自由地行使上诉权，必须免除被告人上诉的后顾之忧。而在民事诉讼中，双方当事人处于平等地位，任何一方当事人都可以自由地行使上诉权，建立禁止上诉不利变更原则的意义已经大打折扣。

最后，我国民事诉讼法也没有对该原则的反制措施。大陆法系国家在建立了禁止不利变更原则之后，为了平衡双方当事人的利益，必须要建立附带上诉制度（如《德国民事诉讼法》第 524 条），允许未提出上诉一方，在二审程序启动后再次发表是否满意一审判决的意见，并将其不满部分作为二审的审判对象。这一制度极大地限缩了禁止不利变更原则的适用空间。就本案而言，未上诉的被告在二审答辩中明确表示，“自己不应当承担任何法律责任”，仅仅是基于同情，愿意对原告“进行一定费用的捐赠”。这些主张在法律意义上其实是有别于一审判决要求其依据《侵权责任法》承担公平责任，支付补偿款。如果我们可以依据外国法上的“禁止上诉不利变更”来指责二审判决的错误，那么基于同样的逻辑，也可以基于外国法上的附带上诉制度，来解释这一判决的正当性。

综上所述，禁止上诉不利变更原则在我国既无适用空间，也无适用必要。在不考虑综合配套措施的前提下，用一个在我国并不直接存在的域外法原则来直接否定个案裁判的合法性，并不可取。

（2）及时改判是最合法的裁判方式

首先，发回重审没有法律依据。根据《民事诉讼法》第 170 条第 1 款的规定，撤销原判发回重审只有两种情形，分别是第 3 项规定的原判决认定基本事实不清和第 4 项规定的原判决遗漏当事人或者违法缺席判决等严重违反法定程序。在事实层面，本案案情其实非常简单，二审判决对一审判决所认定的事实完全确认，不存在基本事实不清的理由。而在程序方面，本案一审判决也并未发现任何足以发回重审的严重错误。在此种情况下撤销原判发回重审，表面上规避了可能的程序法风险，实质上却是在违反法律。尤其是2012年《民事诉讼法》修订时，立法者明确表明要避免发回重审过多带来的审判资源浪费和诉讼效率低下的顽疾。

在这一趋势下，将本案这样并不符合法定事由的案件发回重审，以维持二审裁判的合法性，何尝又不是一种精致利己的违法呢?

其次，依法改判符合立法目的。相比之下，依法改判的事由分别是《民事诉讼法》第170条第1款第2项规定的认定事实错误或者适用法律错误和第3项规定的认定基本事实不清。如前所述，本案一审判决事实认定并无问题，二审认为一审错误的原因是在认定了原告行为与受害人死亡之间并无因果关系后，依然判令公平责任损失分担请求权成立。这显然是法律适用上的错误，具体而言，是错误地将事实小前提（被告行为与受害人死亡之间没有因果关系）涵摄进入了法律规则的大前提中（《侵权责任法》第24条），因而得出了错误的结论。如果这样纯粹的适用法律错误都不能通过改判来得到纠正，那就很难想象还有什么案件可以根据该条款来直接改判。

综上所述，肯定说的观点否认了“上诉不利益禁止”在我国的适用，通过引入预备之诉合并理论，认为处分原则在本案二审并不适用。最后，及时改判是本案二审最合法的裁判方式，法律依据是《民事诉讼法》第170条第1款第2项、第3项。本案的及时改判不仅仅具有守法的意义，更为重要的是为未来我国法院处理同类问题做出了示范和标杆。

2. 反对论——程序正义有隐忧

反对论以吴泽勇教授为代表，其在《处分原则、公共利益与纠纷解决的社会效果》一文（以下简称“吴文”）中指出，就实体结果而言，这个判决非常值得赞赏。但就程序问题而言，本案不符合《民诉法解释》第323条第2款规定的“社会公共利益”，不构成二审超越上诉请求范围的例外情形，尽管二审法院有权对一审法律适用错误进行审查并纠正，但恰当的判决方式是在纠正法律适用错误后驳回上诉，维持原判（被告仍须补偿原告1.5万元）。另外，“吴文”对二审法院通过本案判决追求司法的社会效果提出异议。[①]

（1）处分原则的例外

民事诉讼司法解释规定了二审不超出上诉请求范围的几种例外，二审法院以一审判决违反“社会公共利益”为由，对超出上诉请求作出判决进行了论证。这个理由很牵强。广义上讲，任何错误判决都会危及社会公共利益。但现行法并未将判决错误作为超出上诉请求的理由，就是因为，基于民事诉讼自身的特点（主要解决私人之间的纠纷），不能片面追求所谓的“有错必纠”。既然违背社会公共利益是作为处分原则（私法自治的体现）的例外存在的，其适用就应限制在“基于这种社会公共利益考量，必须对当事人的处分权加以限制”的情形。本案中，杨某没有上诉，表明其对原判决不当判处自己承担的 15000 元进行了处分，即放弃了该部分利益。法律无权禁止杨某作出这种处分行为。出于同情也好，自认倒霉也罢，这都是杨某的个人选择，法律没有任何理由介入。

（2）“社会公共利益例外”的识别标准

社会生活是普遍联系的，大量案件会像本案这样包含社会公共利益的因素，或者判决效果有可能间接影响社会公共利益。为了限制法官的自由裁量权，增加法律适用的确定性，有必要为“违背社会公共利益”确立一个精确的识别标准。笔者认为，这一例外主要适用于诉讼标的直接牵涉公共利益的案件中，比如消费者诉讼、环境保护诉讼，以及某些婚姻家庭诉讼。只有在当事人争议的对象直接涉及社会公共利益的诉讼中，法院突破当事人上诉请求范围纠正原审判决才有足够的正当性。本案是传统侵权纠纷，诉讼标的是生命权侵害损害赔偿，不涉及公共利益，所以不属于社会公共利益例外的适用范围。

（三）社会纠纷化解的视角——衡平公正欠缺“温柔以待”

衡平公正是一种审判者良心和自由裁量上的公正，其原理接近于利

---

① 参见吴泽勇：《实体正义实现了，程序正义有隐忧 | 评“电梯劝烟猝死案”二审判决》，《法学学术前沿》2018 年 1 月 25 日。

益平衡或者良心取舍上的公平正义观。衡平公正往往能使判决焕发出“温暖而不失人性”的光芒。事实上，本案中的杨某在二审改判后，仍然十分真诚而且主动地，将1万元捐赠款交到了法院手中，请求转交给老人家属。如果本案的二审判决，不是高扬“社会公益”的大旗，而是采取公权的歉抑姿态，在言明一审适用法律错误的同时，倡导善行义举的道理后，从程序正义的法理角度，考虑到个案公正与社会公正之间的相互关系，仍然维持一审1.5万元补偿费的判决结果，不仅有可能不至于使老人家属最后伤心地拒绝了杨某的好意捐赠，而且有可能给整个社会营造一个“心领神会”、更加友善的人际交往环境。尽管法律条文是硬性和冰冷的，但司法在个案中的衡平，却可以是柔软和温暖的。审判工作也是做群众工作，在坚持公正的同时，也要解开当事人的心结。这一点上，本案的二审改判，在突出“社会公益”时略显用力过猛，或曰用心过度了，有点“硬碰硬”的味道，“温柔以对”似乎更为妥当。

综上，本案的二审判决在民法总则明确规定了弘扬社会主义核心价值观之后，及时回应社会关切，在实体公正上获得了“普遍赞赏”，在程序公正上仍然“瑕不掩瑜”，但在衡平公正上最好“温柔以对”。换言之，本案的二审判决，要是能少一点为了“社会公益”而进行的强硬改判，能在“润物无声”的境界中兼顾程序公正，还能营造诚信友善的人际关系，人们对公正的“获得感”就会更加强，法治中国就会更加有希望。

每一起社会公众高度关注的热点案件，都是一堂全民共享的法治公开课，本案要告诉大家的是，遵守法律法规和社会公序良俗，是每个公民的义务，维护社会公共秩序和社会公共利益，是每个公民的权利和义务。一个嵌入了法律精神、公共利益、公民塑造的判决书，不仅有助于一个无烟社会的构建，也向着一个法治的公民社会又前进了一步。

性骚扰：校园安全之殇

——甘肃跳楼案引发的思考

王　然*

一、频频发生的校园性骚扰

（一）纯色童年蒙阴影——小学女生联名举报老师性骚扰案①

2016 年 5 月 13 日，柳江区教育局接到举报电话，在电话中柳江区某小学的学生称该班的数学老师“太色”了，上课的时候经常乱摸女生身体敏感部位，班里的女生非常害怕。教育局在对李某进行初步调查后，认定李某存在对女生身体敏感部位摸弄、接触现象，有性骚扰的主观故意，将李某移交公安机关。公诉机关指控，李某在柳江区某小学任数学老师，2016 年 4—5 月期间，多次在检查学生作业时，伸手摸女学生身体敏感位置。公诉机关认为其亲吻、抓摸未满 14 周岁的未成年人，已经触犯刑法，请求法院以猥亵儿童罪惩处。

李某在庭审中辩称公诉机关指控的不是事实，认为自己并不是

* 王然，中国社会科学院研究生院法律硕士。

① 参见：《小学女生联名举报老师性骚扰案》，载人民法院报，http://rmfyb.chinacourt.org/paper/html/2017-05/03/content_124994.htm? div = -1，访问日期：2018 年 10 月 24 日。

出于猥亵的目的刻意触摸女生，只是在学生睡觉、调皮或者写错作业时，用手拍女学生的肩膀、头部来提醒学生，是教导学生，可能有时候会触碰到学生的身体，但不是刻意的猥亵。与李某的说法相反，班上多名学生均指证李某以帮学生检查作业为由，在课堂上抓摸女生身体的敏感部位，还加了部分女生的QQ，通过QQ发色情图片、黄段子给女生。多名被李某抚摸的女生均表示，李某的行为让她们觉得很害怕，尽管是课堂上遭到李某猥亵，但不敢大声呼救求助，课后也不敢告诉其他老师和家长，李某的行为给她们造成了巨大的心理阴影。

柳江区法院经审理后认为，现有的证据表明李某在上课期间，存在采用抓、摸的方式猥亵多名女生的事实，李某辩解其只是教育学生时的无意触碰不成立。

法院认为，李某以刺激或以满足性欲为目的，多次在课堂当众对未满14周岁的女学生身体敏感部位实施抓、摸等淫秽行为，其行为损害了被害人的身心健康和人格尊严，影响正常的教学秩序，损害其他儿童的身心健康，构成猥亵儿童罪，判处李某有期徒刑六年。李某不服一审判决，提起上诉。

（二）五次轻生是为何——甘肃高中女学生遭猥亵案[①]

2016年9月5日下午，庆阳六中一女生李依依（化名）突然胃疼，学校一位老师安排李依依去教师公寓休息。当晚8点30分左右，李依依的班主任吴某某进到教师公寓，以询问病情为由对李依依实施亲吻嘴巴、咬耳朵等行为，直到该校另一位罗姓老师推门进来，吴某某才不得不停止。事情发生之后，李依依没有告诉父亲李

① 案情整理自三篇报道，参见：《甘肃19岁女生跳楼前一周：看到检方不起诉决定书，特别生气》，载澎湃新闻，https://www.thepaper.cn/newsDetail_forward_2219201，访问日期：2018年9月20日；《最新！甘肃女生遭老师猥亵跳楼事件，检察院“改主意”了》，载环球网，https://baijiahao.baidu.com/s?id=1609688945343273684&wfr=spider&for=pc，访问日期：2018年9月20日。

明（化名）。然而李明觉察到女儿的异样，并到学校了解情况，却未得到正面回应。出于担心，李明曾带李依依前往医院检查身体，但未发现异常。

回到学校后，李依依的精神状态完全无法适应正常的学习生活，在父亲的多次询问下，李依依终于向父亲吐露了被班主任猥亵的事情。得知情况后，李明再次找到庆阳六中，要求学校更换老师，可校方只说已经高三了，让孩子早点回学校上课，却不答应换老师的要求。

2016 年 10 月 7 日，李依依第一次试图自杀，经过抢救，脱离了危险。

2016 年 12 月 6 日，李依依第二次试图自杀，她把在上海医院开的镇定药物一次性都吃了，经抢救才化险为夷。

2017 年 5 月，李依依第三次试图自杀，这一次她想跳楼，被随后赶来的消防队员救下。2017 年 5 月，在学校工作人员陪同下，李明父女来到北京安定医院，在这里，李依依被诊断为“创伤后应激障碍”。

2018 年 1 月 15 日，李依依第四次尝试自杀，把在北京医院开的药一下子吃了十几盒。经抢救，李依依又躲过一劫。

李依依这次尝试自杀后，李明曾想过就吴某某猥亵女儿的事情报警。“但身边一些朋友告诉我，时间过去这么久，可能保留的证据都没了，还是先给孩子看病重要。”李明说：“庆阳六中当时也表示正在调查此事，会有一个说法，所以并未报警。”

事情发生之后，李明曾找到当地教育局投诉，但未得到满意的处理结果。最终，李明决定向警方报案。2017 年 5 月，庆阳市公安局西峰分局对吴某某作出行政拘留 10 日的处罚。得知吴某某仅被拘留 10 日，李依依告诉父亲自己对这样的结果无法接受。为了安慰女儿，李明向西峰区人民检察院报案。2018 年 3 月 1 日，西峰区人民检察院对吴某某作出不起诉决定。西峰区人民检察院认为，被起诉人吴某某有亲吻李某某的行为，但情节显著轻微，且无直接证据证实导致李某某目前的病情与吴某某的行为有直接的因果关系。收到不起诉决定书后，李明向庆阳市人民检察院申诉。2018 年 5 月 18 日，庆阳市人民检察院复查决定维持西峰区人民检察院对吴某某的不起诉决定。

2018 年 6 月中旬，李依依发现了检察院的不起诉决定书，非常愤慨。6 月 20 日中午，和家人在一起吃过午饭后，李依依说要出去走走，离开家的李依依来到了丽晶公寓 8 楼。晚 7 点，在 8 楼窗外小平台上坐了足足 4 个小时后，李依依最终挣脱了消防员的手，纵身跳楼。2018 年 8 月 24 日，甘肃省人民检察院已撤销了庆阳市西峰区人民检察院、庆阳市人民检察院此前对涉事教师吴某某作出的不起诉决定，并由西峰区人民检察院对吴某某提起公诉。

（三）“象牙塔”里不平静——频出的大学校园性骚扰问题

2018 年以来，以北京航空航天大学教授陈某武被举报性骚扰为标志，国内各大高校频频爆出教师性侵、性骚扰学生的事件，在网上引起巨大舆论反响，一场中国版的大学校园性骚扰“Me too”运动，此后如滚雪球般应声四起。

1. 北航教授“陈某武”事件

2018 年 1 月 1 日，华裔女学者罗某茜实名举报了 12 年前作为她博士生副导师、现北京航空航天大学（以下简称“北航”）博士生导师、长江学者陈某武教授，称陈某武曾对她以及另外 6 名女性学生进行过性骚扰。此前，罗某茜曾于 2017 年 9 月联合另外 6 名女生收集了一份证词提交给北航纪委，当时被认为证据不充分，问题没有得到处理。

2018 年 1 月 9 日，北航官微公布了对陈某武的处理结果，撤销陈某武研究生院常务副院长职务，取消其研究生导师资格，撤销其教师职务，取消其教师资格。2018 年 1 月 11 日下午，教育部对北航性骚扰事件做出回复，决定撤销陈某武的“长江学者”称号，停发并追回已发放的奖金，责成学校与他解除聘任合同。

2. 人民大学教师性骚扰事件

2018 年 5 月 28 日，中国人民大学调查工作组发布公告，决定撤销王某培人大教师岗位任职资格。这份公告称，中国人民大学认定王某培存在对学生实施性骚扰的行为，对王某培的行政处分，已提交相关委员会。关于王某培的性骚扰行为，有受害者在网络留言称，2005 年自己在一间酒店内受到王某培的性骚扰，“当时天都塌了，三观尽毁，哭了很久”。另有消息称，还有一个被他性骚扰的女生已经患有抑郁症。这条匿名发布的网帖还称，王某培借故邀约女生谈论文学，表现的形象非常好，但在获取女生信任后，他便露出兽性，完全不尊重女性，将其当作玩物。

事实上这不是中国人民大学爆出的第一起校园性骚扰事件，但在此之前其他被举报事实的后续处理结果几乎均未在学生中间进行公布。例如关于顾某兵教授性骚扰的举报，学校于事件发生后在有关声明中写道：“学校党委高度重视，决定成立专门工作小组，对此事件展开核实。”之后，再无官方对顾某兵事件进行处理的任何消息。哲学院杨某涵同学向学代会提交关于性骚扰防范机制的提案，直至学代会大会闭幕，提案未有下文。经济学院严某豪同学实名倾诉自身被约谈经历，要求对事件处理作出解释，未得到正面回应。

3. 华侨大学教师性骚扰事件

2018 年 8 月底网络平台出现关于瞿某违反师德师风问题的情况反映，该举报者称，瞿某对女学生讲黄色笑话、实施性骚扰并涉嫌性侵。据举报信上所述，华侨大学老师瞿某利用职务之便，多次骚扰并性侵女大学生。受害女生大二暑假没有回家，碰巧遇见了瞿某，他让女生过去帮他干活，从此噩梦就开始了。举报信中称，一开始，瞿某经常跟受害女生说一些黄色笑话，慢慢言语骚扰转变成身体骚扰。在父亲节当日，瞿某让女生陪同其吃饭，中午一点多，地下车库几乎没有人，瞿某对女生实施了第一次性侵犯。随后多次约女生出来开房。女生由于人生阅历短浅，心态不好，害怕自己怀孕，同时面临毕业的压力，一直不敢反抗。最近，由于瞿某妻子（同为华侨大学老师）知道了此事，瞿某骗对方说女生是第三者，女生很愤怒，终于决定将此事告知大众，给自己找回公道，于是出现了网上的举报信。

此爆料一出，华侨大学于8月29日凌晨发布消息称，该校已注意到网络平台上出现有关学校教师瞿某的师德师风问题信息，校方对此高度重视，立即展开调查工作。10月10日，华侨大学纪检监察办公室通过其微信号“华大清风”发布消息称，经查，确认该校经济与金融学院教师瞿某存在违反师德师风的违纪行为。经学校研究，决定给予瞿某留党察看（一年）、降低岗位等级（由专业技术七级降为专业技术八级）处分；停止瞿某教学工作，调离教师岗位，撤销硕士研究生导师资格；提请福建省教育厅撤销瞿某的高校教师资格。

从近年发生的校园性骚扰事件来看，可以发现呈现出如下几个特点：第一，发生范围较广，涵盖了各个学龄层；第二，案发集中于本科、硕士、博士阶段，大学校园成为“重灾区”；第三，处理不到位，未引起学校和政府的高度重视；第四，司法介入有限，法律规制存在较大问题。

而在上述问题中，司法保护不力无疑是导致校园性骚扰事件频发的重要原因。那么，为何会造成这种局面，当前对校园性骚扰的司法保护面临哪些困境，又该如何解决呢？

二、校园性骚扰难以得到司法保护的原因

（一）定性难——如何认定性骚扰？

从“陈某武”事件官方给出的处分结果来看，该通告并未给出陈某武的何种行为构成了性骚扰，仅直接公布了处分结果，其中具体认定过程、对其进行处理的依据均未公布。这样模糊的处理，很大一部分原因在于我国法律法规中并未对性骚扰给出明确的界定。

性骚扰是一个非常模糊的生活用语。在我国《妇女权益保障法》中第40条虽明确规定“禁止对妇女实施性骚扰”，但对性骚扰的概念、性骚扰

行为的具体特征等并无进一步说明。我国《刑法》对性犯罪的规制包括强奸、猥亵、侮辱等行为，对于“性骚扰”未进行专门规定。在校园性骚扰的认定上，实践中存在以下问题：第一，校园性骚扰相较于普通性骚扰有何特殊性。有的学者认为校园性骚扰与普通性骚扰在本质上没有区别，只是发生地点不同。这种观点忽略了校园性骚扰的主体身份形成的特殊的权力关系。也有学者从性别歧视的角度出发，认为校园性骚扰是男性教师对女性学生的挑逗行为。第二，由于目前被广泛采用的麦金农给出的性骚扰定义中以“行为是否受欢迎”为主观上的判断标准，而在校园这一特殊场合下，在课堂上谈论性是否都有构成校园性骚扰的嫌疑。第三，校园性骚扰中双方的认识因素如何把握。如教师对学生关于性的表达是否一律认定为校园性骚扰行为，学生对某种行为持接受态度是否就意味着该行为不是校园性骚扰。第四，相关概念混淆时常出现。一方面，由于我国法律中只规定禁止对妇女实施性骚扰，而并未规定其行为后果，性骚扰行为只能参照猥亵行为的相关法规进行规制。此外，由于校园性骚扰类事件举证的困难以及社会总体文化氛围的影响，校园内交换型性骚扰行为发生的频率十分之高。交换型性骚扰将“骚扰”和“交易”两种性质不同的行为叠加，极易造成社会公众观念上的混淆。例如，北航校园性骚扰事件的处理过程中，也有人质疑：被害人没有在受到性骚扰时及时举报，而是时过境迁之后才选择将事件曝光，这是由于当时和导师达成了某种“交易”以换取学业前途，只不过后来与导师“交易”破裂才一怒之下产生报复行为。虽然当事人通过一系列证据表明了自己的清白，但仍提示我们需要注意两种行为的区别。校园性骚扰所涉及的法益与情境，相对于一般的性骚扰行为更具多样性和复杂性，对其概念的界定需要更加审慎。

（二）报案率低——多数当事人如何应对性骚扰？

从司法现状看来，大多数性骚扰案件中的直接被害人往往羞于报案，不报案或者报案不及时是常见状况。而性骚扰未成年人的刑事案件中，报案线索短缺或迟滞情况更为普遍。以北京地区为例，调查发现在校园性骚扰案件中，案发后被害人第一时间报告侵害的比例为 45.3%，最终主动报告侵害的比例则为60.4%。换言之，超过半数的未成年人在初次遭受性骚扰后，并未及时告知他人。[①]那么，是什么原因导致被害人在事情发生之后选择沉默呢？

首先，被害人往往年纪较小，由于认知能力受限以及受到加害人威胁，案发后往往不会第一时间向家长或者有关部门反应情况。另外，由于学生的期末考、奖学金、实习、毕业等利益相关项很大程度上受校方影响，学生遭到性骚扰后往往因为担心影响自身前途而选择息事宁人。其次，相较于诉诸司法，被害人更愿意首先将遭到侵害的事实告诉家长，而家长出于对被害人名誉、隐私等方面保护的考虑，并不希望将事情影响扩大。

此外，大学缺乏正常的调查机制，与目前实行行政治校有关，不管是行政问题，还是教育问题、学术问题，是否启动调查，都由行政部门做最终决定，校方在接到被害人及家属的举报时，通常会把有关教育问题、学术问题的举报视为学校丑闻，加以掩盖，总是不愿意直面。在甘肃跳楼案中，学校提出补偿35万元要求家属放弃诉讼权利。而事实上，李依依作为刑事案件的被害人，其本人及家属的诉权仅限于附带民事诉讼部分，在刑事部分的诉权属于检察院，他们并无权放弃诉讼。被害人及家属如果对刑事部分有异议，应向检察院提出抗诉申请，公诉案件由人民检察院行使诉权。[②] 如果通过赔偿方式取得被害人或其家属谅解，可以作为减轻或免除刑事责任的审判依据，但不应该因此而使被害人放弃诉讼权利。以上这些因素都导致性骚扰未成年人案件难以及早进入司法程序，为取证固证带来一定难度。

（三）举证难——被害人如何证明遭到侵害？

证明加害行为的存在，是侵权行为构成的前提。在一般诉讼中，加

① 参见赵国玲、徐然：《北京市性侵未成年人案件的实证特点与刑事政策建构》，《法学杂志》2016年第2期。

② 参见《甘肃女生跳楼事件检察院为何不起诉？专家：有依据》，载网易新闻，http://news.163.com/18/0627/19/DLB5F6JN0001875P.html，访问日期：2018年10月5日。

害行为的证明责任要由原告即被害人来承担。在性骚扰案件中，同样要由原告来承担加害行为存在的证明。因为，在原告没有提供任何证据的情况下，不可能让被告直接来证明自己没有实施加害行为。所以，只能够由原告来承担证明责任。多数性骚扰案件的原告不能得到法院支持，理由都是没有相应的证据证明。[①] 当校园性骚扰案件进入司法程序，首先面临的难题是搜集证据。相对于其他场合，校园性骚扰的发生更为隐蔽，被害人维权也更为困难。校园性骚扰发生的环境多为在校园内，而学校又是一个相较于社会环境更为封闭和独立的环境，这就使得校园性骚扰发生时难以被学生家人及时发现，在事发后对性骚扰行为的存在更加难以举证。

未成年人言辞证据的证明力同样成为举证中的困扰。不同于性侵，由于性骚扰多表现为语言、微妙的肢体动作等形式，很少在被害人身上留下明显的物理创伤，难以根据伤情鉴定进行犯罪分析。这样一来，被害人的陈述则成为重现案情至关重要的线索。然而根据我国刑事诉讼法的规定，生理上、精神上有缺陷或者年幼，不能辨别是非、不能正确表达的人，不能作证人，未成年被害人的陈述不能单独作为定案证据，但如果能够与其他证据相互吻合，排除合理怀疑，可以作为定案的依据。也就是说，如果仅有未成年被害人对案情的陈述，则还需要其他证据加以佐证形成证据链。而在校园性骚扰案件中，绝大多数案件发生在只有加害人和被害人的封闭场合，并没有其他证据可供搜集。

此外，我们还发现，在多数校园性骚扰案中取证时间普遍相距案发时间较远，即使当时报案，很多物证书证也已经灭失。如在本案中，李依依在被猥亵后半年报案，大大加深了本案的复杂程度。北京青少年法律援助与研究中心主任佟丽华认为，“未成年受到性骚扰的案件，在基层办理的时候，往往早期的这种证据的取得，并不全面，有些该做的一些细致的调查取证工作，做得不够，容易出现本来应该追究刑事责任的，没办法追究刑事责任。本来这个证据全可以定重罪的，最后没办法定重罪。司法实践当

---

① 参见王成:《性骚扰行为的司法及私法规制论纲》,《政治与法律》2007 年第 4 期。

中存在这样的问题。从这个案子也能反映出这样一个情况。”[①] 而在更多的校园性骚扰案件中，被害人由于受到较大的精神刺激，很容易在事情发生后删除加害人的联系方式以及通讯记录，尤其是涉及言语挑逗及利益承诺或恐吓性质的聊天记录，使得案件告发之时无据可查。

（四）定罪难——猥亵行为与结果之间的关联如何证明？

在本案中，引起社会广泛关注的一个问题是，公安局侦查立为刑事案件后，为何检察院不予起诉？据当地警方通报，2017 年 5 月，在公安机关对吴某某作出拘留 10 日的处罚后，被害人李依依的父亲无法接受处理结果，遂到当地检察院进行申诉。公安局在 2017 年 8 月 10 日经过立案侦查将此事立为刑事案件，检察院于 2018 年 3 月 1 日作出了不起诉的决定，从而引发网友质疑。

实际上，即便综合搜集到的所有证据，依据现行规定的确达不到起诉条件。我国刑法有两个基本原则：罪刑法定和罪责刑相适应。罪刑法定的基本含义是“法无明文规定不为罪”和“法无明文规定不处罚”；罪责刑相适应的意思是刑罚的轻重，应当与犯罪分子所犯罪行和承担的刑事责任相适应，刑罚既要与犯罪性质相适应，又要与犯罪情节相适应，还要与犯罪人的人身危险性相适应。所以犯罪嫌疑人是否构成犯罪，罪轻还是罪重，应当由司法机关根据法律规定作出评判。根据《刑事诉讼法》的规定，检察院审查案件的时候，必须查明犯罪事实、情节是否清楚，证据是否确实、充分，犯罪性质和罪名的认定是否正确以及案件是否属于不应追究刑事责任的情况。如果没有达到起诉条件，则应作出不起诉的决定。在本案中，被害人李依依及其父向公安机关举报吴某某猥亵，根据《刑法》第 237 条的规定，以暴力、胁迫或者其他方法强制猥亵或者侮辱妇女的，处五年以下有期徒刑或者拘役。应当注意到，在本罪的认定中，首先要将强制猥亵、侮辱妇女行为与非强制性猥亵、侮辱

① 参见《甘肃庆阳 19 岁女孩跳楼死亡 专家：检方不立案在法律尺度内》，载中国搜索，https://baijiahao.baidu.com/s? id=1604386422323989132&wfr=spider&for=pc，访问日期：2018 年 9 月 20 日。

妇女行为区分开来，本法只惩罚以强制方法猥亵、侮辱妇女的行为，对于非强制性的猥亵、侮辱妇女行为不能视作犯罪。其次，并非任何强制猥亵、侮辱妇女的行为都构成强制猥亵、侮辱妇女罪。本条对强制猥亵、侮辱妇女罪的构成虽然未规定“情节严重”之要件，但不能将情节显著轻微、危害不大的强制猥亵、侮辱妇女行为亦视作为犯罪。由于现有证据无法证明被害人的精神问题及自杀行为与猥亵行为的关联，故本案的猥亵行为不宜认定为达到构成犯罪的程度。检察院据此作出不起诉的决定是合理的。

中国政法大学教授阮齐林认为，从法律程序上来看，老师受到了惩罚，在无法证明女孩精神问题与猥亵事件有关时，检察机关当时的做法也是在法律尺度范围之内的。阮齐林：“老师对学生的猥亵因为程度的不同，可能构成刑事犯罪，也可能就是构成普通的治安违法行为。它是一个程度问题。学校对老师做了降职处理，并且对老师做治安处理，处罚的尺度分寸，就当时的情况看，应该说还是可以的。为什么说是可以？它虽然有亲吻搂抱的话，被看到而且制止了。第二点，从法律上讲，老师的行为是违法行为，也受到了应有的惩罚。检察机关对于处理到这个程度没有必要再起诉。”①

可以看出，校园性骚扰案件进入司法程序后的处理方式，一般为被害人向有关机关举报性骚扰行为、公安机关立案侦查、搜集证据后虽然现有证据足以证明确实存在性骚扰行为，但由于无法证明被害人后续出现的精神问题或自伤行为与侵害行为之间的因果关系，检察院认定该行为程度不足以量刑、案件适用治安管理处罚法或通过民事诉讼途径获取赔偿。然而上述处理结果往往使被害人无法感受到正义，更在社会上引发广泛的争议。更重要是的，如此的规制力度造成校园性骚扰屡禁不止。故针对校园性骚扰行为，可考虑单独进行制度上的规制，并且依据侵害行为严重程度分别从《刑法》和《治安管理处罚法》中进行规定。

---

① 参见《甘肃庆阳 19 岁女孩跳楼死亡 专家：检方不立案在法律尺度内》，载中国搜索，https://baijiahao.baidu.com/s?id=1604386422323989132&wfr=spider&for=pc，访问日期：2018 年 9 月 20 日。

三、校园性骚扰的法律规制

（一）校园性骚扰的界定

1. 校园性骚扰的具体内涵

要从制度上防范校园性骚扰，首先需要明确校园性骚扰的含义及表现行为。关于普通性骚扰的定义，美国法学家凯瑟琳·麦金农在不平等理论的基础上，将性骚扰界定为性别歧视：“性骚扰是不平等的一方强加给另一方的令人不愉悦的性要求，包含性暗示和戏谑等。”这一观点是该领域研究的首创性观点，为美国反性骚扰的早期立法与司法活动奠定了理论基础。欧洲议会于1990年通过的《关于保护男女工作人员尊严的议会决议》中，将性骚扰的范围进一步扩大，将其定义为“不受欢迎的性行为，或其他以性为目的的行为，这些行为损害了工作女性与男性的尊严，包括不受欢迎的身体接触、语言或非语言行为”。[1]

与普通性骚扰相比，校园性骚扰的特殊性主要体现在校园性骚扰的实施主体和对象方面，校园性骚扰的实施主体和对象宜仅限于师生之间，而教师与教师、学生与学生或者师生一方与校园内普通职工发生的性骚扰案件，不在校园性骚扰的讨论范围之内。这是由于校园性骚扰的特殊性在于教师对学生施加的学术、成绩等方面压力从而形成不平等的权力结构，这种结构并不存在于教师与其他主体之间，这些主体之间可能存在的性骚扰行为，宜定义为职场性骚扰或普通性骚扰。在表现形式上，校园性骚扰可以大致概括出普通性骚扰的三种类型，即语言性骚扰、身体性骚扰、环境性骚扰。语言性骚扰主要指带有性含义的挑逗、侮辱、威胁等冒犯性言论，这些言论可以通过口头方式表现，也可以借助于书信、邮件、网络即时通信等方式。身体性骚扰包括搂抱，触碰他人胸部、下体等敏感部位，向他人做下流的手势、动作等。环境性骚扰指行为人

---

① 参见任海涛、孙冠豪：《校园性骚扰的概念界定及其立法意义》，《华东师范大学学报》2018年第4期。

通过在某一场所播放色情电影、展示淫秽图片物品等所创造的一个胁迫、敌意、羞辱或冒犯性的环境。[①]从表现形式来看，校园性骚扰大致与一般性骚扰无异。

值得注意的是，当讨论到“行为是否受欢迎”这一判断标准时，在教学环境中就涉及如何预判行为是否是“受欢迎的”这一问题。这里可采用行为是否具有合理性标准。比如，关于“性”话题的谈及，在与两性教育相关的课堂上不可避免，但在其他课堂上则可能成为一种冒犯。又或者与“性”相关的图画，用在美术课堂上点评裸体美术作品也为普通人所接受。但是，如教师在示范授课过程中，故意将下半身贴在学生身上，这已逾越教学行为的必要性，应认定为该行为关乎“性”。

2. 认定校园性骚扰中行为双方的认识因素

从加害人的角度来看，其行为应当具有不正当的与“性”有关的意图。首先这种意图应区别于普通的感情表达意图和教学意图。如果行为主体是以建立恋爱关系为目的作出某种行为，应认定为普通的情感表达意图。如果行为主体是出于教学目的在教学过程中向学生介绍相关知识抑或在其他课程中发生的无意识的肢体碰撞，应认定为正常的教学意图。而校园性骚扰的加害人实施某行为往往是出于宣泄欲望或直指性行为的意图。同时在认定该意图是否属于“正当”时，应当采取行为主体主观认识与一般“理性人”的判断相结合的标准来衡量。从被害人的角度分析，麦金农曾提出将“行为是否受欢迎”作为判定性骚扰的重要标准，强调的就是要考虑被害人的主观心理。而对于认知能力尚不完整的未成年来说，是否以此标准来认定性骚扰，即是否将当事人意愿考虑在内值得商榷。

实践中，2018 年 8 月 6 日，浙江省杭州市西湖区人民检察院、西湖区教育局联合签署《关于建立校园性骚扰未成年人处置制度的意见》（以下简称《意见》）。这是全国范围内首个反校园性骚扰工作机制。关于校园性骚扰的认定，《意见》表示：对不满 14 周岁的未成年人实施上述行

① 参见林建军:《性骚扰的法律界定》,《法学杂志》2007 年第 5 期。

为，不论未成年人是否自愿，均属于性骚扰行为。[①]该规定将性骚扰受害主体进行年龄划分，排除了不满 14 周岁未成年人在行为过程中的主观意愿这一认定条件。虽然是否将 14 岁作为认知能力的划分界限有待进一步考察，但是这种区分年龄认定性骚扰的设定在校园性骚扰的界定中是十分必要的。同时除被害人明示拒绝外，被害人通过言语或行为（如身体后退、变换位置等）表示出的反感、厌恶、逃避情绪也宜认定为“不欢迎”的表达。

3. 校园性骚扰相关概念区分

首先，应将校园性骚扰区分于强制猥亵。其意义在于，强制猥亵往往具有明显的暴力性，事发后调查过程中容易根据伤情鉴定予以认定。而校园性骚扰多为精神上的胁迫与强制，被害人往往没有受到直接的人身强制。二者适用同一认定标准，会造成校园性骚扰难以得到法律上的规制。从惩罚力度上来看，如果不对校园性骚扰进行单独的规定而仅作为强制猥亵中的一类行为，校园性骚扰将总是被作为程度较轻的强制猥亵从而在该定罪区间内被处以较轻的惩罚。而事实上，在一段时间内持续的校园性骚扰由于其存在时间长、不易被发现等特点，对被害人造成的影响完全不亚于一次程度严重的猥亵行为。

其次，校园性骚扰应与性交易相区分。与之相近的概念还有“性交换”。性学派对于这类行为的定义是：“对当事人实施与性有关的行为，并明示或暗示当事人的配合情况会作为其得到雇用、教育和参与学校活动的机会之条件，或当事人因此会在事业发展或学业成绩方面得到好处。”[②] 从提出主体看，“性交易”的提出主体更多为学生一方，即学生主动提出以“性换取一定的利益”。而“性交换”则由教师一方发出“邀请”，以发生“与性有关的行为”作为给予学生一定优惠条件的前提。从提出的时间来看，“性交易”被提出的时间早于实际行为发生的时间，双方有充分的选择权利。而“性交换”更多被认为是一种事后的补救措施，即在行为发生之

① 参见杨玉龙:《校园性骚扰处置机制具有示范意义》,《新京报》2018 年 8 月 9 日第 007 版。

② 宋少鹏:《何为性骚扰？观念分歧与范式之争》,《妇女研究论丛》2014 年第 6 期。

后，教师为息事宁人或为继续该行为提出的安抚方案。因此，宜将“性交换”也按行为程度对应划入性骚扰、猥亵及性侵的界定范围之内。此外，类比有关“强奸”的认定标准，如果行为主体双方一开始愿意进行“性交易”，而此后一方提出终止该交易，而受到另一方胁迫继续进行的，即使获得了被许诺的利益，依然应当认定为“性骚扰”。而不能仅通过前行为的自愿性推断出后行为也具有自愿性。最后，如果被害人迫于“校园关系”产生的压力，呈现出“自愿”的态度，但在行为模式上不符合“校园性交易”的特征，那么也应该认定为违背被害人意愿。

（二）充分保障当事人的诉权

1. 合理限制学术权力

校园性骚扰案件中的受害者多数选择沉默，根源于校园中教师与学生之间不平等的权力结构。这也是校园性骚扰案件在大学及以上阶段更易发生的原因，因为在这一阶段，学生与导师之间的互动更佳密切，导师对学生前途的决定权非常大，这就为他们提供了一些实施校园性骚扰的空间。学生在这样的一个权力结构里面处于非常弱势的地位，很难坚持自己的意愿，维护自己的权力。所以要保障校园性骚扰的受害者充分行使权利积极寻求保护，首先应当合理限制教师的学术权力。

必须明确的是，导师虽然在学生的成绩、课题、升学机会上有一定的评价权力，但绝不应该成为唯一有权作出最终决定的主体。据此可做出以下调整：第一，事关决定学生发表论文、毕业、读博等重大问题时，设置导师审核与专家小组盲审两个环节。专家小组由同领域专家学者组成，导师不包含在内。在导师认为学生论文不符合参加答辩条件且学生不认可该评价的情况下，将学生论文送交同领域专家组处进行盲审，如盲审通过，导师意见不影响学生参加毕业答辩。第二，在监督机制上，建立规范的师生关系投诉、监察机制，一旦接到学生投诉，立即启动调查工作并暂停导师在该学生所有事项上的决定权，即使调查结果并无所投诉侵害事实，学生依然有权选择更换导师。第三，在责任后果上，规定严格的惩罚措施，投诉一经查实，涉事教师至少暂时或永久失去担任导师的资格，严重者应承担法律责任。

2. 完善校园性骚扰防治机制

我国《妇女权益保障法》中规定了对女性遭遇性骚扰后的诉求途径。[①] 一般来说，被害人遭遇性骚扰的第一保护途径是向单位和有关机关投诉。而在校园性骚扰案件中，学校是学生遭遇校园性骚扰后寻求保护的首选对象，因此校园内部首先应当建立公平公正、能够平等保护师生双方的校园性骚扰防治机制。其中包括基本的入职审查和定期的师德考核、充分的校园宣传、畅通的投诉渠道以及配备专业的心理咨询人员。同时，一个强大的制度对师生双方都能够形成一种保护。例如美国在校园性骚扰方面有非常严格的法规和举报机制，这就导致教师在与学生单独相处的过程中保持高度的界限意识，不做出令人误会的举动，对教师自己也是一种保护。

在调查环节中，以充分保护当事人名誉、隐私为出发点，规范调查过程，采用严格的保护措施，保护在调查过程中受害者免受二次伤害。首先，在信息保护上，侦查中确实需要公布案件时，公布的内容要严格掌握，不容许公布案件细节，不允许公布被害人姓名、身份、住址以及案情细节，否则对违规人员进行处罚。[②] 其次，在谈话调查中，可在对未成年被害人取证的第一线模拟家居环境，营造安全亲切的谈话氛围。配备全程同步录音录像设备，避免反复询问。确保调查前后及调查过程中全程由熟悉未成年人心理的专业人员全程掌握未成年被害人心理状况，进而给予疏导和帮助。对未成年被害人开展询问之前询问时，询问人员一般不着制服；使用能被未成年人理解和认知的语言；适时与未成年被害人的法定代理人或者成年亲属进行沟通交流，修复家庭关系，帮助被

---

① 《中华人民共和国妇女权益保障法》第 40 条：禁止对妇女实施性骚扰。受害妇女有权向单位和有关机关投诉。第 58 条：违反本法规定，对妇女实施性骚扰或者家庭暴力，构成违反治安管理行为的，受害人可以提请公安机关对违法行为人依法给予行政处罚，也可以依法向人民法院提起民事诉讼。

② 参见马忠红：《性侵害案件中女性被害人的调查访问》，《中国人民公安大学学报》2005 年第 5 期。

害家庭从阴影中摆脱出来。① 同时，参照诉讼中针对此类案件采用的“支持出庭为例外原则”，不以与被害人进行面谈作为进行调查工作的必要条件，尽量采用电话、提交笔录等方式进行调查，避免被害人与调查人员甚至被举报人的直接接触。

3. 引导被害人正确应对校园性骚扰

校园性骚扰受害者对校园性骚扰缺乏正确认知也是阻碍其寻求外界帮助的重要原因。从受害者自身的角度，由于校园性骚扰被害人往往社会阅历尚浅，甚至是不具有健全的认知能力和自我保护能力的未成年人，在事情发生时往往无法意识到危险，更难以在第一时间做到正确的自我保护以及有意识地寻求帮助。而父母作为学生法律上的监护人和生活中最近亲的人，是校园性骚扰发生后学生倾诉的第一对象。受传统观念的影响，家长往往羞于让孩子接触、了解两性知识，甚至忽略了孩子成长过程中不可缺少的早期防范性教育，这就使其极易成为不法分子的侵害对象。同时，不少家长处事缺乏法制观念，学生在校园遭受性骚扰后，出于对学生将来的成长可能会受影响的担心，放弃向法律讨回公道的权利，选择私了或是学校内部处理。还有些家长不配合调查取证甚至指使学生否认受到侵害的事实，这实际上导致很多案件无法从法律途径得到解决，纵容了犯罪。② 因此，向处在风险最前线的未成年人传授“识别欺骗和拒绝引诱”的知识，可以极大地减少其因无知、好奇而导致被害或者重复被害的概率。传授的主体应当是包括家长、教师、警察、出版传媒者等在内的与儿童利益保护密切关联的社会各方，传授的形式则可以是对话、讲座、书籍、歌曲、益智游戏、电视、网络等，传授的内容应包括与其年龄相适应的必要的性知识与被害预防知识。③ 当然，“孩子被教导如何区分友善的接触和不怀好意的接触，并对某种情况和行为以及

---

① 参见上海市奉贤区人民检察院课题组:《性侵害未成年人犯罪案件的惩治、预防、救助机制研究》,《犯罪研究》2016 年第 4 期。

② 参见康均心、刘猛:《我国中小学校园性侵犯罪的防制》,《青少年犯罪问题》2014 年第 2 期。

③ 参见赵国玲:《北京市性侵未成年人案件的实证特点与刑事政策建构》,《法学杂志》2016 年第 2 期。

某种人 保持警惕……目的在于树立孩子的自信，而不是灌输给他们过度的恐惧”。[1]引导学生正确处理校园性骚扰事件，警惕身边可能发生的性骚扰行为，目的在于强化其自我保护意识，使之更加顺利地完成学业走向社会，绝不能以保护的名义使之与外界隔绝。

（三）采用多种方式提高证据证明力

校园性骚扰案件一旦进入司法程序，侦查过程中首先面临的是证据问题。一方面，被害人并没有清醒的留存证据的意识，在事件发生之后，出于激动的情绪更有可能删除加害人的联系方式以及双方的通讯记录，这就使后面的侦查活动很难进行。因此，宜在日常对学生进行防范性教育的同时进行法律常识教育，培养学生在侵害行为发生时敏锐的留存证据意识。另一方面，由于校园性骚扰案件主体、场合的特殊性，经常出现被害人陈述是全案唯一直接证据的情况。而他们的陈述和证言往往不被办案机关采信，主要是因为未成年人被认为容易被误导和暗示，且不具备正常的判断力。但实际上，由于认知能力的差异，在同一年龄段不同的未成年人对同一事物的理解能力也存在很大差异，认为年幼被害人的陈述一律不可作为定案证据显然不妥。实践中，最高人民检察院于2017年3月出台了《未成年人刑事检察工作指引（试行）》（以下简称《指引》），其中提出对年幼的被害人进行作证能力评估，[2] 就是一项意义重大的改进。在正式的询问开始之前，通过一系列基本交流，了解被害人的认知能力和表达能力，在被害人能够清晰描述自己所经历事件始末的前提下，对可信度高的陈述予以采信。并且在调查过程中注意询问时机的选择，在案发早期，被害人对事情经过记忆最完整的时候进行询问，但注意避免疲劳轰炸。更应注意选择规范的询问主体、使用温和的询问方式、运用适当的辅助工具等，从多种途径提高未成年人言词证据证明力。

---

① 安德鲁·卡曼《犯罪被害人学导论》（第六版），李伟等译，北京大学出版社2010年版。

② 《未成年人刑事检察工作指引（试行）》第138条：询问年幼的未成年被害人，要认真评估其理解能力和作证能力，并制定交流的基本规则，未成年人的回答可以是“我不理解”。

此外，办案机关经常会以司法机关经常会以“前后陈述是否一致”来判定未成年人言词证据的证明力。但是这种方式除了会让未成年被害人受到重复伤害外，反复讯问反而可能降低其陈述的可信度。[①] 出于对被害人不稳定的情绪和心理的保护，对于可能进入诉讼程序的案件建议检察院提前介入，减少多次询问给被害人带来的二次伤害。同时应注意对被害人及证人的保护，除去侦查过程中对被害人及证人身份信息的严格保护外，还应强调学校不得对被害人及作证之人施以不当差别对待，使其在举报和作证时免去后顾之忧。

（四）在可证明的损害后果内加大处罚力度

校园性骚扰案件的“定罪难”“处罚轻”问题通常是此类案件引发社会热议的一大原因。一般认为，之所以司法机关对加害人无法施以令被害人及社会公众认可的处罚，其主要原因在于无法证明性骚扰行为与后续伤害结果之间的关联性。如在“甘肃跳楼案”中，由于无法证明女孩精神问题与侵害行为有关，所以检方两度作出不立案的决定。

在是否以及如何证明校园性骚扰行为与部分被害人的精神问题、自杀行为之间关联性的问题上，首先，刑法上的因果关系，是指一个危害行为直接且合乎规律地引起一个或几个危害结果的发生。在因果关系的发展过程中，如果介入了另一原因，如介入了第三者的行为、被害人自身的行为或特殊自然事实等其他因素，且这种介入因素过于异常时，则可以中断原有的因果关系，从而得出该行为与结果不存在因果关系的结论。具体到校园性骚扰案件中，由于性骚扰行为对被害人造成的多为精神创伤，而不同的被害人遭遇性骚扰后承受能力差异较大，故在认定损害后果时，应在性骚扰行为对一般“理性人”所能造成的损害结果——即可证明因果关系的损害结果范围内进行认定。那么，在无法证明被害人出现的后续精神问题及自杀行为与性骚扰行为存在因果关系的前提下，

① 参见沈威、徐晋雄:《审判中心视野下性侵未成年被害人言词证据问题研究》,《青少年犯罪问题》2018 年第 1 期。

是否有必要在必然的损害结果内加大对校园性骚扰行为的处罚力度呢？事实上，校园性骚扰所带来的伤害远比普通性骚扰更具深远性。校园性骚扰之所以特殊，在于被害人在遭受性骚扰时因代价严重不敢或不能反抗，从而长期处于痛苦、压抑的心理状态，这与一般的性骚扰行为存在本质区别。青少年的心智尚不成熟，校园生活对其人生观和价值观的塑造有重大影响。校园性骚扰的发生，会让青少年对校园美好生活的期待落空，这种校园“亲密关系”中产生的背叛会让被骚扰学生对其原本的价值体系产生怀疑。有学者以女研究生为对象，对校园性骚扰的危害性进行了调查，结果显示：“68.2% 的被害人会对教师等亲密角色产生偏见，降低人际信任；55.38% 的被害人则认为自身的爱情观、人生观和价值观都因此受到影响。”[①] 据此，治理校园性骚扰首先应当确立在制度上从严处罚的立场，具体可以通过加重对实施校园性骚扰的行为者本人的处罚以及追究学校未尽到妥善管理义务的连带责任两方面入手。

对于实施校园性骚扰行为的个人，在惩治措施上应当体现“最高保护限度”“最低容忍限度”的指导思想，着重从依法严惩校园性骚扰行为、加大对被害学生的保护力度两个方面对校园性骚扰行为作出规定。2014 年教育部颁布了《关于建立健全高校师德建设长效机制的意见》（以下简称《意见》），从强调师德建设的角度，将“高校教师不得对学生实施性骚扰或与学生发生不正当关系”列举为教师违反师德行为“红七条”之一，并给出建议性处罚措施，即“依法依规分别给予警告、记过、降低专业技术职务等级、撤销专业技术职务或者行政职务、解除聘用合同或者开除。对严重违法违纪的要及时移交相关部门。”[②] 这一《意见》中给出的建议性处罚措施可作为日后惩治校园性骚扰可参考的处罚措施。此外，对于情节严重者，还可参照美国设立全国性犯罪名单登记制度，以及附期限或永久职业限制制度，杜绝校园性骚扰行为人再次犯罪的可能性。

---

① 任海涛、孙冠豪：《校园性骚扰的概念界定及其立法意义》，《华东师范大学学报》2018 年第 4 期。

② 王曦影、仇雪郦：《反对校园性骚扰的全球趋势与本土应对》，《人民法治》2018 年第 4 期。

学校作为对学生负有保护义务的主体，对校园性骚扰行为的发生负有不可推卸的责任。在归责事由上具体可分为三种，包括没有建立有效的预防和防范机制的责任、对其内部性骚扰听之任之甚至在案件发生后瞒报漏报的责任以及无过错的连带责任。对于第一种学校主体，宜追究学校的管理疏忽责任，并督促其在日后加强防范管理，注重对教师队伍的素养考察、设立完善的校园性骚扰举报机制。对于第二种学校主体，可对学校及第一责任人追究责任，同时被害人支持的惩罚性赔偿要求。对于第三种学校主体，可仿照日本在应对职场性骚扰中设立的反性骚扰雇主责任制，支持性骚扰受害者除向性骚扰的实施主体索赔外，还可以依法追究学校的连带责任。其中关于学校是否尽到管理责任的认定，出于保护被害人利益及举证困难程度的考虑可适用推定过错责任原则，除非学校能够证明以下两点积极抗辩事由：其一，学校对预防并及时纠正性骚扰予以合理的注意；其二，在无合理理由的情况下，被害人未能利用学校提供的防范或救济机会，或者未能避免受到伤害。[①] 至于学校对其尽到合理注意义务的证明，可提出例如建立了一套反校园性骚扰制度及举报程序、对教师进行入职前素养审核及师德师风定期考察、向学生宣传并普及校园性骚扰防范教育、以及采取了其他可以预防并纠正校园性骚扰的合理措施。在判断标准上不要求完全统一，可根据各案情况进行处理。

四、社会目光下的校园性骚扰

（一）营造正面的舆论氛围和安全的社会环境

校园性骚扰作为广义性侵犯行为的一种，虽然其暴力程度并不能给受害者带来身体上的严重创伤，但伴随而来更多的是一种持续性的精神伤害。而事发后受害者所生存的社会舆论环境，往往会加重这种精神负担。每一次校园性骚扰案件被媒体曝光之后，相较于加害者在短时间内

---

① 参见王恒涛:《性骚扰立法研究》,《环球法律评论》2006 年第 5 期。

受到的大量谴责，被害人承受的往往是潜在的精神压力和带有暗示意味的舆论点评。这一点与中国传统的耻感性文化密不可分。耻感性文化由于将性看作一种见不得人的羞耻，因此，在性的表达上，一是将性当作公开表达的禁忌，尽量避免性讳谈性；二是在不得不谈性时，则采取一种否定性的负面态度，予以嘲讽、诅咒、批判，而不是讴歌、褒扬、赞美，以反证自身的“道德”。前一种情况，使得我国法律对性的规定远比西方少；后一种情况使得在中国性与伦理而不是与权利密切联系，人们看待性主要是从伦理、犯罪、罪恶的视角，而非从权利、人权的视角。[①]正是基于这种文化传统，校园性骚扰的被害人总是被打上羞耻的烙印而非普通的权利被侵犯者。事实上，在校园性骚扰案件中，被害人最需要的就是来自身边以及整个社会的和接纳。即使在个别案件中，被害人对案件的发生负有一定的责任，依旧不能否认其权利遭到侵犯的事实。案发后社会及家庭给予被害人的精神支持和认同，会激发被害人的权利意识，增加被害人揭发犯罪、维护自身权利的勇气。

营造正面的舆论氛围和社会环境需要整个社会通力协作，全面建立联合互通的沟通保护机制。在舆论引导方面，首先通过教育局、妇联、街道社区等部门加大宣传力度，引导公众抛弃传统封闭隐晦的性观念，消除社会对性犯罪被害人的偏见，使性犯罪被害人早日从“性污名”中解脱出来，以更加理性和正面的态度面对性犯罪。其次，学校开展性教育课程，引导学生树立正确性观念和性道德，理性行使身体自主权，并在不同性别间建立健全的性态度的教育与引导，通过多种形式的性别教育使学生重新审视校园生活中的两性问题，树立两性平等的观念，力求相互理解、包容和尊重，构建平等、和谐的性别关系。[②] 同时应当建立校园性骚扰发生后针对受害学生的心理疏导和心理健康监控机制，帮助受害学生走出心理阴影。最后，家庭教育中应当注意科学地在孩子面前谈论性，从而避免孩子缺乏必要、适度的性道德及安全防范等方面的性知

① 参见赵合俊:《儿童免受性侵害的权利——对我国儿童性法律的审视》,《法学研究》20 年第 6 期。

② 参见王璐:《论我国高校性骚扰防治的有效途径》,《新西部》2018 年第 12 期。

识教育。家长应当全面了解孩子的生活习惯、交往的朋友等，提醒孩子防范身边的安全隐患。通过多方努力，使学生警惕身边可能存在的校园性骚扰行为，增加权利意识，掌握防范和反抗校园性骚扰的策略，明确校园性骚扰投诉受理部门负责人，使其在遭遇性骚扰时能勇敢维护自己作为公民和学生的合法权益，从源头上防范高校性骚扰行为的发生。在社会环境安全的维护上，可依托检察院与教育局共同开创共管平台、设立性骚扰维权热线、未成年心理健康倾听热线、团委青少年服务台、对于可能存在性骚扰未成年人行为的线索及时移送平台确保司法救济有效性。此外，当校园性骚扰案件发生后，各地教育部门要协调有关部门进一步加强对学生保护工作的正面宣传引导。防止媒体过度渲染报道校园性侵案件，充分保护当事人隐私，保证当事人正常生活不受影响，合力营造出全社会共同关心、关爱学生健康成长的良好氛围。

（二）重视社会组织和社会运动的力量

探索未成年人安全庇护的社会措施，必须重视社会组织和社会团体的作用。在厦门大学性骚扰案发生后，由 256 位来自国内外的高校教师、学者和学生联署的两封公开信分别被寄给时任教育部部长和厦门大学校长，要求彻底调查厦大性骚扰事件，建议教育部以此事为契机，制定出台《高等教育学校性骚扰防治管理办法》，同时建议厦大率先建立高校性骚扰防范机制。为了回应这两封公开联署，教育部 2014 年颁布了《关于建立健全高校师德建设长效机制的意见》，依据这份文件，各高校纷纷出台防治校园性骚扰的专门措施。此外，妇女权益活动家的长期奋战也将校园性骚扰问题能够始终置于全社会的关注之下。2013 年 6 月 7 日，25 家广东公益社会组织联名向广东教育厅提交了《广东省妇女儿童权益机构关于全省教育系统建立校园性侵害防治体系的联合建议书》，建议教育部门率先采取行动，以“预防先于一切”的宗旨积极进行一系列的制度建设、教师培训和资源整合工作，机构又联署《广州市针对未成年人性侵害防治条例》向广州人大发出立法建议稿，提出了包括“家庭保护、学校保护、社会保护、国家机关、自我保护、法律责任”等多个方面的立法建议。[1] 自1995年第四次联合国世界妇女大会以来，女性从反对家庭暴力开始，运用社会性别的分析视角作为武器，在每一次不公正的性别暴力事件中发声，持续不断地开展公共倡导，对公众开展社会性别教育。在性骚扰领域，她们不仅关注地铁、公共汽车等公共空间的性骚扰，也开始关注基于不平等权力关系的职场性骚扰。这一切都在表明，一个支持和声援性骚扰受害者而非责备受害者的社会环境在社会组织和社会团体的努力下正在逐渐形成。[2]在预防校园性骚扰案件和救助校园性骚扰被害人上，社会组织应当在事前和事后两个方面加以有效和适当的反应。主要是对所辖区域内的失序行为加以遏制，并为缺失家庭监护的未成年人提供及时的保护和帮助。社会组织和社会团体可以设立“求助热线”、“应急救护所”或者儿童收留保护机构等，一则可以有效地发现家庭监护不力的问题，提前预防因监管不足而致未成年人遭受性侵害；二则可以及时地获得不法侵害的线索，并适时地为未成年人提供安全的保护性场所。

面对校园性骚扰，同样不可忽视的还有社会运动的力量。Me too 运动，起源于美国的社交媒体，是 2017 年 10 月女星艾丽莎·米兰诺（Alyssa Milano）等人针对美国金牌制作人哈维·温斯坦（Harvey Weinstein）性侵多名女星的丑闻发起的运动，呼吁同样有被性骚扰、性侵的受害者勇敢说出自己的遭遇。运动发起十天之内，在国外的社交媒体 Twitter、Facebook 和 Instagram 上，Me too 运动席卷了全球 85 个国家，累计超过 2000 万帖发文。2018 年初北航性骚扰案件中，举报人罗某茜发布的微博举报信在网络上掀起一股国内高校版的 Me too 运动。社会关注施以高校的隐形压力，也是此次事件得到高效透明的处理的重要因素。诚然，Me too 运动在国内的发展势头与国外尚有一定差距，这首先是国外性骚扰案件的双方大多是娱乐圈的明星或政界的名人，中国的事例则更多发生在高校之中。其次，由于国内外文化传统和社会氛围的不同，国

---

① 参见黄玉杰、仇雪郦：《为未成年人性侵害防治立法》，《羊城晚报》2013 年 9 月 25 日。

② 参见王曦影、仇雪郦：《反对校园性骚扰的全球趋势与本土应对》，《人民法治》，2018 年第 4 期。

外在 Me too 运动兴起之前很多受害者就已经有实名举报性骚扰的观念和勇气，而在国内实名举报的观念尚在形成之中，仍然依赖 Me too 运动的推动和鼓舞。例如北航性骚扰案件中，罗某茜在接受《每日人物》的采访时，有一个有趣的回答，她说，“做了妈妈的人会比没做妈妈的人勇敢一些，工作了的会比在学校里的勇敢一些，国外的人又比国内的人勇敢一些。还在学校里的女生，其实是处在最弱势、最恐惧的阶段”。她还说，“如果还在国内，我会举报，但可能不会实名”。[①] 可以说，在校园性骚扰案件中，能不能站出来在很大程度上并不是一个受害者勇不勇敢的问题，而是中国目前的社会环境依旧不能构建一个安全的保护性的环境让受害者放心大胆地说出自己的故事，她们得有超人的勇气去面对压力与污名、“二次伤害”和“荡妇羞辱”。因此，校园性骚扰的受害者不仅需要社会运动来声援他们惩治凶手，更需要这一场社会运动来扭转大众的观念，摘掉社会质问受害者的有色眼镜，让每一个受害者能够在安全的环境下说出真相。

① 参见《北航性骚扰举报者：那么多名人都倒下了，为什么陈小武不倒下?》，载每日人物，https://baijiahao.baidu.com/s? id = 1589651374898232924&wfr = spider&for = pc，访问日期：2018 年 10 月 20 日。

我国低龄未成年人触法行为的法律规制机制研究

——基于未达刑事责任年龄未成年人恶性事件频发现象的思考

褚　宁*

近年来，低龄未成年人触法行为的极端个案频发，仅2018年便发生了“湖北孝感13岁男童抢劫伤害女同学案”“湖南12岁男童弑母案”“湖南13岁男童锤杀父母双亲案”等几起低龄未成年人恶性案件。此类案件的共同特征是均由未达刑事责任年龄的低龄未成年人所为，且出现了无法按照刑法处罚，只能“一放了之”的困境。案件经媒体报道后，引发社会公众对涉低龄未成年人罪错行为教育矫治的法律制度供给，以及相关执法部门执法能力与效果的强烈质疑，要求“降低我国刑事责任年龄”的呼声也甚嚣尘上。

笔者谨将近三年见诸报端及网络的低龄未成年人恶性违法事件加以

* 褚宁，法学博士，济南大学政法学院副教授，硕士生导师；最高人民法院中国应用法学研究所2017级博士后。主要研究方向：刑事诉讼法学、少年司法制度、社会性别研究。

感谢中国社会科学院研究生院2017级法学硕士杨志鸿同学在本文案例部分所提供的搜集及整理工作。

本文系中国法学会2018年度部级法学研究课题“从‘小儿酌减’走向‘少年订制’的我国少年刑事司法体系构建”[CLS(2018)D107]；2018年度山东省社会科学规划审判专项“司法改革背景下的我省少年审判机构改革方向和路径研究”(18CSPJ04)阶段性成果；2015年度司法部国家法治与法学理论研究项目“我国未成年人附条件不起诉制度法理基础研究——以关怀伦理观为视角”(15SFB5019)的阶段性研究成果。

罗列，问题之严重性由此可见一斑：

2018 年 12 月 31 日下午 6 时许，湖南衡南县 13 岁男孩罗某与父母发生争执，用锤子杀害了其 51 岁的父亲和 45 岁的母亲（患有精神疾病）。事后罗某携带父亲身份证，骑电动摩托车到镇上上网两个小时。2019 年 1 月 2 日下午 4 时许，罗某在云南大理被警方抓获，经审讯，承认了犯罪事实。目前，衡南县对于罗某后续学习教育的最终方案还没有确定。

2018 年 12 月 2 日晚，湖南沅江市 12 岁男孩吴某因抽烟被母亲打后，心生怨恨，遂持刀将母亲杀死。事后吴某用母亲手机，模仿母亲语气给班主任请假。次日，警方接到报警后，迅速将其抓获。因为没有达到刑事责任年龄，当晚派出所民警叫亲属去商量吴兵之后的看管问题。吴某叔叔问他几个问题，他说，“但是我又没杀别人，我杀的是我妈妈……学校不可能不让我上学吧”，这反映出吴某并没有意识到自己行为的严重性，法律意识严重缺乏。之后吴某被警方释放，家属想将吴某送回学校却遭到了很多家长的抵制，很多当地村民也对吴某被释放回家表达了担忧。12 月 13 日，吴某已被带离原生活环境，由监护人及相关多部门对其进行定点监护管理。后吴某被送往长沙一家机构接受为期三年的管束教育，费用不用其家庭承担，父亲将继续外出打工。

2018 年 3 月 30 日，湖北孝感 13 岁男孩黄某趁被害人小静在小区楼等电梯，持一把剪刀挟持小静，实施抢劫，并用剪刀将小静刺伤。因黄某未达到刑事责任年龄，公安机关对案件予以撤销。黄某父亲没有同意由政府对黄某收容教养，目前黄某没有上学，在家帮忙干活。①

2017 年 12 月 5 日晚，13 岁初中生袁某因怨恨母亲对其管教过严，在家中将43 岁的母亲杀害。当日 21 时许，犯罪嫌疑人袁某被抓

---

① 参见雷宇:《初中男生持刀伤害花季少女因未满 14 岁被释放引发争议》,《中国青年报》2018 年 7 月 2 日第 7 版。

获归案。袁某父亲称夫妻俩“没文化”，教育方式简单粗暴，孩子不听话就打。①

2016年12月25日22时许，湖南会同县13岁少年林某因与70岁的爷爷看电视节目发生分歧，没抢到遥控器，于是就地持一把锋利的斧头对爷爷猛砍十几下，致使爷爷当场死亡。事后，林某感到后悔和害怕，惊慌失措，将爷爷的尸体藏匿到屋外的水塘。②

2016年7月18日，广西沈某为了偷东西，将黄家3个小孩哄骗到附近偏僻处询问家中收藏钱财的地方。其间，沈某因使用暴力，3个孩子哭闹，沈某担心事情败露，用石头和刀分别将4岁、8岁的女孩和7岁的男孩杀害。事后，沈某一路逃到广东，最终被警方抓住。由于未满14周岁不予刑事处罚，沈某在8月2日被送到南宁收容教养三年。③

2016年6月13日，四川金川县一个13岁的初中生方某在县政府广场为了抢一部苹果手机，将汽油泼向一名24岁的乡村女教师杨某，紧接着掏出打火机点火，造成杨某特重度烧伤。该少年的父母离异，父亲在外地打工，平时由爷爷奶奶看护。后来爷爷去世，没有人管他。事后，该少年被警方控制，由于其未满14周岁，无须承担刑事责任，警方将其释放，由监护人看管。方某父亲所谓的看管，就是用一根铁链，将方某锁在家里。④

根据我国《刑法》规定，不满14周岁的未成年人对其任何罪错行为不承担刑事责任。因此，我们很难在政法系统公布的关于青少年犯罪情况的统计中获知14周岁以下低龄未成年人罪错行为的准确发生率。但通

---

① 参见王鑫、邱萧芜：《四川大竹13岁弑母少年：会帮爷奶干活和常遭父母打的独生子》，澎湃新闻，https://www.thepaper.cn/newsDetail_forward_1899647，访问日期：2019年1月5日。

② 参见《湖南怀化13岁少年为抢电视遥控器，持斧头砍死爷爷并藏尸》，澎湃新闻，https://www.thepaper.cn/newsDetail_forward_1592590，访问日期：2019年1月13日。

③ 参见刘子珩：《广西13岁杀人少年流浪谋生》，新京报网，http://www.bjnews.com.cn/feature/2016/08/07/412594.html，访问日期：2017年1月13日。

④ 参见王煜：《13岁少年为抢手机泼汽油烧伤女教师》，新京报网，http://www.bjnews.com.cn/news/2016/08/12/413249.html，访问日期：2019年1月13日。

过一些区域性统计数据，未成年人罪错行为低龄化呈明显上升趋势已是不争事实。未成年人违法犯罪的初始年龄已由 80 年代初的 14 周岁至 15 周岁，提前到 13 周岁以下。根据国外的自我报告和官方的统计数据显示，只有大约 3% ~15% 的严重青少年犯罪行为能够进入司法视野。基于此，我国低龄未成年人罪错行为（包含严重触法行为）的发生率比业已公布的统计数据更为严峻。

此类案件引发公众强烈舆情主要基于两个原因：第一，未成年人需要成年人保护的主体身份与其频繁实施极端恶性危害行为之间的现实产生了错位；第二，制度供给不足以及执行效果未能有效回应这种错位和冲击，未能满足公众对未成年人保护和社会保护的双重需要。未成年人恶性触法行为的“频发”及“低龄化”是家庭、学校、社会等多种因素导致的结果。如何在尊重未成年人罪错“自愈”规律的前提下确保公权力的有效介入，构建针对未达刑事责任年龄未成年人触法行为的有效法律干预机制以及接驳机制？如何通过针对未成年人的准犯罪行为处置机制的完善，实现对未成年人犯罪的早期干预？这些均是实现未成年人司法真正价值——教育和保护，不可回避的问题。

一、对低龄未成年人触法行为的界分

在公众看来，随着社会的发展，低龄未成年人事实上已具备成熟的判断能力和行为控制能力，对自己的犯罪行为已经有了明确的认识能力和控制能力，实施了手段残忍的犯罪就应予以严肃惩处，而公安机关等部门依据现有法规所实施的应对举措并不能对这些孩子罚当其罪，不过是走走过场和程序。欲打通低龄未成年人恶性案件矫治盲区的“任督二脉”，须首先对其行为在法律层面的意涵加以梳理。

（一）对“触法行为”之意涵的思考

“触法行为”的概念源于日本《少年法》之规定，触法行为被包含于交付家庭裁判所审判的少年非行种类之一，意为因行为人未达刑事责任年龄而不视为犯罪，并不予刑事处罚的行为。[①] 其涵涉范围囿于英美法系国家对未成年人“罪错行为”的界定。“罪错行为”的概念引导并构建了英美法系独立的未成年人司法体系，其内容包含了触犯刑法以及“身份犯罪”（即虞犯行为）。从世界范围来看，触法行为在不同法域有各自不同的称谓，如英美法系国家称之为“少年罪错”，日本称其为“少年非行”，“少年事件”则是此类行为在台湾的称谓方法。通过这些名称判断，各法域将这类由未达刑事责任年龄的未成年人实施，并且按照成人适用的普通刑法衡量也会被当作犯罪的行为通过少年法加以专门的规制，有学者称之为“精细化划分”。

姚建龙教授在其《触法行为干预与二元结构少年司法制度之设计》一文中对“触法行为”做出界定，意为因行为人未达刑事责任年龄而不视为犯罪，并不予刑事处罚的行为。相较于未达刑事责任年龄未成年人可能触犯之法律类型而言，此取狭义层面之意，不涵盖治安违法行为和身份不良行为。从文义解释的角度来看，未成年人的“触法行为”不仅指向触犯刑法的行为，还包括有触犯《预防未成年人犯罪法》《治安管理处罚法》《禁毒法》等法律法规的行为。在学界尚未对“触法行为”作狭义解释，或是广义界定产生统一认识之前，将其界定为“未达刑事责任年龄的未成年人从事的触犯刑法的行为”或可能引发理解上的歧义。在少年司法语境下，未成年人“罪错行为”是涵盖刑事责任年龄以上及以下全部未成年人各类不良行为的术语。“罪错行为”的定义萃取于犯罪学研究，超出我国刑法学意义上“犯罪行为”之涵义，涵涉触犯刑法的行为、治安违法行为以及身份不良行为（即虞犯）。宋英辉教授在其《完善我国未成年人法律体系》[②] 一文中根据行为性质和危险程度将未成年人的“罪错行为”分为三类：不良行为、治安违法行为、触犯刑法的行为。

---

① 日本《少年法》第 3 条第 1 款之规定，三类少年须交付家庭裁判所予以审判：第一类，是犯罪的未成年人；第二类，是指未满十四周岁的触犯刑罚法令的未成年人；第三类，是指虞犯少年。即从品性和环境来看，被认为将来有可能犯罪或触犯刑法规定的少年。参见姚建龙、孙鉴：《触法行为干预与二元结构少年司法制度之设计》，《浙江社会科学》2017 年第 4 期。

② 宋英辉、苑宁宁：《完善我国未成年人法律体系研究》，《国家检察官学院学报》2017 年第 25 卷第 4 期。

我国除《刑法》第 17 条和第 49 条规定了未成年人犯罪行为，通过对《预防未成年人犯罪法》相关条文的解读，① 还可将未成年人的其他不良行为界定为未达刑事责任年龄而不视为犯罪的行为与其他违反治安管理规定的行为。依其分类，未达刑事责任年龄未成年人的偏差行为不可归为“罪”。为确保“触法行为”这一术语在适用上与我国法律法规体系的融洽效果，本文对其采广义理解，即包含了未成年人触犯《刑法》《预防未成年人犯罪法》《治安管理处罚法》《禁毒法》等法律法规的触法行为的特点、成因，及其与已达刑事责任年龄未成年人罪错行为的差异性；对“触法行为”做出身份不良行为、轻微的治安违法行为、严重的治安违法行为以及触犯刑法行为四种分类。

（二）何谓“低龄”？

目前，各法域针对刑事责任年龄的界定莫衷一是，从 12 周岁至 16 周岁不等。其具体年龄的界定取决于当地经济社会发展的状况、民众对未成年人犯罪的容忍度、未成年人心智成熟程度，以及当地司法民主的发展状况等因素。鉴于我国以 14 周岁作为刑事责任年龄的分界点，本文所讨论之“低龄”的上限即为 13 周岁（含本岁）。那么该“低龄”是否应当设置下限，学者对此见仁见智。以美国各州少年法院在年龄层面对未成年人罪错行为的管辖范围设置为例，其年龄下限分别为 6 周岁、7 周岁、10 周岁，抑或未设定年龄下限。笔者以为，较低龄未成年人的偏差行为仍须依靠家庭及社区的影响及调整，特别 6 周岁至 12 周岁的未成年人，正处于养成和完善自我控制能力和辨别是非能力的关键期，12 周岁以下的未成年人由于具有极强的家庭依赖性，通常尚未进入青春期，家庭是对其进行教育管束的最佳场域；12 周岁以上的未成年人即将进入容易叛逆的青春期，对此产生了设置一些带有强制性的针对行为的管束矫治措施的需要。为此，建议将低龄范围限定于 6 周岁至 13 周岁（含本岁）。

---

① 参见《预防未成年人犯罪法》第 14 条关于一般不良行为，第 34 条关于严重不良行为的规定。

综上所述，本文关于低龄未成年人“触法行为”论述包括：6 周岁至 13 周岁的未成年人触犯《刑法》《预防未成年人犯罪法》《治安管理处罚法》《禁毒法》等法律法规的触法行为的特点、成因；其与已达刑事责任年龄未成年人罪错行为的差异性比较；对“触法行为”做出身份不良行为、轻微的治安违法行为、严重的治安违法行为以及触犯刑法行为的四种分类。

二、对刑事责任年龄修改的反思

（一）刑事责任制度的法理基础

刑事责任年龄是如此重要的一个话题，因其牵涉着一国划分未成年人刑事责任，以及界分少年法院与刑事法院管辖权等重大事项。基于此，大多数国家与地区均以刑法典或单行少年法的形式明确了未成年人刑事责任年龄的起算点。从刑事责任能力说中的辨认控制能力论加以分析，刑事责任年龄的设定是一种法律拟制，也是一种推定的结果。该刑事责任制度以某一个刻度刑的年龄将行为人的辨认和控制能力加以截然界分，假设一个在某日年满 14 周岁的未成年人比其前一日（13 周岁最后一日）对自己的行为具备了显著的辨认和控制能力。然而，这显然并不符合个体自然人在真实环境中的成长特点。法律不得不规定刻度刑的年龄，主要是出于设定刑罚可操作性的具体标准，明确哪部分人可以对自己实施的犯罪行为承担刑事责任。由此可见，一国的刑事责任年龄并非不可改变，其会因循本国未成年人身心发育的实际情况，并基于本国未成年人保护的刑事政策而发生变迁。如，英格兰、威尔士及北爱尔兰依据《1933 年儿童和青少年法》（The Children and Young Persons Act 1933）将刑事责任年龄从 7 岁提升至 8 岁。苏格兰于 2011 年将刑事责任年龄从 8 岁提至 12 岁。巴西、哥伦比亚、墨西哥、乌拉圭、厄瓜多尔及秘鲁等拉美国家，则在其少年司法立法改革中将刑事责任年龄提升至 18 岁。2003 年香港立法会通过新修订的《少年犯条例》，将少年犯刑事责任最低年龄由原来的 7 岁提高至 10 岁。韩国则于 2018 年 8 月份降低其刑事责任年龄至 13 周岁。可见，随着时间推移和代际递嬗，提升或降低刑事责任年龄可以成为一国刑事责任制度改革的后果。而提升的刑事责任年龄体现的是一国对未成年人轻刑化的趋向，也是目前国际社会的普遍做法。

“少年”这一概念并非从来就有，也并非一种严格生物层面的划分，而是社会文化构建的产物。与儿童、成人相比，少年这一群体是一个“既已经基本具备对成人社会权威与规则的基本破坏力，却又尚未进入成人社会的特殊群体”[①]。一方面被认为具有与儿童相同的特性，例如单纯和未发育成熟，同时也没有经济地位和劳动权利，需要被抚育和保护。另一方面，他们又具有一部分成人的特点，例如具有自主活动能力，已经有一定的社会破坏能力等。从经济因素来看，在农业社会向工业社会的过渡中，社会发展对工业技术的要求不断提高，造成了工业生产技能的养成需要较长时间，这延长了儿童进入社会获取独立经济地位的时间和过程。在信息传播方面，印刷文化的逐步形成在未成年人与成年人之间设置了需要通过专门学习才能克服的障碍，使得未成年人必须通过专门的学习才能进入成人世界，这是西方社会童年被延长并促使“少年”诞生的另一关键因素。例如美国学者波兹曼指出，中世纪区分成年人与未成年人的标准主要看是否具有口语能力，因此一个人的童年期大约在其具有口语能力时的 7 岁就结束了。但是随着印刷和社会识字文化的出现，印刷媒介在未成年人与成人之间强加了一些分界线，由于上述因素，年满 7 岁直到十几岁阶段的人从成人阶段脱离了出来，成为一种独立社会群体的类别——“少年”。对这个群体的认识的出现，意味着与之对应的司法有了产生的可能。

20 世纪 70 年代美国一句谚语广为流传，“若一个社会中的孩子不再是孩子的时候，我们的少年司法还有理由是少年司法吗?”[②] 诚如波兹曼在其《童年的消逝》一文中指出，“如果没有秘密，童年这样的东西当然

---

① 姚建龙:《福利、惩罚与少年控制——美国少年司法的起源与变迁》,华东政法学院,博士学位论文,2006 年。

② 参见姚建龙、孙鉴:《触法行为干预与二元结构少年司法制度之设计》,《浙江社会科学》2017 年第 4 期。

也不存在了”，它所带来的后果是“少年重新回归为‘小大人’”。对少年司法的发展而言，少年与成人之间差异性的模糊，带来少年罪错控制方式与成人犯罪控制方式的趋同化，似乎也成了“少年成人化”的题中之意。我们今天所探讨的刑事责任年龄降低实质上便是对与成人日益趋同的少年仍适用“司法纵容政策”的反思与责难。少年刑事责任制度并非“与世隔绝，自在产生的体系”，而是构筑于行为人辨认和控制能力基础之上，结合考量一国未成年人保护的刑事政策，综合杂糅而成。如前所述，其中蕴含了民众对未成年人犯罪的容忍度、未成年人的心智成熟程度，以及本地司法民主的发展程度，随着上述因素不时进行调整。为此，有学者专门指出，“目前任何一个国家的少年刑事责任制度都是折中于辨认控制能力于未成年人保护的刑事政策之间，只是侧重点不同”①。

20 世纪美国采取的“降低刑事责任年龄”，便是在结合未成年人辨认控制能力与本地区未成年人保护刑事政策的基础上的调整。自 20 世纪 70 年代起，美国在少年司法领域掀起的以“严罚”替代“福利”的系列改革举措，使许多州不仅降低了未成年人刑事责任年龄，更强化了监禁刑的适用，扩大了未成年人罪错行为入罪的范围和途径等。关于降低刑事责任年龄，一方面明确规定降低最低刑事责任年龄，另一方面降低少年法院管辖的最高年龄，并以此让更多的少年被当作成人进入刑事司法体系。例如，1993 年，怀俄明州将少年法院管辖的最高年龄从 18 岁降到 17 岁，使 18 岁这一年龄段的少年转归刑事法院管辖。1995 年，新罕布什尔州和威斯康星州将少年法院管辖的最高年龄从 17 岁降为 16 岁，使 17 岁这一年龄段的少年转归成人刑事法院管辖。1978 年纽约州通过的《少年犯罪者法》明确规定降低少年刑事责任年龄，加重对少年的刑罚，基本上全盘否定了少年司法与刑事司法之间的差异。上述各州的举措昭示了“这个国家对社会防卫和对少年控制的雄心”。②

① 姚建龙：《我国少年刑事责任制度之理论检讨》，《法律科学（西北政法大学学报）》2006 年第 3 期。

② 参见姚建龙：《福利、惩罚与少年控制——美国少年司法的起源与变迁》，华东政法学院，博士学位论文，2006 年。

（二）降低刑事责任年龄会带来防控未成年人犯罪的“好”效果么？

然而，在任何一个国度，在未成年人刑事政策层面上从“保护”走向“严惩”不可能仅靠思辨。目前，我国实务与学界所聚焦的刑事责任年龄下降范围主要针对12周岁至13周岁的未成年人严重触法行为。某省份高级人民法院曾经针对青少年严重危害行为的始发时间进行过统计，得出了13岁是集中高发年龄。来自多地司法机关的一线办案人员也基于其办案经验表达了支持降低刑事责任年龄的观点。[①] 然而，上述观点和数据仅是片面经验主义基础上的判断，尚未通过实证与比较的视野获得验证，目前并无大数据支持“12周岁至13周岁未成年人严重触法行为在未成年人整体的违法犯罪案件中所占比例畸高”这一结论。[②] 仅以个案带来的社会影响以及公众反应来更迭或修正未成年人刑事责任年龄，并将12至13周岁的未成年人触法行为纳入刑事犯罪范畴，不免陷入草率与武断。启动一国刑事责任年龄的变革的代价是巨大的，所面临的不仅是对整个刑事责任制度改变所带来的司法成本的巨大消耗，[③] 它反映的更是这个国家所秉持少年司法理念的更迭。笔者权且判断，降低的刑事责任年龄将意味着我国在未成年人刑事政策层面上由“保护”走向“严惩”，我国一以贯之的“教育、感化、挽救”的原则将受到根本性地冲击。是否做出这一少年司法理念层面上的根本调整，仅靠勇气和“义愤填膺”是远远不够的。张鸿巍教授在其关于我国刑事责任年龄调整的论述中提到，在做出我国刑事责任年龄具体设置点的调整之前，“我们更需要以实

---

① 参见张寒玉、王英：《应对未成年人犯罪低龄化问题之制度建构与完善》，《青少年犯罪问题》2016年第1期。

② 2017年6月北京市第一中级人民法院未成年人案件综合审判庭发布的《未成年人案件综合审判白皮书》显示，在该庭2009年6月至2017年6月判处的未成年罪犯234人中，犯罪年龄已满14周岁不满16周岁的未成年人占14.96%，且犯罪手段残忍，后果严重。

③ 为了一时的社会现象而对拟制的法律规定进行大动干戈的修改，必将对全社会产生重大的影响，“一个缺乏稳定性的法律，仅仅是一项为了应付一时之变而制定的权宜之计，其必然会缺乏一致性与连续性。如此，人们在为将来安排和制定行为计划之时，就会无从确定昨天的法律在明天是否仍会是法律，国民预测可能性便会遭受无情践踏”。参见李振林：《刑法中的法律拟制论》，法律出版社2014年版，第45页。

证主义刺穿现实与道德的隔离感，重新赋予由未成年归责性而来的刑事责任新时代的现实意义……以实证、理性及务实的态度研判完全刑事责任年龄、相对无责任年龄、绝对无责任年龄以及减轻责任年龄调整的可能性及其幅度”①。

1. 修改刑事责任年龄意味着对现有少年司法制度二元结构的解构

我国少年司法制度呈现出行政干预体系与刑事司法体系的二元结构，我国目前少年法庭审理的刑事案件仅是未成年人罪错行为中的犯罪行为。换言之，属于未成年人罪错行为的不良行为未被纳入少年法庭的审理范围。在《预防未成年人犯罪法》《治安管理处罚法》《禁毒法》等法律规定的调整下，未成年人不良行为（包含一般不良行为和严重不良行为②）接受行政性干预措施③的调整。未成年人不良行为，特别是严重不良行为并不进入刑事司法的视野，也不经由少年法庭裁判。降低刑事责任年龄意味着，原来由行政手段调整规制的一部分行为（主要指12—14周岁未成年人从事的犯罪行为）纳入法院管辖范围。从我国目前的司法体制来看，这种变革将对我国行政处罚体系和刑事司法体系产生重大影响。其中涉及公安部门对未成年人违法行为的处罚程序，检察机关的审查起诉程序，及其与法院的衔接机制的变化。相应地，我国现行立法也将随之发生重大调整，其中包括确立严重不良行为行政干预体系的立法，④ 以及赋予公安机关对未成年人严重不良行为干预权的相关法律法规。⑤ 此外，由于触法未成年人未达刑事责任年龄或者行为严重程度未及构罪，少年法庭对未成年人触法行为行使的裁判权显然不属于刑事裁量权，相应的

① 参见张鸿巍:《未成年人刑事责任年龄调整之检视》,《预防青少年犯罪研究》2016年第3期。

② 《预防未成年人犯罪法》第34条以及《刑法》等法律法规规定,少年严重不良行为主要包括:纠集他人结伙滋事,扰乱治安;携带管制刀具,屡教不改;多次拦截殴打他人或者强行索要他人财物;传播淫秽的读物或者音像制品等;进行淫乱或者色情、卖淫活动;多次偷窃;参与赌博,屡教不改;吸食、注射毒品;因为不满16周岁而不予刑事处罚的行为,以及其他严重危害社会的行为。

③ 主要干预措施包括:责令父母严加管教、训诫、治安处罚、工读教育、收容教养、收容教育、强制性戒毒措施等。

④ 《预防未成年人犯罪法》《治安管理处罚法》《戒毒法》。

⑤ 公安部于1982年印发《公安部关于少年犯管教所收押、收容范围的通知》将收容教养的决定权收归公安机关所有。

处遇措施则不为刑罚。面对如何定性和规范法院对未成年人严重不良行为和虞犯的处置权问题，须建立与未成年人罪错行为对应的保护处分措施。然而，如此一来，“严重不良行为的行政干预体系将被整体改革纳入司法体系中，从而冲淡少年司法的刑事司法性；少年司法面临从刑事司法体系中分离出来的可能，罪刑关系将因为保护处分的介入而被打破，由此淡化少年司法的刑事性”①。这将意味着，中国的少年司法即将进入少年司法与成人刑事司法二元化时代，这对我国现行立法、刑事司法体系以及行政干预体系提出了全面挑战，若无完整的少年司法法出台，这条改革路径恐将很难被完整打通，并发挥功效。从现有情况判断，单独的少年司法法的立法工作尚处于可望而不可即的呼吁阶段。

2. 降低刑事责任年龄是在回应“塔西佗陷阱”中的“迂回”

“塔西佗陷阱”是一个西方政治学术语，说的是当政府部门失去公信力时，无论它说真话还是假话，做好事还是坏事，都会被认为是说假话做坏事。于低龄未成年人犯罪的防治而言，当前制度设计也面临同样的尴尬局面。依据我国现行法律规定，对于一般触法行为，主要采取训诫、责令严加管教等措施，然而监护人监管、教育不力恰是引发其行为偏差的主要原因；对于恶性触法行为，收容教养和工读教育等措施则由于配套措施缺失、适用机制有违“正当程序”等方面的瑕疵，导致适用率极低。相较于已达刑事责任年龄未成年人，低龄未成年人具有更需要成年人保护的主体身份，其触法行为的日益低龄化、严重化，凸显了我国现有法律制度供给不足与相关部门执法效果不佳的问题。刑事责任年龄降低意味着相当数量的未成年人犯罪将涌入刑事司法体系，刑事诉讼“流水线”上的侦查、检察、审判、执行阶段的工作人员的工作量有所增加是必然的结果；抑或，从事未成年人刑事犯罪工作的警官、检察官、法官人员配备的增加、培训等也将成为该命题的题中之义。然而，在司法资源有限的背景下，上述变化均需大量的司法成本。此外，涉案未成年人及其家庭因其本人被判刑所遭受的心理创伤，特别是“标签效应”对

① 姚建龙:《中国少年司法的历史、现状与未来》,《法律适用》2017 年第 19 期。

未成年人造成的影响，都是需要估算进去的社会成本。从犯罪学研究及司法实践证明，使未成年人过早地进入刑事司法系统受到刑法的干预，并不一定成为有利的控制犯罪的方式，反而可能因为“标签效应”造就更多累犯。

从见诸报端及新媒体的涉低龄未成年人案件来看，我们听到的只是来自公安机关做出的“法律规定不能处罚，只能放人”的回应。《行政处罚法》第25条，“不满十四周岁的人有违法行为的，不予行政处罚，责令监护人加以管教”；《预防未成年人犯罪法》第37条，“因不满十四周岁或者情节特别轻微免予处罚的，可以予以训诫”；《治安管理处罚法》第12条，“不满十四周岁的人违反治安管理的，不予处罚，但是应当责令其监护人严加管教”；《公安机关办理未成年人违法犯罪案件的规定》第27条，“对违反治安管理的未成年人，应当尽量避免使用治安拘留处罚。对在校学生，一般不得予以治安拘留”。从上述法律规定看，公安机关做出“放人”的处理是有法律依据的。

造成人们不满的根源在于，不满14周岁的未成年人从事违法犯罪行为而无人管束。对大众而言，需要专门机构以专门手段应对这种“小孩儿犯大错”，却没有公权力介入的尴尬局面。这种公权力的介入，究竟是刑事责任，或是行政责任，抑或其他，对于大众而言并不重要，关键是能够实现“罚当其错”，莫要无计可施。公众普遍提出的“降低刑事责任年龄”便是对“有计可施”局面的呼唤。它对立法者提出的要求是：如何以公权力有效介入以“自愈”为主要规律的未成年人罪错行为的干预和矫治。通过对前述法律的梳理，我们不难看出，公安机关实际上已经执行了当前《刑法》《预防未成年人犯罪法》等法律有关低龄未成年人犯罪教育矫治的规定。但未成年人需要成年人保护的主体身份与实施极端行为之间的现实错位，给公众强烈的冲击。此类案件引发公众强烈舆情主要基于两个原因：第一，未成年人需要成年人保护的主体身份与其频繁实施极端恶性危害行为之间的现实产生错位；第二，制度供给不足以及执行效果未能有效回应这种错位和冲击，未能满足公众对未成年人保护和社会保护的双重需要，并由此引发公众对当前法网是否严密以及是否有效的质疑。极端个案的不时发生更激发公众对我国目前针对低龄未成年人恶性触法行为教育矫治体制的反思。笔者以为，单纯的降低刑事责任年龄并非解决问题之根本，大量并不进入刑事司法体系的违法行为依然得不到有效处理和应对。及时、有效地应对不满 14 周岁未成年人从事的违法、犯罪行为方为人民群众发出“降低刑事责任年龄”呼声的真实意涵。

三、构架双轨制少年司法运作的法律体系为治本之策

（一）构建“少年司法体系”与“未成年人刑事司法体系”的双轨制

从实然角度而言，我国少年司法制度呈现出行政干预体系与刑事司法体系的二元结构，整体上遵循“年龄 + 行为严重程度”的双重认定标准。从行为性质来看，未成年人罪错行为严重程度符合“严重社会危害性”、“刑事违法性”与“刑罚当罚性”三个基本特征的，接受我国《刑法》干预和调整。[①] 从规制的有效性来看，我国对未成年人罪错行为的规制仍属于一元化的刑罚体系。反观西方主要法治发达国家，对少年罪错行为的规制主要通过独立的少年司法体系实现，少年司法与成人普通刑事司法体系并列运行，其运作机制为“轻罪平行，重罪交汇”。具体而言，这种运行机制主要通过少年法院的“先议权”制度或“弃权机制”实现少年案件在少年司法体系与成人刑事司法体系之间的流转：“逆送程序”的代表国家和地区是日本及我国台湾，少年法院享有对一切少年案件的“先议权”，罪行严重的案件通过“逆送”程序从少年法庭回归成人刑事司法体系，较轻罪行则由少年法院审理。美、英等国则通过弃权制度、转处制度，根据法律的规定、检察官或法官的自由裁量实现对未成年人重罪、轻罪的分流，少年法庭享有对未成年虞犯、身份犯、严重

① 具有诱发未成年人犯罪的前兆性，挑战社会公众对未成年人行为标准的整体期待，具有一定程度的社会治安管理法规违法性的行为，与行为的后果具有严重社会危害性，但其严重程度尚未达到刑事犯罪的程度的行为，接受《预防未成年人犯罪法》《治安管理处罚法》《禁毒法》的调整。

不良行为者的司法裁判权。相较之，我国对未成年人犯罪案件的处理是直线单向的，若将未成年人违法案件均纳入少年法庭的管辖范围，一方面扩大了少年法庭的管辖范围，扩充了案源；另一方面也切实起到对青少年犯罪的预防作用。

所谓保护处分是指，对少年犯避免动之以刑，代之以教育对其加以改善，并就未成年犯罪之虞犯少年，亦以教育之方法预防其犯罪，此种为“代替刑罚之教育方法”。保护处分的主要措施包括保护观察、移送教养院或养护设施、移送少年院，等等。这是一种完全的刑罚替代措施，其目的在于对罪错少年的教育与关怀，避免其由于监禁而受到“交叉感染”。然而，基于未成年人刑事政策而排除于刑罚之外的少年，却落入行政权膨胀的圈套。警察与教育行政机关拥有对于不良行为少年封闭式的处置权力。不良行为少年的权利既无法得到必要的程序保障，且施加于其身的各种非刑罚性措施也大多数属于具有较强惩罚与社会防卫色彩的行政处罚措施。

原初意义的少年司法发端于民法，今日通常所言之西方法治语境下的少年司法实则为家事法下的少年司法，其与成人刑事司法各成体系，互为交融。少年法院作为少年司法体系的核心，兼具我国法制语境下的福利、行政、刑事等多重功能，而其中福利性功能为其主要职能。此与我国所谓少年法庭的职能定位相去甚远。以立法背景的反思破局，或可探索从较单一的未成年人刑事司法为主过渡到家事法下的少年司法与刑事法下的刑事司法互为补充的双轨司法顶层设计。[①] 在此双轨司法顶层设计中，可形成以非刑事处分为核心的少年司法体系，与依托于成人刑事司法为核心的未成年人刑事司法体系，两条双轨并行的体制。

（二）未成年人司法审判权具有司法、行政双重属性

与针对成年人的司法审判权相异，未成年人司法审判权兼具司法属

---

① 参见张鸿巍:《〈预防未成年人犯罪法〉修订中应主义的几个问题》,《未成年人法治内刊》2014 年第 1 期。

性与行政属性，其是在一定范围内运用政府权力和权威来强制与控制个人行为的权力。姚建龙教授曾指出，行政性是未成年人司法制度与成人司法制度的最基本区别。这一基本特征使得未成年人司法审判权在管辖对象的范围层面不局限于已构成犯罪的未成年人，还包括对具有准犯罪行为与犯罪潜在性的未成年人、无人管教的未成年人，以及需要扶养的未成年人等；在权利与职责范围上广于针对成年人的司法审判权，既须对未成年人行为做出“判断”，也须对未成年人的人格和成长环境进行调查。只有容纳了对准犯罪行为处置机制的未成年人审判制度，才能够实现未成年人审判权在预防犯罪层面的真正价值，即对未成年人犯罪的早期干预。近年来，人民法院的收案范围突破了未成年人犯罪案件或被害人系未成年人的刑事案件的范围，扩大到涉及未成年人保护的民事案件和行政案件，甚至将在校大学生、青年人犯罪案件等纳入刑事审判。但收案范围的调整，是将未成年人审判制度局限于成人审判制度项下的举措。

扩大人民法院对未成年人罪错行为的管辖范围，是对未成年人审判本质规律的遵循。具体表现为：第一，在推动罪错未成年人分级干预机制的背景下，从实现对未成年人罪错行为法律规制的全覆盖而言，应积极推动将严重治安违法行为、触犯刑法但不负刑事责任的行为纳入未成年人审判管辖范围，在缺少有效法律规制的低龄未成年人罪错行为这一“灰色”区间建立司法权与行政权的双重管辖机制。第二，从建立未成年人审判权与家庭、社会之间的有效接驳机制来看，将负有监护责任的强制性亲职教育案件纳入未成年人审判权的管辖，由人民法院审查决定。以此，实现从原有的“大社会·小司法”模式向“社会·司法”并重模式的转变。

四、双轨制少年司法运作法律体系确立之前的应对之策——分级干预机制

如前所述，进入少年司法与成人刑事司法的二元化时代，意味着对

我国现行立法、刑事司法体系以及行政干预体系的全面挑战。此非一时一事之事，在成就该体系之前，我们可以做些什么呢？笔者提出如下应对思路：即对当前未成年人罪错行为的处遇机制加以完善，包括完善《刑法》《预防未成年人犯罪法》等法律法规相关规定，如完善以教代刑的处遇制度；改变工读学校的入学程序或者完善亲职教育的程序和效果；增强法律关于低龄未成年人犯罪处遇制度的可操作性和衔接性，让低龄未成年人犯罪者能够得到有生命力的矫治和处遇举措。

（一）分级干预——厘清低龄违法未成年人处理的层次与标准

根据低龄未成年人违法行为的严重程度和人身危险性，细化对低龄违法未成年人的处理标准，将其决定执行方式做出层次划分：层次一，对于低龄未成年人做出的情节较轻的不良、违法行为，对于其监护人有监管能力的，由公安机关决定实施家庭监管，教育部门、民政部门配合开展家庭教育的指导工作。层次二，对于低龄未成年人有严重不良行为、违法行为的，且其监护人不具备监护能力或者监护失当的，由公安机关或者人民法院决定送工读学校就读。层次三，对于低龄未成年人违法行为特别严重，人身危险性很大的，由人民法院决定送专门的收容教养场所执行。① 该分级干预机制的层次划分存在两条主线：在《预防未成年人犯罪法》中应该增设不同的教育矫治措施，增加惩罚严重不良行为的制度种类，从而为司法行政机关处理有不同罪错的未成年人提供可以选择的空间。

主线一为，低龄未成年人违法行为的严重程度和人身危险性，将严重程度划分为低、中、高三个级别，依次由不同机关做出处罚决定。为确保不同机关认定违法行为的严重程度以及人身危险性的统一性，情节较轻、情节严重不良行为的标准参照《预防未成年人犯罪法》的第 14 条和第 34 条关于一般不良行为和严重不良行为的规定，将低龄未成年人做

---

① 参见胡云腾：《论全面依法治国背景下少年法庭的改革与发展——基于域外少年司法制度比较研究》，《中国青年社会科学》2016 年第 1 期。

出的情节较轻的不良、违法行为界定为，未达 14 周岁未成年人实施的，严重违背社会公德，但尚不够行政处罚或采取特殊教育保护措施条件的行为。[①] 针对低龄未成年人违法行为特别严重，人身危险性很大的行为。由于我国缺乏独立的少年刑法，对于少年犯罪的界定参照我国普通刑法对犯罪基本特征的描述，包括“严重社会危害性”、“刑事违法性”与“刑罚当罚性”三个基本特征。[②] 根据我国未成年人的刑事责任阶梯来看，对特别严重违法行为承担刑事责任的刑法规制范围被限定于故意杀人、故意伤害致人重伤或者死亡、强奸、抢劫、贩卖毒品、放火、爆炸、投毒罪的。因为这八类行为涉及对他人人身、财产、社会秩序等重大法益的严重侵害，不采取严厉措施无法体现社会公平正义与教育保护的综合平衡。因此，上述八类行为亦适用于违法行为特别严重，人身危险性很大的低龄未成年人，对这类行为应当由人民法院决定送专门的收容教养场所对其采取限制人身自由程度最大的处遇措施。其具体范围可参照 1993 年公安部出台的《关于对不满十四周岁的少年犯罪人员收容教养问题的通知》：“……对未满十四岁的人犯有杀人、重伤、抢劫、放火、惯窃罪或者其他严重破坏社会秩序罪的，应当依照《刑法》第十四条的规

---

① 姚建龙教授将其特征归纳为三：第一，具有诱发未成年人犯罪的前兆性；第二，挑战了社会公众对未成年人行为标准的整体期待，具有一定程度的社会治安管理法规违法性；第三，未达做出治安处罚、劳动教养等行政处罚，或送工读教育的条件。具体行为范围可包括：旷课、夜不归宿；携带管制刀具；打架斗殴、辱骂他人；强行向他人索要财物；偷窃、故意毁坏财物；参与赌博或者变相赌博；观看、收听色情、淫秽的音像制品、读物等；进入法律、法规规定未成年人不适宜进入的营业性歌舞厅等场所；其他严重违背社会公德的不良行为。参见姚建龙：《中国少年司法的历史、现状与未来》，《法律适用》2017 年第 19 期。

② 低龄未成年人有严重不良行为、违法行为具有如下特点：第一，基于行为能力与责任能力的承担，严重不良行为的实施主体通常为低龄未成年人中的少年群体；第二，构成低龄未成年人严重不良行为的主观方面应当是故意而非过失；第三，行为的后果须具有严重社会危害性；第四，行为的严重程度尚未达到刑事犯罪的程度。该项限定在于与须由人民法院决定送专门的收容教养场所执行的违法行为加以区分，即从社会危害性及严重程度相对层次三的违法行为较轻，适合采取限制人身自由程度较低的管制方法，如工读学校。具体范围可包括：纠集他人结伙滋事，扰乱治安；携带管制刀具，屡教不改；多次拦截殴打他人或者强行索要他人财物；传播淫秽的读物或者音像制品等；进行淫乱或者色情、卖淫活动；多次偷窃；参与赌博、屡教不改；吸食、注射毒品；因为不满 16 周岁而不予刑事处罚的行为，以及其他严重危害社会的行为。参见姚建龙：《中国少年司法的历史、现状与未来》，《法律适用》2017 年第 19 期。

定办理，即在必要的时候，可以收容教养。”

主线二为，监护人是否具备监护能力是对做出不良、违法行为的低龄未成年人采取相应处遇措施的重要衡量标准。其监护人具有监管能力的做出了情节较轻的不良、违法行为的低龄未成年人，公安机关方可联合教育部门、民政部门启动家庭监管。言外之意，对不具备监管能力，应有其他的处遇措施替代或弥补；对于有严重不良行为、违法行为的低龄未成年人，则以其是否同时具备监护人没有监护能力或监护失当的情形，来决定是否送工读学校。当监护人具备监护能力时，则仍以家庭监管为主，尽量避免采取限制其自由或有可能产生“标签效应”的处遇措施。针对情节特别严重的第三类行为，则不论是否具备家庭监管的条件，都应当采取限制其人身自由的收容教养处遇措施。这需要对《预防未成年人犯罪法》中不完善和不合理的规定进行修改，比如修改专门学校的就学程序，理顺专门学校的入学路径与监护人的关系，从而将有严重不良行为的未成年人顺利送入专门学校进行教育矫治。

（二）家庭监管能力的提升

从上述举措来看，家庭的作用在应对低龄未成年人不良、违法行为时具有重大意义，那么如何确定家庭监护的质量以及如何开展家庭监护也是重大议题。关于强制性亲职教育方面，需要明确强制性亲职教育的对象，其中包括对未成年人犯罪或对未成年人受到行政处罚负有教养失职之过的监护人；对未成年人不良行为、严重不良行为（包括因未达年龄不予刑事处罚或不予、不执行行政处罚的情形）有教养失职之过的监护人。诉讼程序方面应当明确强制性亲职教育的裁判主体是法官，依据裁判对象的不同可分别适用不同程序。裁判依据方面，卷宗证据材料、社会调查报告、心理测评结果以及诉讼过程中监护人的客观表现等，均可作为法官判断这一相关性并裁决其需接受亲职教育具体时限的考量依据。鉴于我国各地发展水平不一致，在教育行政部门统领下，可以工读学校等各类学校的家长学校为主，街道社区家长学校和社会化培训学校为辅，建立多层次、多样化的执行主体，并以政府购买服务的方式执行，从而解决法院亲职教育专业能力不足以及异地执行的难题。

健全低龄未成年人犯罪的家庭教育制度供给。作为预防未成年人犯罪的第一道防线，家庭教育的理念态度、方式方法、效果价值等，关系到低龄未成年人犯罪的一般预防效果。问题孩子往往产生于问题家庭。低龄未成年人犯罪不过是家庭教育失败的一个缩影。家庭教育制度供给的不足，严重影响到低龄未成年人犯罪的一般预防效果。在新时代，为有效预防低龄未成年人犯罪，从根本上减少或者杜绝严重不良行为的产生或者更加有针对性地教育矫治罪错未成年人，需要建立完整的未成年人家庭教育公共服务体系，满足当前未成年人和家长的家庭教育服务诉求，针对不同层次的家庭和不同年龄段的孩子提供更加多元专业、均衡系统、精准有效的家庭教育。

（三）收容教养制度决定权的司法化

关于收容教养制度决定权行使的司法化。从宏观角度看，该制度在因劳教制度废止后失去执行场所而几近名存实亡。其目前的运行状况是：大部分省市基本不再适用收容教养措施，少数仍在适用收容教养措施的省市，也在适用程序及执行场所等方面遭到了“合法性”质疑。从制度的微观运行层面看，公安机关在收容教养制度的运行方面已形成“封闭式”垄断局面，而这种垄断局面也给予目前公安机关怠于行使该权力的可能性和“胆量”。

我国关于收容教养未满 14 周岁严重不良行为未成年人的法律依据来自于《未成年人保护法》《预防未成年人犯罪法》。由于该两部法律中并未包含限制和剥夺人身自由的条款，现实中收容教养的具体内容大多来自于位阶较低的公安部门的规章、政策性文件等，所涵摄范围包括收容对象、决定机关、执行场所以及办案程序等。如，公安部于 1982 年印发《公安部关于少年犯管教所收押、收容范围的通知》将收容教养的决定权收归公安机关所有。1993 年公安部出台《关于对不满十四周岁的少年犯罪人员收容教养问题的通知》：“我国《刑法》第十四条第四款规定，对犯罪人‘因不满十六岁不处罚的，责令他的家长或者监护人加以管教；

在必要时候，也可由政府收容教养'，此处'不满十六岁'的人既包括已满十四岁犯罪，应负刑事责任，但不予刑事处罚的人，也包括未满十四岁犯罪，不负刑事责任的人……对未满十四岁的人犯有杀人、重伤、抢劫、放火、惯窃罪或者其他严重破坏社会秩序罪的，应当依照《刑法》第十四条的规定办理，即在必要的时候，可以收容教养。”由此，公安机关将收容教养对象主要集中在14周岁到16周岁，以及部分未满14周岁的触法少年。1997年公安部《关于对少年收容教养人员提前解除或减少收容教养期限的批准权限问题的批复》，对被收容教养少年的提前解教以及减少收容教养期限的审批权也归属公安机关，执行部门仅有建议权。

在整个收容教养制度中一权独大的公安机关，单独对案件事实进行调查并做出决定，同时还有收容教养的审批权，律师、检察机关、法院均不介入，被决定收容教养的少年也缺少申辩权。在封闭的内部行政审批程序中，具体适用程序完全属于行政内部自决系统，没有第三方参与的监测与救济。笔者以为，现行运行中收容教养制度的名存实亡恐怕与这种密闭的行政内部自决方式不无关系，在缺乏明确执行场所、其他类型办案压力大，以及我国对未成年人“保护”倾向的刑事政策指导下，对未达刑事责任年龄未成年人的恶性违法事件“睁一只眼，闭一只眼”，导致人们对收容教养制度失去信任。[①] 基于此，由法院作为中立第三方，以司法审查者的姿态对触法未成年人应给予何种处遇做出决定，是符合正当程序原则并有利于保障触法未成年人合法权益的做法。此外，我国三十多年形成的少年审判中的特色工作，如社会观护、社会调查、合适成年人、法庭教育等具体工作制度，在对触法未成年人施以裁判的过程中能够发挥的教育和引导作用以及充分发挥程序本身的教育功能，是仅靠书面审查下级公安机关报送材料便做出收容教养审批决定的现行决定

---

① 在笔者撰写此文过程中，阅读了2007年北京市房山区人民法院审理的一起案件，被害未成年人母亲在无法获得加害未成年人监护人赔偿的情况下，以泼硫酸的方式伤害加害人姐姐，以达到报复加害未成年人及其家人的目的。本案中，加害人已经遭受了3年收容教育的处遇措施。但这种处遇方式并不能弥补受害人母亲的丧子之痛。也由此引发了仅以限制一定时期人身自由的收容教育方式能否起到教育、挽救未成年人作用的质疑。

机制所不具备的。

五、结语

低龄未成年人的法律规制是未成年人司法体系的重要组成部分，在我国当前“刑罚一元化”的体系下，未成年人司法附属于成人刑事司法体系，低于刑事责任年龄未成年人的触法行为在缺失有效性的单一行政干预体制下，成为被“遗忘的角落”。然而，无论基于社会综合治理的功利需要，还是对未成年人保护的道义责任的追求，关注并解决低龄未成年人触法行为的法律规制问题才有利于解决未成年人罪错背后的深层次社会问题。为此，在尊重未成年人罪错“自愈”规律的前提下确保公权力的有效介入，并针对低龄未成年人不同程度的触法行为，从未成年人保护、福利、司法三类制度合理衔接的需求出发，设计出系统、科学、有效的法律规制体系以及接驳机制，将成为实现“保护、教育”未成年人司法真正价值的根本所在。